कविता
की
नयी संवेदना

कविता
की
नयी संवेदना

व्यास मणि त्रिपाठी

वाणी प्रकाशन

वाणी प्रकाशन

4695, 21-ए, दरियागंज, नयी दिल्ली 110 002

फ़ोन : +91 11 23273167 फ़ैक्स : +91 11 23275710

शाखाएँ

अशोक राजपथ, पटना 800 004, बिहार

कॉफ़ी हाउस कैम्पस, महात्मा गांधी मार्ग, इलाहाबाद 211 001, उत्तर प्रदेश

महात्मा गांधी अन्तरराष्ट्रीय हिन्दी विश्वविद्यालय, वर्धा 442 001, महाराष्ट्र

सुल्तानिया रोड, मोतिया पार्क, भोपाल 462 001, मध्य प्रदेश

www.vaniprakashan.com
marketing@vaniprakashan.in
sales@vaniprakashan.in

KAVITA KI NAYI SAMVEDANA
by Vyas Mani Tripathi

ISBN : 978-93-89915-38-9
Criticism

प्रथम संस्करण 2020

मूल्य : ₹ 399

सिटी प्रेस, दिल्ली-110 095 में मुद्रित

वाणी प्रकाशन का लोगो मक़बूल फ़िदा हुसेन की कूची से

दो शब्द

कविता मनुष्य के पक्ष में एक बयान है। जीवन-जगत का अनुभव-कोश है। यही कारण है कि जीवन-जगत में हो रहे बदलावों, आवेगों, दबावों, जटिलताओं से कविता की दशा-दिशा का निर्धारण होता है। मनुष्य की चित्तवृत्ति में बदलाव के साथ ही कविता के आयाम भी बदलते हैं। यह कम आश्चर्य की बात नहीं है कि बीसवीं शताब्दी में जितने काव्यान्दोलन हुए हैं उतने कई शताब्दियों को मिलाकर भी नहीं हुए होंगे। इसका कारण निरन्तर बदलते घटनाचक्रों, बदलते जीवन-मूल्यों एवं बदलते राजनीतिक समीकरणों में ढूँढ़ा जा सकता है। जैसे-तैसे जीवन के मूल्य बदले हैं वैसे-वैसे कविता के आयाम और सरोकार भी बदले हैं। प्रयोगवाद और नयी कविता के समानान्तर अथवा परवर्ती काव्यान्दोलनों में राष्ट्रीय-अन्तरराष्ट्रीय घटनाओं, बदलावों, पाश्चात्य दर्शन की स्वीकारोक्तियों के स्वर इतने प्रमुख रहे कि कविता में सन्त्रास, विडम्बना, सर्व अस्वीकार, आत्म परायापन, अजनबीयत आदि की प्रवृत्तियाँ विकसित हो गयीं और अकविता, समानान्तर कविता, श्मशानी कविता, भूखी-नंगी पीढ़ी की कविता के रास्ते से गुजरती हुई कविता आज इक्कीसवीं सदी के दूसरे दशक को पार करने के मुहाने पर है। इस तरह आजादी के बाद के ही कालखण्ड में हिन्दी कविता ने अनेक उतार-चढ़ाव देखे हैं फिर भी सृष्टि का विश्वबोध उभारने की दृष्टि से इस कालावधि की कविता का अपना महत्त्व है। यह लीक पर चलती हुई भी लीक से अलग चलने के कारण वाद-विवाद-संवाद के घेरे में अधिक रही। कथ्य से लेकर प्रस्तुति तक में समाहित नवता के मूल्यांकन और परीक्षण के लिए कविता के नये प्रतिमान गढ़ने की जरूरत भी इसीलिए पड़ी।

यों तो अनाहत और अबाधित काव्य-धारा के प्रवाह में नवीनता का पाथेय हर काल में साथ रहा है, रहना भी चाहिए, लेकिन आजादी के बाद के कालखण्ड में हिन्दी कविता के साथ 'नया' विशेषण का जुड़ाव और स्वीकार उन नवीन भाव-दशाओं के आगमन का संकेतक है जो जीवन-जगत में आये बदलावों के

परिणाम थे। मूल्यों के अधःपतन, सांस्कृतिक-प्रदूषण तथा रागात्मक सम्बन्धों में कृत्रिमता के मिश्रण से उपजी अनास्था एवं अविश्वास आदि की भावना ने कविता को जो जमीन प्रदान की उसमें नवता का ही विधान था। जीवन ऊबड़-खाबड़ है तो उसमें सहजता और सरलता का समावेश कैसे हो सकता है? जाहिर है, कविता जीवन की पगडंडियों से होकर गुजरती है इसीलिए स्वातन्त्र्योत्तर काल की कविता में यथार्थ के साथ-साथ जटिलताओं और कृत्रिमताओं का आगमन अस्वाभाविक नहीं था। यह सब कुछ चित्तवृत्ति में बदलाव का ही परिणाम था। व्यक्ति-स्वातन्त्र्य की खोज तथा लघु मानव की प्रतिष्ठा का सवाल भी उसी जमीन से उपजा था। जिन्दगी की सार्थकता की तलाश की प्रयत्नशीलता भी वहीं से आयी थी। विसंगतियों और विडम्बनाओं के विरुद्ध क्रान्ति-स्वर की मुखरता के लिए जमीन वहीं से तैयार हुई थी। कविता का लक्ष्य यदि सत्य और सौन्दर्य का सन्धान तथा उन्मुक्ति का आह्वान था तो यह भी विचारणीय था कि कविता में समाज और समाज में कविता अपने-अपने दायित्व-निर्वहन में कितने और किस रूप में अन्योन्याश्रित हैं? जिजीविषा और जयबोध की अनुगूँज ने कविता को कितना प्राणवान बनाया है? देह का रस-राग तथा आत्मा का संगीत ही सबकुछ है अथवा लोक-रंग और श्रम-सौन्दर्य अथवा दोनों की उपस्थिति कविता को एक नयी आभा और नयी ऊर्जा प्रदान करती है? ये प्रश्न ही नयी कविता में उत्तर के रूप में विद्यमान हैं। कथ्य और प्रस्तुति के धरातल पर जिस नवीनता का सृजन हुआ है वह आजादी के बाद की कविता के लिए एक बड़ी उपलब्धि है।

जाहिर है संवेदना साहित्य की पूँजी है। उसी का विकास वस्तुतः साहित्य का विकास है। स्वातन्त्र्योत्तर हिन्दी कविता में जिस नवीनता को रेखांकित किया गया है वह एक तरह से संवेदना की ही नवीनता है। कविता की नयी संवेदना में जीवन का हर क्षण अपनी उपस्थिति दर्ज करता हुआ मौजूद है। उसमें नगर भी है, गाँव भी है और लोक भी। कृत्रिमता और जटिलता है तो सहजता और सरलता भी है। इन सबके केन्द्र में है बेहतर मनुष्य और बेहतर समाज की संकल्पना। इसी क़ी चरितार्थता कविता का प्रयोजन है।

'कविता की नयी संवेदना' के प्रकाशन में श्री अरुण माहेश्वरी जी ने रुचि प्रदर्शित की, इसके लिए उनके प्रति हार्दिक आभार।

कार्तिक शुक्ल षष्ठी (छठ पर्व) **—व्यास मणि त्रिपाठी**

अनुक्रम

अज्ञेय : व्यक्ति-स्वातन्त्र्य का अन्वेषण

राहों के अन्वेषी अज्ञेय ने अनवरत आत्म-परीक्षण एवं सत्यान्वेषण के द्वारा हिन्दी साहित्य जगत को जो भव्यता प्रदान की है उसका आलोक कभी धूमिल होने वाला नहीं है। उन्होंने आत्मबोध, ज्ञानबोध और विचारबोध से लगभग आधी शताब्दी तक कवि, कहानीकार, उपन्यासकार, आलोचक, सम्पादक आदि नाना रूपों में हिन्दी साहित्य को दिशा-निर्देशित, संचालित, ऊर्जस्वित और झंकृत करने का जो कार्य किया है वह उन्हीं के वश की बात है। नूतन विषय, नवीन भाव-बोध, नये उपमान और नवीन अभिव्यंजना शक्ति से समृद्ध अज्ञेय की सृजनात्मकता का केन्द्रीय व्यक्तित्व कवि का है। एक कवि के रूप में उन्होंने जो रेखा खींची है, वह बड़ी हो अथवा छोटी किन्तु उसकी बराबरी किसी दूसरे के लिए आसान नहीं होगी। उनकी काव्य-संवेदना का फलक काफी विस्तृत है जिसमें व्यक्ति-अस्मिता की तलाश और उसकी प्रतिष्ठा का भाव सबसे प्रबल है। जीवन और उससे संपृक्त तत्वों की पड़ताल और उसकी कोमल तथा रोमानी व्याख्या अज्ञेय की काव्य-रचना का महत्त्वपूर्ण आयाम है। आत्म-दान और समर्पण उनकी आनन्दानुभूति का केन्द्र बिन्दु है, जबकि दैनन्दिन संघर्षों, दमतोड़ क्षणों, वैचारिक झंझावातों, व्यर्थ वितण्डावादों और अन्तर्द्वन्द्व प्रसंगों में आत्म-सत्य का अनुभावन उनकी नियति। अकर्मण्यता, पलायन, नैराश्य अैर निष्क्रियता के विपरीत आस्था-आनन्द, सौन्दर्य और शिवत्व की कामना उनकी रचनाधर्मिता का प्रेरक तत्त्व है तो विद्रोह का अनल किरीटी बनना उनका स्वभाव। मुक्ति और जिजीविषा उनकी काव्य-रचना के भास्वर पक्ष हैं तो व्यक्ति की अखण्ड सत्ता का अन्वेषण और प्रतिष्ठा सत्य-सन्धान के सशक्त आयाम।

अज्ञेय का मानना है कि "समता उसी समाज में होती है जो स्वतन्त्र हो और समाज वही स्वतन्त्र होता है जिसका अंग व्यक्ति स्वतन्त्र हो और अपने स्वातन्त्र्य के उपभोग के लिए ही सामाजिकता का वरण करता हो।"

उनकी यही दृष्टि व्यक्ति-स्वातन्त्र्य की खोज में सक्रिय रही है तथा सभी परिस्थितियों में 'व्यक्ति' को महत्त्वपूर्ण मानने का कारण भी बनी है–"छोटी ही है, पर, सागर मेरी भी एक कहानी है" (सागर-मुद्रा, पृ. 27)। मानव चिरंतन सृष्टि का लघु अंग होकर भी उसकी सर्वोत्तम विभूति है। इसीलिए अज्ञेय व्यक्ति को अद्वितीय इकाई मानते हैं और उसके अभ्युत्थान में पराधीनता को सबसे बड़ी बाधा स्वीकारते हैं। उनका यह चिन्तन गद्य और पद्य दोनों रूपों में प्रस्फुटित हुआ है। 'शेखर एक जीवनी' उपन्यास में शशि कहती है– "जीवन एक स्वतन्त्र इकाई है और यदि वह बिल्कुल पराधीन हो जाये तो यह कला नहीं है, क्योंकि कला के आदर्श से उतरकर है।" (भाग-दो, पृ. 238)। इसलिए कलागत प्रश्नों में व्यक्ति-स्वायत्तता की चिन्ता को वे बार-बार उठाते हैं तथा देश-काल की सीमाहीनता का बोध और अनन्त ब्रह्माण्ड में पृथ्वी की नगण्यता के साथ मानव-जीवन की सार्थकता के प्रश्न से टकराते हैं। यही कारण है कि चाँदनी उन्हें प्रवंचना लगती है और आकाश का विस्तार झूठ लगता है–"वंचना है चाँदनी सित/झूठ वह आकाश का निरवधि गहन विस्तार।" उनका यह मोह-भंग मानव-अस्मिता की पहचान चाहता है तथा कला की सार्थकता पर विचार करते हुए उनका मानवतावादी मन व्यक्तित्व की खोज को कला का श्रेष्ठ लक्ष्य स्वीकार करता है–"व्यक्तित्व का अन्वेषण एक सुन्दरतम कर्म है। अन्य व्यक्तित्वों का अन्वेषण तो यह विशेषता रखता ही है किन्तु उससे भी अधिक लेखक के निजी व्यक्तित्व का अन्वेषण भी कला का मन्तव्य होता है।" (आत्मने पद, पृ. 59)।

अज्ञेय का आधुनिकता बोध व्यक्ति-चिन्तन पर केन्द्रित है। 'सपने मैंने भी देखे हैं' कविता में–"अपने से बाहर आने को छोड़/नहीं आवास दूसरा/ भीतर भले स्वयं साँई बसते हों" अपने से बाहर आने की बात व्यक्तित्व को आधुनिक बनाने का उपक्रम है। स्वचेतना, बौद्धिकता, ग़ैर-रोमांटिकता और भाषिक सर्जना से उपजी कथन की मितव्ययिता एवं अमूर्तनता आधुनिक रचना के तत्त्व माने जाते हैं। अज्ञेय ने अपने ढंग से इन तत्त्वों की डोर पकड़कर चलते हुए मानवीय व्यक्तित्व को अधिक उत्कट और सर्जनात्मक बनाने का प्रयत्न किया है। आत्म सजगता के युग में सर्जनात्मक जीवन-दृष्टि वरेण्य है। यही व्यक्तित्व के विकास में सार्थक भूमिका निभा सकती है। 'मैं देख रहा हूँ' शीर्षक कविता में अज्ञेय इसी सर्जनात्मक क्षमता के बल पर आश्वस्त हैं–

"मैं देख रहा हूँ
झरी फूल से पँखुरी
मैं देख रहा हूँ अपने को ही झरते।
मैं चुप हूँ
वह मेरे भीतर वसन्त गाता है।"

'अन्तरा' नामक डायरी में अज्ञेय लिखते हैं—"मैं मानव हूँ। मानव का एक आयाम अगर आस्था का है, तो एक विद्रोह का भी है। दोनों ही स्वाधीनता के आयाम हैं : जैसे विद्रोह मेरी असमर्थता में बद्धमूल नहीं है, वैसे ही मेरी आस्था भी मेरी अक्षमता में बद्धमूल नहीं है—दोनों मेरे स्वाधीन कर्म हैं।" थोड़ा आगे बढ़कर फिर लिखते हैं—"दोनों स्वाधीन कर्म नहीं, मेरे स्वाधीन कर्म की दो दिशाएँ। वे अलग-अलग हो सकती हैं, पर प्रतिकूल नहीं होनी चाहिए।" यह अनायास नहीं है कि अज्ञेय काव्य-जीवन में स्वाधीनता की पक्षधरता व्यक्त करते हैं और व्यक्तित्व की खोज को स्वातन्त्र्य की खोज कहते हैं तथा उस खोज को अनुभूति से सम्बद्ध करते हैं बल्कि यह उनके चिन्तन और कर्म का अभिन्न अंग है। 'भग्नदूत' की 'असीम प्रणय की तृष्णा', 'असाफल्य' आदि कविताओं में आस्था और विनम्रता का भाव है तो 'इत्यलम्' की 'नहीं तेरे चरणों में' विद्रोह का भाव सहज द्रष्टव्य है। एक कविता में अज्ञेय का विद्रोही स्वर इस प्रकार व्यंजित हुआ है—

"तोड़ मरोड़ फूल अपने मैं
पथ में बिखराऊँगा,
पैरों से फिर कुचल उन्हें, मैं
पलट चला जाऊँगा
देव! आऊँगा तेरे द्वार!
किन्तु नहीं तेरे चरणों में दूँगा वह उपहार!"

'हरी घास पर क्षण भर' संग्रह की कविता 'दीप थे अगणित' में अज्ञेय का विद्रोही स्वर इन पंक्तियों में उभरा है—"क्यों करूँ आराधना उस देवता की, जो कि मुझको सिद्धि तो क्या दे सकेगा/जो कि मैं ही स्वयं हूँ।" जाहिर है उनका व्यक्ति-स्वातन्त्र्य अन्वेषी हृदय लघुत्व बोध को भंग करने के लिए संकल्पित है। 'मैं ही स्वयं हूँ' का बोध ही उन्हें व्यक्तिवादी धारणा के निकट ले जाता है। और यही है जिसके कारण उन पर 'अहंवादी' होने का आरोप लगता है किन्तु यहाँ ध्यातव्य है कि अज्ञेय व्यक्ति-सत्ता की प्रतिष्ठा के प्रति तत्पर होकर भी समाज-सत्ता को अस्वीकार नहीं करते हैं।

उनकी दृष्टि में अहं का विलयन जरूरी है तथा कविता उसका साधन है—"काव्य रचना या कला-सृष्टि का अधिकार तभी प्रारम्भ होता है जब व्यक्तित्व का सम्पूर्ण विलयन हो जाये। मैं कहूँ कि चरम कोटि का आधुनिक कवि मैं नहीं हूँ। अधिक से अधिक उस श्रेणी में हूँ जो कविता को अहं के विलयन का साधन मानते हैं।" (आत्मने पद, पृ. 33)। अज्ञेय की इस मान्यता को उन सूत्रों में भी ढूँढ़ा जा सकता है जो रचना के मर्म को समझने के लिए उन्होंने प्रस्तावित किया है।

अज्ञेय ने 'स्वातन्त्र्य की खोज' में मूल्यों का प्रश्न भी उठाया है। उनकी दृष्टि में स्वाधीनता मूल्यों में से एक नहीं, बल्कि सभी मूल्यों की आधारभूमि है। इसी परिप्रेक्ष्य में उन्होंने संस्कृति की चर्चा की है। उनका मानना है—"संस्कृति के विकास के लिए मानसिक स्वातन्त्र्य अनिवार्य है... स्वतन्त्रता सहज ही शान्ति से अधिक मौलिक आवश्यकता है, क्योंकि शान्ति के नाम पर स्वतन्त्रता की बलि देने से स्वतन्त्रता तो जाती है, शान्ति भी हाथ नहीं आती। नारों की ही बात करनी हो तो, 'पहले स्वतन्त्रता' बुरा नारा नहीं है। वह स्वयं भी प्राणवान है और प्राण फूँकने की भी क्षमता रखता है।" (आत्मने पद, पृ. 97)। यही कारण है कि उनकी सम्पूर्ण सृजनात्मकता का केन्द्रीय तत्त्व 'स्वातन्त्र्य की खोज' है। व्यक्तित्व के विकास में इसकी केन्द्रीय भूमिका है। अज्ञेय व्यक्तित्व का स्वतन्त्र विकास चाहते हैं। व्यक्ति की अखण्ड सत्ता की पहचान चाहते हैं। उनका व्यक्तिवाद आत्म-गौरव तथा अहं बोध से ग्रस्त जरूर है किन्तु वह मात्र 'स्व' केन्द्रित नहीं है। दूसरे शब्दों में वह दायित्व निरपेक्ष नहीं है। उनका व्यक्तिवादी चिन्तन व्यक्ति के स्वतन्त्र विकास के साथ-साथ दूसरे की स्वाधीनता की कामना करने वाला भी है—"व्यक्तित्व का स्वतन्त्र विकास, ऐसा स्वतन्त्र कि दूसरों को भी स्वतन्त्र करे।" (आत्मने पद, पृ. 74)।

प्रतीक अज्ञेय के लिए सत्यान्वेषण के साधन हैं। यह अनायास नहीं है कि उनकी अधिकांश कृतियों के नामकरण प्रतीकात्मक हैं। उनमें निहित अर्थ-छायाओं की व्यापक पहचान उनका उद्देश्य है। अज्ञेय प्रतीकों का केवल परम्परागत प्रयोग नहीं करते, बल्कि उनसे अर्थ की नवीन भाव-भूमियों की तलाश करते हैं। उनके प्रतीकों में सागर, मछली, सेतु, नदी, द्वार आदि ऐसे प्रतीक हैं जो नया अर्थ-सन्दर्भ लेकर उपस्थित होते हैं। 'सागर तट की सीपियाँ', 'टेर रहा सागर' आदि कविताओं में सागर विराटता का प्रतीक है

जो कवि को प्रत्येक क्षण एक चुनौती देता प्रतीत होता है। वह 'मछली' को चारों ओर से घेर भी रहा है–

"अर्थ हमारा
जितना है, सागर में नहीं
हमारी मछली में है
सभी दिशा में सागर जिसको घेर रहा है।"

(अरी ओ करुणा प्रभामय, पृ. 168)

'टेर रहा सागर' कविता में अज्ञेय लिखते हैं–

"जब-जब सागर में मछली तड़पी,
तब-तब हमने उसकी गहराई को जाना।"

यहाँ 'मछली' की तड़प और छटपटाहट का कारण 'सागर' की गहराई है। 'हारिल' पक्षी को सम्बोधित एक दूसरी कविता में अज्ञेय लिखते हैं–"काँप न, यद्यपि दसों दिशा में/तुझे शून्य नभ घेर रहा है।" जाहिर है–'मछली' और 'हारिल' अस्तित्वबोधक हैं। इन्हें घेरने का काम 'सागर' और 'आकाश' कर रहे हैं। अब प्रश्न यह है कि यहाँ प्रयुक्त ये दोनों शब्द केवल 'सागर' और 'आकाश' भर हैं अथवा कुछ और। निश्चित रूप से ये समाज अथवा सामाजिक प्रतिबन्धों के संकेतक हैं। अपनी विराटता और व्यापकता में ये 'लघुत्व' के लिए चुनौती हैं। अज्ञेय का लघु मानव अपनी प्रतिष्ठा चाहता है। सभी प्रकार की वर्जनाओं से मुक्ति का आकांक्षी है। सभी प्रकार के बन्धनों/कड़ियों को तोड़कर स्वतन्त्र हो जाना उसका काम्य है। 'मुझे सब कुछ याद है', शीर्षक कविता में अज्ञेय ने जिस मानव का चित्रण किया है वह स्वातन्त्र्यकामी लघु मानव ही है–"पगहातोड़ भागे हुए मृग-सा/स्वयं मानव/चिरंतन की सृष्टि का लघु अंग" (हरी घास पर क्षण भर)

व्यक्ति-स्वातन्त्र्य के पक्षधर अज्ञेय ने अपनी रचनाओं में 'मुक्ति' शब्द का प्रयोग बहुत किया है। उनकी मुक्ति-कामना केवल 'स्व' के लिए नहीं है बल्कि अपने सम्पूर्ण विश्वास के साथ दूसरों को उन्मुक्तता दिलाने की बेचैनी लिए हुए है–

"अपनी हर साँस के साथ
पनपते इस विश्वास के साथ
कि हर दूसरे की साँस को
हम दिला सकेंगे और अधिक सहजता
अनाकुल उन्मुक्ति और गहरा उल्लास।"

(कितनी नावों में कितनी बार, पृ. 31)

यहाँ यह स्मरणीय है कि कवि अपने अधिकारों के लिए उच्च से उच्चतर शक्ति से लड़ने में परहेज करने वाला नहीं है। वह जीवन में एक-एक क्षण के लिए लड़ता है—"मैं अपने जीवन के क्षण-क्षण के लिए लड़ा हूँ।" (निवेदन, इत्यलम्)। स्वायत्तता और निजता की सुरक्षा अज्ञेय के चिन्तन का एक महत्त्वपूर्ण आयाम है। उनकी प्रसिद्ध कविता 'एक बूँद सहसा उछली सागर के झाग से' में व्यक्तित्व की पहचान का मुद्दा अहम् है। सागर के जल में बूँद का पृथक् अस्तित्व नहीं है। निजी व्यक्तित्व की पहचान जलराशि से उछलकर अलग होने पर ही है। यहाँ कवि ने सामूहिकता से अलग हटकर निजता को स्थापित करने का प्रयास किया है—

"एक बूँद सहसा उछली सागर के झाग से
पकी ज्वार से निकल शशों की जोड़ी गयी
फलाँगती
सन्नाटे में बाँक नदी की जमी चमककर
झाँकती।

आत्म-प्रत्यभिज्ञा अज्ञेय के चिन्तन का एक महत्त्वपूर्ण प्रस्थान-बिन्दु है जहाँ से उनकी सर्जनात्मकता को एक नयी दिशा प्राप्त होती है। व्यक्तिगत अनुभूति और संवेदना के धरातल पर वे इसे जीवन की सार्थकता के सवाल से जोड़कर देखने के पक्षधर हैं। उनकी कविता में आत्म-निष्ठा का प्रसंग अनायास नहीं आता बल्कि मानवीय विवेक में आस्था की परिणति की उपज के रूप में आता है। व्यक्तित्व की अद्वितीय विशिष्टता का अन्वेषण बौद्धिकता के सोपान से होकर गुजरता है। आजीवन सत्यान्वेषण, आत्मान्वेषण, शब्दान्वेषण, अर्थान्वेषण एवं सौन्दर्यान्वेषण में लीन अज्ञेय पर इलियट का सर्वाधिक प्रभाव होते हुए भी चिन्तन का उनका अपना अलग पथ था। उन्होंने किसी विचारधारा से जुड़ना न तो उचित समझा और न ही उसका विरोध वांछित। विचारधारा को उन्होंने जीवन-दृष्टि और मूल्य पद्धति में खोजने का प्रयत्न किया। उन्होंने विवेक की स्वतन्त्रता को सर्जनात्मक प्रतिबद्धता के साथ जोड़कर देखा। साहित्य में वाद की प्रवृत्ति को अस्वीकार करते हुए प्रयोग को महत्त्व दिया। उन्होंने लघुत्व बोध से ऊपर उठाकर व्यक्ति-सत्ता को आधुनिक, वैज्ञानिक एवं अन्वेषक की दृष्टि से जो प्रतिष्ठा दिलाने का प्रयत्न किया वही दृष्टिकोण उन्हें नवीनता-बोध से आपूरित करता है। इसी परिप्रेक्ष्य में व्यक्ति की स्वायत्तता अथवा निजता की सुरक्षा का सवाल उनके साहित्य-चिन्तन का आयाम बनता है। वे एक आत्म-सजग रचनाकार की भूमिका में 'है', 'होना',

'होते', रहने का जो कालधर्मी महत्त्व रेखांकित करते हैं वही नित्य नूतनता का बोधक है। 'अरी ओ करुणा प्रभामय' की ये पंक्तियाँ उनके इसी चिन्तन को अभिव्यक्त करती हैं—"जो है, वह है/रहस्य अज्ञेय यही/'है' ही है अपने आप/जो होता है, उसका होना ही/जिसे जानना हम कहते/उसकी मर्यादा, माप।" अज्ञेय अस्तित्व को सार्थक बनाये रखने का प्रयास करते हैं। इसके लिए वे स्वयं को असीम शक्ति का एक अणु मानते हैं, "शक्ति असीम है/ मैं शक्ति का एक अणु हूँ/मैं भी असीम हूँ/एक असीम बूँद/असीम समुद्र को अपने भीतर प्रतिबिम्बित करती है।" (इत्यलम्, पृ. 99)। परम् शक्ति के अंश के रूप में मानव को अज्ञेय भगवान सदृश देखते हैं तो इसमें कोई आश्चर्य नहीं होना चाहिए—

"भीड़ों में
जब-जब जिससे आँखें मिलती हैं
वह सहसा दिख जाता है
मानव
अँगारे-सा भगवान-सा
अकेला।"

(अरी ओ करुणा प्रभामय, पृ. 161)

अज्ञेय में अन्तर्विरोध पर्याप्त मात्रा में मिलता है किन्तु उनका सतत् अन्वेषी रूप व्यक्ति-स्वातन्त्र्य को महत्त्व देता हुआ आत्म-स्थापन में अधिक सक्रिय रहा है। यहाँ यह ध्यातव्य है कि अज्ञेय ने व्यक्ति-स्वातन्त्र्य सम्बन्धी अपनी जो पक्षधरता दिखायी है वह यूरोपीय प्रेरणा का प्रतिफलन नहीं है, बल्कि उसकी जड़ें भारतीय परम्परा और पुरुषार्थ-चिन्तन में ढूँढ़ी जा सकती हैं। इलियट की अवधारणाओं की व्याख्या करते हुए अज्ञेय कहते हैं—"ये स्थापनाएँ ऐसी नयी नहीं है, हमारे ही शास्त्र का विकास हैं। कुप्पी नयी है, लेकिन आसव पुराना है।" (अज्ञेय : वागर्थ का वैभव, पृ. 74)। जाहिर है, जब व्यक्ति-स्वातन्त्र्य का प्रश्न उभरेगा तब नैतिकता अथवा सामाजिक वर्जनाओं का प्रश्न भी उठ खड़ा होगा। अज्ञेय ने स्वयं कभी नैतिकता की खोज को आधुनिकता की समस्या के रूप में देखा था—"समस्या और भी विकट इसलिए होती है कि पुरानी, शास्त्रीय, धार्मिक अथवा ईश्वर-सम्भूत-नैतिकता की प्रवृत्ति इस युग में क्रमशः कम होती जा रही है, आज हम नैतिकता का आधार खोजना चाहते हैं तो एक मानव-सम्भूत नीति में ही।" (अज्ञेय : वागर्थ का वैभव, पृ. 87)। क्या नैतिक है और क्या अनैतिक? यह प्रश्न सदैव संवाद

की अपेक्षा रखता है। इसी परिप्रेक्ष्य में करणीय-अकरणीय पर भी बहस जरूरी हो जाती है। तब जीवन-मूल्यों को सामने रखकर इस अन्तहीन संवाद को विराम देने का प्रयत्न होता है। 'स्रोत और सेतु' में संकलित एक निबन्ध में अज्ञेय ने विकासमान मूल्यों को नैतिक-अनैतिक की परख का आधार माना है—"नैतिक-अनैतिक की परख भी कुछ अभिमूल्यों के आधार पर होती है जो अन्ततोगत्वा आध्यात्मिक और साथ में विकासमान भी हैं, स्थिर या जड़ नहीं, क्योंकि मानव जड़ नहीं है।" 'ओ लहर' कविता में उन्होंने नैतिक मूल्यों की ग्राह्यता को सहजता के साथ जोड़ने पर बल दिया है—

"जिधर से आ रही है लहर
अपना रुख
उधर को मोड़ दो
तरी अपनी
चिर असंशय
लहर पर छोड़ दो।"

आलोचकों ने अज्ञेय के साहित्य में अश्लीलता को लेकर कड़ी आपत्तियाँ उठायी थीं, जिसका उत्तर देते हुए उन्होंने लिखा—"अधूरा देखना ही अनैतिकता है। अश्लीलता तथा अनैतिकता दृष्टि में होती है। शर्म भी आँखों में होती है और उघड़ापन भी वहीं होता है।" (आत्मने पद, पृ. 73)। नैतिकता का अर्थ ढूँढ़ते हुए अज्ञेय मनुष्य की वरण-स्वतन्त्रता की बात करने लगते हैं—"मनुष्य की नैतिकता का क्या अर्थ है सिवा इसके कि वह अपने कर्म के लिए उत्तरदायी है? लेकिन जिस कर्म का उसने स्वेच्छा से वरण नहीं किया है, वह उसका कर्म कैसे है? इसलिए अगर हम मनुष्य की वरण की स्वतन्त्रता नहीं मानते, तो हम उसकी नैतिकता की सम्भावना भी नहीं मानते।" (एक बूँद सहसा उछली, पृ. 312-13)। यह वरण-स्वातन्त्र्य उनके चिन्तन का एक सबल पक्ष है। उन्होंने चेतन-विवेक से निर्दिष्ट होकर जीने को ही स्वाधीन जीवन माना है। सौन्दर्य उनके लिए रहस्य और चिन्तन का विषय है। प्रकृति के सौन्दर्य में तन्मय होते-होते आत्म-सजग हो उठना उनकी स्वाभाविक विशेषता है। 'साम्राज्ञी का नैवेद्यदान', कविता में उनका सौन्दर्य-बोध नैतिक आधार लिए हुए है। अज्ञेय 'कर्म-सौन्दर्य' को अधिक महत्त्व देते हैं। उन्हें प्रेम का परम्परागत निरूपण स्वीकार्य नहीं है और न ही सपाट प्रेम-काव्य का सृजन उनकी अभिलाषा है। उनकी प्रेम रचनाओं में मुक्ति की आकांक्षा है। सागर के प्रेम में डूबी लहरी जिन शब्दों में उसकी प्रशंसा करती है वही अज्ञेय का

अभिलषित प्रेम-स्वरूप है—"देखो न सागर बड़ा है, चौड़ा है/जहाँ तक दीठ जाती है दुलराता है, फैला है/मुझे घेरता है, धरता है, सहता है, धारता है, भरता है/लहरों से सहलाता है, दुलराता है, झुमाता है, झुलाता है/और भी निर्बन्ध मुक्त रखता है, मुक्त करता है/मुक्त, मुक्त, मुक्त करता है।"

मुक्तिकामी अज्ञेय व्यक्तित्व के विकास में समाज को बाधक नहीं मानकर साधक मानते हैं, तभी तो द्वीप और नदी के सम्बन्धों को उजागर करते हुए उनका व्यक्तिवादी मन यह कहना नहीं भूलता कि व्यष्टि-द्वीप को समष्टि की नदी संस्कार देती है, आकार देती है, क्योंकि वह माँ है—

"हम नदी के द्वीप हैं
हम नहीं कहते कि हमको छोड़कर श्रोतस्विनी बह जाय।
वह हमें आकार देती है।
हमारे कोण, गलियाँ, अन्तरीप, उभार, सैकत कूल, सब गोलाइयाँ उसी की गढ़ी हैं।
माँ है वह, है इसी से हम बने हैं।"

(सदानीरा, पृ. 242)

अज्ञेय की स्वाधीन चेतना में व्यक्ति को समाज से स्वाधीन नहीं, बल्कि समाज में स्वाधीन होने का प्रबल आग्रह है। वे स्वतन्त्रता को मानव का आदि आविष्कार और उसे ही उसका लक्ष्य मानते हैं। उनकी दृष्टि में व्यक्ति की स्वतन्त्रता ही महान समाज की रचना करती है। व्यक्ति की सार्थकता स्वयं को समाज के लिए अर्पित करने में है—"यह दीप अकेला/स्नेह भरा/है गर्व भरा मदमाता पर/इसको भी पंक्ति को दे दो।" (सदानीरा, भाग-दो, पृ. 261)। व्यक्ति के स्वतन्त्र, सम्पन्न एवं समृद्ध व्यक्तित्व का आग्रह एक प्रकार से समाज को चैतन्यपूर्ण एवं स्पन्दनशील बनाने का आग्रह है। डॉ. चन्द्रकान्त वांदिवडेकर के शब्दों में, "सभी सृर्जनात्मक कार्य व्यक्ति के माध्यम से ही सम्भव होते हैं, फिर यह काव्य हो (यह जन है-गाता गीत, उन्हें फिर और कौन गाएगा?) सत्य की उपलब्धि हो, (पन्डुब्बा : ये मोती सच्चे फिर कौन कृती लाएगा?) या विचार क्रान्ति हो, (यह समिधा : ऐसी आग हठीला बिरला सुलगाएगा), यह सब अद्वितीय, 'अकेला स्नेह भरा', 'गर्वभरा', मदमाता दीप ही कर सकता है।" (अज्ञेय की कविता : एक मूल्यांकन, पृ. 101)।

व्यक्ति की इकली व्यथा के बीज को लोकमानस की सुविस्तृत भूमि में पनपा सकने की कामना अज्ञेय की समाज सम्पृक्ति का ही उदाहरण है। वे सच्चा कवि-कर्म उसे मानते हैं जो मानव को मानव से सम्बद्ध करे,

व्यष्टि और समष्टि में परस्पर सम्बन्ध अनुस्यूत करे, शोषितों, पीड़ितों की पक्षधरता व्यक्त करे—"वह सेतु/जो मानव से मानव का हाथ मिलने से बनता है/जो हृदय से हृदय को/श्रम की शिखा से श्रम की शिखा को/कल्पना के पंख से कल्पना के पंख को/विवेक की किरण से विवेक की किरण को/अनुभव के स्तम्भ से अनुभव के स्तम्भ को मिलाता है/जो मानव को एक करता है/समूह का अनुभव जिसकी मेहराबें/और जनजीवन की अजस्रमयी नदी जिसके नीचे से बहती है/मुड़ती, बल खाती/नये मार्ग फोड़ती/नये कगारें तोड़ती/चिर परिवर्तनशीला/सागर की ओर जाती, जाती, जाती।" ('इन्द्रधनु रौंदे हुए ये', काव्य संग्रह की 'मैं वहाँ हूँ' शीर्षक कविता)।

अतः यह कहा जा सकता है कि अज्ञेय व्यक्ति-स्वातन्त्र्य के अन्वेषण में समाज के प्रति विरोध का भाव नहीं रखते, बल्कि व्यष्टि और समष्टि के द्वन्द्व में व्यक्तित्व-विकास की प्रक्रिया देखते हैं। वे व्यक्ति को इकाई मानते हैं। इकाई जितनी कुण्ठारहित होगी और समाज साँचों से जितना मुक्त होगा वह उतना ही श्रेयस्कर होगा—"अच्छी कुण्ठा रहित इकाई/साँचे ढले समाज से।"

नागार्जुन : लोक संवेदना का सर्जनात्मक इतिहास

काव्य यथातथ्य वर्णन की अपेक्षा अपनी सर्जनात्मकता में ही सार्थक होता है जबकि इतिहास उस अर्थ में सर्जनात्मकता की अपेक्षा नहीं रखता जिसमें कविता 'रमणीय' बनती है। रमणीयता की सिद्धि के प्रयत्न में ही कविता यथातथ्य प्रस्तुति से परहेज करती है। यही कारण है कि काव्यात्मक प्रमाणों को इतिहास-पुनर्लेखन का आधार नहीं बनाये जाने के पक्ष में अनेक तर्क दिये जाते हैं। प्रख्यात इतिहास-चिन्तक डी.डी. कोसांबी के ऐसे ही तर्क से अपनी असहमति प्रकट करते हुए साहित्यकार उदय प्रकाश नागार्जुन की कविताओं को सन्दर्भित करते हैं। वे यह मानते हैं कि "हम उनकी (नागार्जुन) रचनाओं के प्रमाणों से अपने देश और समाज के पिछले कई दशकों के इतिहास का पुनर्लेखन कर सकते हैं।" (अक्षर पर्व, अगस्त-2010, पृ. 58)। जाहिर है, नागार्जुन की कविताएँ सर्जनात्मक धरातल पर रमणीय तो हैं ही अपने समय के समाज का यथातथ्य वर्णन भी हैं। इसी सन्दर्भ में वे तत्कालीन जीवन-जगत का दस्तावेज हैं—ऐसा दस्तावेज जिसमें नागार्जुन के स्वयं के जिये, भोगे यथार्थ की झाँकी तो है ही धरती, देश और जन के, संघर्ष, अन्तर्द्वन्द्व, घुटन, पीड़ा, यातना, उपेक्षा, तिरस्कार, शोषण, भ्रष्टाचार, अमानवीयता, अत्याचार, अनैतिकता, अनाचार, कोमलता, कमनीयता, विलासिता, जीवन-मूल्यों की क्षरणशीलता, सुख-दुख आदि के घटनाक्रम दैनन्दिन डायरी की तरह दर्ज हैं। यह कवि का प्रातिभ कौशल ही है जो घटनाओं को कविता बना देता है और कविता भी ऐसी जिसमें रमणीयता अपने उत्कर्ष के साथ विद्यमान रहती है। इसी अर्थ में नागार्जुन का काव्य सृजनात्मक इतिहास है।

नागार्जुन की कविता का संसार विस्तृत है। वह मिथिला के रुचिर भू-भाग से लेकर मुलुण्ड के अति सुदूर प्रदेश तक, सामन्ती शोषण से लेकर अमरीकी साम्राज्यवाद तक, गाँधी, नेहरू, जयप्रकाश से लेकर महाप्रभु जॉन्सन तक, रेणुका, शकुन्तला, अहिल्या से लेकर लाजवन्ती तक, कालिदास भारतेन्दु से

लेकर रवीन्द्रनाथ टैगोर और निराला तक, क्रान्ति सुगबुगाने से लेकर खिचड़ी विप्लव तक, दुखरन मास्टर से लेकर प्रेत के बयान तक, लाल भवानी से लेकर काली माई तक, सिन्दूर तिलकित भाल से लेकर दंतुरित मुस्कान तक, व्यक्तिगत जीवन-प्रसंगों से लेकर नर और नरेतर सुख-दुखों को अपने भीतर समाहित किये हुए हैं। उसमें बसन्त की अगवानी के लिए हरे-हरे नये-नये पात हैं तो नंगे तरु और नंगी डालें भी है। चिनार, देवदार और जान भरने वाले जंगल हैं तो बाघिन, मोतिया नेवला, मधुमती गाय और मादा सूअर भी हैं। हेमन्ती बादल हैं, सोनिया समन्दर है, तालाब की मछलियाँ हैं और इन सबसे अलग कवि का वह सपना भी है जिसमें चंदू का लाया नया कैलेण्डर है। कहने का अभिप्राय यह है कि नागार्जुन की कविता बहुवर्णी और हजार-हजार बाँहों वाली है जिसमें तत्कालीन समाज, राजनीति, अर्थनीति एवं जीवन जगत के नाना व्यापार विभिन्न भंगिमाओं के साथ मौजूद हैं। राग-द्वेष, घृणा, क्रोध, समर्थन, विरोध, हर्ष, उल्लास, आस्था, अनास्था जैसे मानवीय भावों के साथ शीत, ताप, आतप, हिमपात जैसी प्राकृतिक स्थितियों की उपस्थिति ने उनकी कविता की परिधि को व्यापक बनाया है, फिर भी उनका केन्द्रक तत्त्व 'जन' है। उसी के हित-चिन्तन की बीमारी नागार्जुन को है–"जन-हित-चिन्तन की बीमारी/छूटे, पाऊँ जनम फिर नया।" उसी की 'पीड़ा से पूर पूर होकर' वे कविताएँ लिखते हैं। वे 'जन-गण-मन के जाग्रत शिल्पी' तथा 'सचेत जनता की जय' के कवि हैं और उनकी कविता 'जय जय जय जन कवि की वाणी' है।

जो कवि जनता के निकट होता है, उसके सुख-दुख का भागीदार होता है, उसके संकट-काल में हर पल अवलम्ब देता हुआ प्रतीत होता है, वही जनता का कवि है। नागार्जुन ने बार-बार अपने को जन कवि कहा है–'हृदयधर्मी जन कवि मैं', 'जन कवि हो तुम तुम्हीं बताओ', 'मैं जन कवि हूँ...।' आदि तो इसीलिए कि वे जनता के बीच के कवि हैं। उन्होंने अपने सुख-दुख को जनता में और जनता के सुख-दुख को अपने में देखा, भोगा और महसूस किया है–"स्वगत शोक में बीज निहित हैं विश्व व्यथा के/विश्व व्यथा में बीज निहित हैं स्वगत शोक के।" बचपन से अभाव का आसव पीने वाले नागार्जुन–'आ रहा हूँ पीता अभाव का आसव ठेठ बचपन से' उस कष्ट और पीड़ा का मर्म जानते हैं जो अभाव जनित है। जाहिर है, भोगा हुआ यथार्थ रचना को अधिक प्राणवान और प्रामाणिक बनाता है। चूँकि नागार्जुन को दुख-दारिद्रय, दीनता, हीनता का जीवन स्वयं जीना पड़ा है, तुच्छता बोध

का विषपान करना पड़ा है, इसीलिए उन्होंने सामान्यजन की व्यथा-कथा को बहुत ही मार्मिक ढंग से प्रस्तुत करने में सफलता पायी है—"तुच्छ से अति तुच्छ जन की जीवनी पर हम लिखा करते/कहानी, काव्य, रूपक, गीत/क्योंकि हमको स्वयं भी तो तुच्छता का भेद है मालूम।" उन्होंने 'मैं रूपक हूँ दबी हुई दूब का' लिखकर दमन और दलन का जो बोध कराया है वह संघर्ष सागर के किनारे का नहीं, बल्कि विषम झंझावातों में उत्ताल तरंगाघातों के बीच स्वयं खाये गये थपेड़ों के अनुभवों का प्रतिफल है। यही कारण है कि वे भी निराला की तरह 'दुखही जीवन की कथा रही' कहना नहीं भूलते। वे बार-बार अपनी गरीबी, दरिद्रता, अभाव और पीड़ा का उल्लेख करते हैं, लेकिन साथ ही यह भी जोड़ते चलते हैं कि ऐसी दीन-दशा के भोक्ता वे अकेले नहीं, बल्कि लाखों-करोड़ों हैं—"मैं दरिद्र हूँ/पुश्त-पुश्त की यह दरिद्रता/कटहल के छिलके जैसी खुरदरी जीभ से/मेरा लहू चाटती आयी/मैं न अकेला/मुझ जैसे तो लाख-लाख हैं, कोटि-कोटि हैं।"

निराला ने 'वन वेला' में 'मैं भी होता यदि राजपुत्र' लिखकर अपनी जो मनोव्यथा प्रकट की थी उससे कुछ भिन्न सन्दर्भ में ही सही नागार्जुन ने भी अपने मन की पीड़ा इस तरह व्यंजित की है—"बंधु मेरे पास भी/यदि बाप-दादों की उपार्जित भूमि होती/धान होता बखारों में/आम, कटहल, लीचियों के बाग होते/पोखरा होता मछलियों से भरा/फिर क्या न मैं भी/याद कर प्रथमा, द्वितीया या तृतीया (प्रेयसी) को/सात छेदों की रूपहली बाँसुरी में फूँक भरता/वैष्णवों की विरहिणी वृषभानुजा के नाम पर ही सही/फिर भी फूँक भरता।" ये पंक्तियाँ कवि के अभावों को तो दर्शाती ही हैं व्यंजना के धरातल पर प्रभुओं की प्रभुता की आड़ में हो रहे अनाचारों का माखौल भी उड़ाती हैं। इसके साथ ही कवि की लोक से गहरी सम्पृक्ति भी दर्शाती हैं। नागार्जुन इसीलिए 'जन कवि' हैं कि उनकी दृष्टि लोक केन्द्रित है और वृत्ति लोक-संग्रही। वे लोक को अपनी आँखों से ओझल नहीं होने देते। जब प्रवास में होते हैं तब भी उन्हें लोक की चीजें याद आती हैं—"याद आता मुझे वह 'तरउनी' ग्राम/याद आती लीचियाँ, वे आम/ याद आते मुझे मिथिला के रुचिर भू-भाग/याद आते धान/याद आते कमल/कुमुदिनी और ताल मखान/याद आते शस्य-श्यामल जनपदों के रूप गुण अनुसार ही रक्खे गये वे नाम।" मिथिलांचल के खेत-खलिहान, तालमखान, बहियार, तिलकोड़ के तले हुए पात, तिसिऔड़ी, दनौड़ी, नाना प्रकार के बीजू और कलमी आम, भाँति-भाँति के फल-फूल और मिट्टी की सोंधी सुगन्ध नागार्जुन की चेतना के वे आयाम हैं

जिन्हें चाहकर भी विस्मृत करना उनके लिए असम्भव है। वस्तुतः इन्हीं से उनकी कविता को बीज/पानी और खाद मिलती है—"इर्द-गिर्द की घटनाएँ ही/मेरे लिए बीज जुटाती हैं।" इसी कविता में आगे वे बाजारू बीजों की निर्मम छँटनी करने तथा बाजारू टेकनीक से सावधान रहने की जरूरत पर बल देते हैं—"बाजारू बीजों की/निमर्म छटाई करूँगा/खाद और उर्वरक और/सिंचाई के साधनों में भी/ पहले से जियादा ही/चौकसी बरतनी है/मकबूल फिदा हुसैन की/चौंकाऊ या बाजारू टेकनीक/हमारी खेती को चौपट/कर देगी।" नागार्जुन की यही दृष्टि उनकी लोक संवेदना का विस्तार करती है। उनकी कविता के पात्र अधिकतम इसी लोक से आते हैं और जो नागर पात्र हैं वे भी किसी-न-किसी रूप में इन्हीं से जुड़े हैं—या तो शोषक, उत्पीड़क के रूप में अथवा दमन-दलन से मुक्ति की आकांक्षा के सहभागी के रूप में।

लोक संवेदनाओं, मानवीय-मूल्यों और रुचियों में हो रहे सतत परिवर्तनों को नागार्जुन ने गम्भीरता से देखा-परखा था। भारत और भारत के बाहर की विभिन्न घटनाओं को जाना, समझा था। मार्क्स और स्टालिन को उन्होंने अपने विचारों में भरा था। हिन्दू-बौद्ध दर्शनों के अलावा विभिन्न देशी-विदेशी चिन्तनों को आत्मसात किया था। विभिन्न भाषाओं में रचित साहित्य के मर्म को पहचाना था। इस तरह बहुश्रुत और बहुपठित नागार्जुन की तुलना जब मसि कागद नहीं छूने वाले किन्तु साधु-संगति आग्रही, बहुश्रुत कबीर से की जाती है तब कबीर की फक्कड़ता, ज्ञान विदग्धता, क्रान्तिकारिता, संघर्षशीलता, मानव-धर्म परायणता का मूर्तिमान छन्द उपस्थित हो जाता है और इन्हीं गुणों को धारण करने के कारण नागार्जुन 'आधुनिक कबीर' के रूप में दिखायी देने लगते हैं तो कोई आश्चर्य नहीं होना चाहिए। वस्तुतः दोनों का चिन्तन जन सापेक्ष है। दोनों ही लोक मंगल के अभिलाषी हैं, दोनों क्रान्ति पथ का वरण करते हैं तथा व्यंग्य और विरोध को उसके साधन के रूप में अपनाते हैं। शोषितों, दलितों, उपेक्षितों के पक्ष में खड़ा होकर मठाधीशों, सत्ताधीशों, सामन्तों, पूँजीपतियों, पण्डा, पुरोहितों को डाँटते-फटकारते, कोसते और गरियाते हैं। उनकी सम्पूर्ण सहानुभूति भूखी-नंगी जनता के साथ है। त्रिलोचन जी अपने को 'भूखा, दूखा, नंगा जनपद' का कवि कहते हैं, लेकिन कबीर और नागार्जुन जैसी तल्खी और आक्रोश उनके यहाँ नहीं है। सामान्यजन के प्रति सहानुभूति ओर संवेदना का भाव त्रिलोचन में बहुतायत है। लेकिन वह क्रान्तिधर्मिता नहीं है जो नागार्जुन में है, इसीलिए वे त्रिलोचन आदि अपने समकालीनों से अलग झलकते हैं। लपककर पत्तल चाटने वाले मनुष्य को

देखकर बालकृष्ण शर्मा 'नवीन' ने दुनियाभर को आग लगाने की बात कही थी। नागार्जुन भी बुभुक्षितों, नंगों को देखते हैं तो उनका मन करता है "नंगा होकर दूँ लगा आग, जो पहन रखा है उसमें भी/फिर बनूँ दिगम्बर बम्भोला/ नंगा होकर विषपान करूँ सागर तट पर/ओ कालकूट तू कहाँ गया।"

स्वातन्त्र्योत्तर हिन्दी कविता में अन्तिम आदमी की दशा-दुर्दशा और उसके अभ्युत्थान हेतु बहुत कुछ लिखा गया है, लेकिन नागार्जुन ने हाशिये के लोगों को जिस तरह चित्रित किया है, जो सहानुभूति दिखायी है, उनकी चेतना को जाग्रत करने का जो प्रयत्न किया है—वह अन्यत्र दुर्लभ है। खेत-खलिहान से लेकर नगरों/महानगरों तक उनकी आवाजाही है। कहीं वह मजदूरी करता दिखायी देता है तो कहीं रिक्शा अथवा ठेला-गाड़ी खींचते हुए। कहीं वह हल-फाल की दुनिया में अपनी रोजी-रोटी तलाश रहा है तो कहीं पोखर-तालाब में धँसकर मछलियाँ पकड़ रहा होता है। कवि उनका यथार्थ चित्रण तो करता ही है उनके साथ खड़े होकर उनकी दुर्दशा करने वालों की खबर भी लेता है। जो लोग उनके श्रम का शोषण करते हुए वैभव-विलासिता का जीवन जीते हैं वे ही उनके श्रम-कण की गन्ध से न केवल दूरी रखते हैं बल्कि मुँह भी बिचकाते हैं। सफेद लिबास पहनकर चौरंगी की हवा खाने निकला सम्भ्रान्त ट्राम में अपने पास पसीने से लथपथ सुर्ती फाँकते हुए देस-राज की बातें करने वाले श्रमिकों के बैठने पर कैसा अनुभव करता है इसे कवि की पारखी नजर ताड़ जाती है और वह व्यंग्यात्मक स्वर में पूछ बैठता है—'घिन तो नहीं आती?' कविता यों आकार लेती है—"कुली मज़दूर हैं/बोझा ढोते हैं, खींचते हैं ठेला/धूल-धुआँ भाप से पड़ता है साबका/थके माँदे जहाँ-तहाँ हो जाते हैं ढेर/सपने में भी सुनते हैं धरती की धड़कन/आकर ट्राम के अन्दर पिछले डिब्बे में बैठ गये इधर-उधर तुमसे सटकर/आपस की उनकी बतकही/ सच-सच बतलाओ/नागवार तो नहीं लगती है? जी तो नहीं कुढ़ता है? घिन तो नहीं आती है?" मध्यवर्गीय संस्कारों पर ऐसा कटाक्ष नागार्जुन ही कर सकते हैं।

नागार्जुन ने यह अनुभव किया था कि इस संसार में दो ही तरह के लोग हैं—अमीर और गरीब, शोषक और शोषित तथा सुविधा-सम्पन्न और सुविधाहीन यानी एक अमीरों की दुनिया और दूसरी गरीबों की दुनिया। एक का जीवन वैभव और विलासिता का है तो दूसरे का अभाव और निर्धनता का। एक सुखी है, दूसरा दुखी (यह बात अलग है कि नागार्जुन की दृष्टि में—'सभी दुखी हैं/दो प्रतिशत भी नहीं सुखी हैं) एक स्वर्गिक सुख भोग

रहा है तो दूसरा नारकीय जीवन जी रहा है। एक का जीवन चमक-दमक और प्रदर्शन का है तो दूसरे का दरिद्रता, दीनता और तुच्छता का है। एक की थाली में छप्पन भोग हैं तो दूसरे के लिए रोटी नहीं है। नागार्जुन की सम्पूर्ण काव्य-यात्रा में इन भाव बोधों पर लिखी गयी कविताओं की संख्या सर्वाधिक है। अकेले भूख और भोजन पर उनकी दर्जनों कविताएँ होंगी। 'अन्न पचीसी' में अनाज और भूख की विसंगतियों को उभारते हुए उन्होंने लिखा—"गोदामों में अन्न कैद हैं पेट पेट है खाली/भूख पिशाचिन बजा रही है, द्वार द्वार पर थाली।" 'जयति जयति जय सर्वमंगला' में भोजन की जद्दोजहद का एक दृश्य यह है—"फटी दरी पर बैठा है चिर रोगी बेटा/राशन के चावल से कंकड़ बीन रही पत्नी बेचारी/गर्भ भार से शिथिल है अंग अंग/मुँह में उसकी मटमैली आभा/....सबकुछ है कोयला नहीं है/कैसे काम चलेगा बोलो/चावल नहीं सिझा सकती है/रोटी नहीं सेंक सकती है/भाजी नहीं पका सकती है...जाने कहीं से एक अठन्नी लानी होगी/वर्ना इस चूल्हे के मुँह पर फिर मकड़ी का जाला होगा।" तो दूसरी और 'विजयी के वंशधर' कविता में ईंटों के ढेर से बने रावण को लाठियों से पीट-पीटकर विजय के मद में चूर सामन्त-वंशजों के वापस हवेली लौटने पर उनके सामने आ गये छप्पन प्रकार के व्यंजनों का एक दृश्य यह है—

"कनक जीर चावल के सुरभित महीन भात
अरहर की दाल औरं परवर की तरकारी
कोंहड़े के फूलों के पकौड़े बड़े-बड़े,
तिलौड़ी, दनोड़ी, तिसियौड़ी, पापड़,
तरोई, नेनुआ, भिण्डी और बैंगन
सूरन और अरूई
मछली और सालन
ऊपर से पुष्ट घृत, कसौंदी, अचार, नीबू
अन्त में दही और फिर सकरौड़ी।"

विरोधी समानान्तरता के द्वारा विभिन्न अर्थ छवियाँ उभारने की कला में कवि नागार्जुन को जितनी सफलता प्राप्त हुई है उतनी अन्य किसी को नहीं। सम्पूर्ण भारत के दुख-दर्द, पीड़ा-छटपटाहट, ग्रामीण और नगरीय जीवन की विद्रूपताओं की मार्मिक व्यंजना में वे इस कला का उपयोग करते हैं। 'खाली नहीं और खाली' शीर्षक ही विरोधी समानान्तरता का उदाहरण है जो मकान, दुकान के खाली नहीं होने तथा हाथ और पेट के खाली होने की व्यंजना को

और मार्मिक बनाता है—"मकान नहीं खाली है/दूकान नहीं खाली है/खाली नहीं ट्राम, खाली नहीं ट्रेन/खाली नहीं माइंड, खाली नहीं ब्रेन/खाली है हाथ, खाली है पेट/खाली है थाली, खाली है प्लेट।" यहाँ कवि ने जिन समस्याओं को उठाया है वे सामाजिक भी हैं और आर्थिक भी। 'छब्बीस जनवरी पन्द्रह अगस्त' कविता में विरोधी समानान्तरता ने स्थितियों की समझ बढ़ाने तथा नयी अर्थवत्ता पैदा करने में मदद की है—"कौन है—खिला-खिला, बुझा-बुझा कौन है/कौन है बुलन्द आज, कौन आज मस्त है? खिला-खिला सेठ है, श्रमिक है बुझा-बुझा/मालिक बुलन्द है, कुली मजूर पस्त है। इसी कविता में वे आगे लिखते हैं—"महल आबाद है, झोपड़ी उजाड़ है/गरीबों की बस्ती में उखाड़ है, पछाड़ है" बहुजन समाज के अन्तस की अभिव्यक्ति का कौशल जानने वाले नागार्जुन ने भूख-प्यास, ठिठुरन-तिरस्कार, ग्लानि-दुर्वचन, पिटाई और प्रवंचन की तुलना सेठों-साहूकारों, अमीरों, पूँजीपतियों के वैभव-ऐश्वर्य, सुख-समृद्धि, कामुकता, विलासिता, छल, छद्म, शोषण, लूट, मस्ती, आनन्द के समानान्तर करके गरीबी-अमीरी की खाई को और भयावह तथा पीड़ाजनक बना दिया है/नारकीय और स्वर्गीय जीवन स्थितियों, दुखद और सुखद भावों की अभिव्यंजना में विरोधी समानान्तरता वाली इस शैली ने उनकी कविता को सहज बोधगम्य और प्रभावशाली बनाने में मदद की है। गरीबों की जिन्दगी और उनके अनन्त दुखों का जैसा वर्णन नागार्जुन के यहाँ मिलता है वैसा आधुनिक हिन्दी कविता में बहुत कम देखने को मिलता है। उनकी एक कविता है—'नयी पौध'। नया पौधा विकसनशीलता में भावी पीढ़ी का भविष्य छिपाये रखता है, लेकिन इस कविता की विडम्बना यह है कि नयी पौध का बचपन असन्तुलित शरीर में विकास पाने को अभिशप्त है, भूख की ज्वाला से त्रस्त है और क्षुधा शान्ति के लिए बरगद की फलियों पर निर्भर है—"आँत की मरोड़ छुड़ा न पाई बरगद की फलियाँ/खड़ा है नयी पौध पीपल के नीचे खाद की खोज में/देख रहा ऊपर/कि फलियाँ गिरेंगी/पेट भरेगा/और फिर जाकर/सो रहेगा चुपचाप झोपड़े के अन्दर/भूखी माँ के पेट से सटकर।" यह है भारत की नयी पौध यानी नयी पीढ़ी। स्वाधीन भारतीय प्राइमरी स्कूल के मास्टर की दशा तो और विचित्र है—जिसके ऊपर एक नयी पीढ़ी को सुशिक्षित करने का गुरुतर दायित्व है—वह अपने पुश्तैनी पोखर में शेष बची करमी पत्तियों पर गुजारा करने के लिए बाध्य है। उन पत्तियों के समाप्त हो जाने पर वह यमराज के पास पहुँच जाता है—प्रेत बनकर। मरा है भूख से लेकिन उसकी विवशता देखिए कि उसे यह बयान देना पड़ता है—

"भूख या क्षुधा नाम हो जिसका/ऐसी किसी व्याधि का पता नहीं हमको/ सावधान महाराज! नाम नहीं लीजिएगा/हमारे समक्ष फिर कभी भूख का।" नागार्जुन की कविता में 'भूख' के अनगिनत वर्णन हैं। कवि की संवेदना भूखे नंगों के प्रति है, इसीलिए उसमें व्यवस्था के प्रति तल्खी और आक्रोश है–'भारतेन्दु' कविता में आजादी को लेकर उसका क्रोध भभक उठता है और वह पूछ बैठता है–"मूर्च्छित हैं हल बैल और भूखी धरती है/इस आजादी का क्या करें बिना भूमि के खेतिहर?" 'नया तरीका' कविता में भी कवि आजादी को कोसता है–"भीतर झुरा गयी ठठरी, बाहर झुलसी चाम/भूखी जनता की खातिर आजादी हुई हराम।" आजादी के बाद की हिन्दी कविता मोहभंग, अनास्था और अस्वीकार की कविता है। नागार्जुन का भी आजादी से मोहभंग हुआ था। गरीबी तथा दुख के निरन्तर बढ़ने, अत्याचार और अमानवीयता की चक्की में सामान्यजन के निरन्तर पिसने को उन्होंने कांग्रेसी सरकार की नीतियों की विफलता, कुशासन और कुव्यवस्था का परिणाम माना था–'चमत्कार' कविता में उन्होंने लिखा है–"पेट पेट में आग लगी है, घर घर में फाका/यह भी भारी चमत्कार है, कांग्रेसी महिमा का/सूखी आँतों की ऐंठन का हमने सुना धमाका/यह भी भारी चमत्कार है, कांग्रेसी महिमा का।" 'छब्बीस जनवरी पन्द्रह अगस्त' कविता में कंकाल बने मनुष्यों की हड्डियाँ गिनाते समय भी उनका आक्रोश कुव्यवस्था पर ही है–"मास्टर की छाती में कै ठो हाड़ है। गिन लो जी, गिन लो, गिन लो जी, गिन लो/मजदूर की छाती में कै ठो हाड़ है! गिन लो जी, गिन लो, गिन लो जी, गिन लो।"

आजादी के पचास वर्ष पूरे होने पर जब देश रजत जयन्ती मना रहा था उस समय नागार्जुन कविता लिखते हैं–'घर से बाहर निकलेगी कैसे लजवन्ती' कारण कि उसके 'फटे वस्त्र' हैं। 'लजवन्ती' नाम और 'फटे वस्त्र' से जिस करुणा की सृष्टि होती है उससे रजत जयन्ती का उल्लास ठण्डा पड़ जाता है। कवि को "नीचे निपट गरीबी, ऊपर ठाठ बाट की रजत जयन्ती" दिखायी देती है इसलिए वह फटकारते हुए लिखता है–"शर्म न आती, मना रहे वे महँगाई की रजत जयन्ती।" कविता में एक ओर काम, दाम, चैन, आराम का अभाव वर्णित है तो दूसरी ओर चाटुकारों द्वारा चीखने-चिल्लाने, आरती करने, चँवर डुलाने, चिकनी वाणी में गुणगान करने का उल्लेख है। व्यवस्था का वीभत्स रूप तब और भयावह हो उठता है जब कवि लिखता है–"कंकालों पर बिछा दी गयी/खद्दर की सतरंगी चादर। यह है–रजत जयन्ती जिसमें–मुँह बाये सुनती झोपड़ियाँ राग बिलावल जै-जैवन्ती।"

नागार्जुन लोक जीवन को सम्पूर्ण मानवीय तथा रचनात्मक संवेदना के साथ चित्रित करने वाले रचनाकार हैं। जन तथा धरती की महिमा का गान करते समय उनके सामने सिर्फ 'मनुष्य' होता है। 'मनुष्यता' का संरक्षण और विकास ही उनकी कविता का लक्ष्य है। यह इसलिए कि वे पहले मानव हैं उसके बाद रचनाकार "कवि हूँ पीछे, पहले तो मानव ही हूँ।" जाहिर है, यह बोध लेकर साहित्य साधना के पथ पर निकला व्यक्ति अमानवीयता अत्याचार के विरुद्ध अपनी आवाज बुलन्द करेगा ही। यही कारण है कि नागार्जुन की कविता प्रखर विरोध और विद्रोह की कविता है। इस उद्घोष की कविता है कि "दुनिया को नरक नहीं रहने देंगे हम/कर परास्त छलियों को, अमृत छीनेंगे हम।" सर्वहारा वर्ग नारकीय जीवन जी रहा है जबकि अमीर अमृत पी रहा है। कवि समाज में समता का अमृतत्व चाहता है। गिरे हुए को उठाना चाहता है। पददलित की धूल झाड़कर बराबरी का स्थान देना चाहता है। प्रताड़ना की भट्टी में झुलसने वाले पर करुणा घन बरसाना चाहता है। अपमान अनल में जलने वाले पर सम्मान की मृदुता का लेप लगाना चाहता है। इसीलिए शोषक, हिसंक वर्ग के विरुद्ध वह प्रतिहिंसा को स्थायी भाव बनाना चाहता है—"प्रतिहिंसा ही स्थायी भाव है मेरे कवि का।" अपनी नफरत की भट्टी में शोषण, उत्पीड़न को गला देने की इच्छा रखने वाले नागार्जुन अपने ऋषि को 'नव दुर्वासा' कहते हुए ऋचा लिखते हैं, जिसमें संघर्ष और आत्मसम्मान की नयी चेतना है। वे एक ऐसे सूर्य के उद्गाता हैं जो जनशक्ति जाग्रत कर शोषितों-पीड़ितों के जीवन में प्रकाश फैलाता है।

नागार्जुन यायावर रहे हैं। उन्होंने अपनी यायावरी का रहस्योद्घाटन किया है—'मैं तुम्हें अपना चुम्बन दूँगा' कविता में। वे आगामी युग के मुक्ति सैनिकों, पीड़ित-शोषित मानवता के उद्धारकों की खोज में अहर्निश घूमते-फिरते रहे हैं क्योंकि उन्हें यह विश्वास रहा है कि वे प्रवंचना की कुटिल चालों, हत्या करने-करवाने, ठण्डी फाँसियाँ देने-दिलवाने, चुपचाप जहर घोलने-घुलवाने, कारागार की नारकीय कोठरियों में मानवता को गलाने-गलवाने की साजिशों का हमेशा-हमेशा के लिए अन्त कर देंगे। यही कारण है कि जहाँ कहीं जनता मुक्ति संघर्ष में तत्पर होती है, शोषण का प्रतिकार करती है तो वे अपना पूर्ण समर्थन देते हैं। चाहे वह भारत का कोई जन-आन्दोलन हो अथवा वियतनामी, नेपाली जनता का मुक्ति संघर्ष—उन्होंने उनका साथ दिया है। अपने सामने बहुओं की इज्जत लूटे जाने पर दरिद्र भूमिहीनों ने जब इस कुकृत्य का न केवल प्रतिकार किया, बल्कि बलात्कारी शोषकों की

हत्या कर दी तब नागार्जुन ने इसे जन्म-जन्म का पाप धोना कहकर 'कब होगी इनकी दीवाली' कविता में उनकी पीठ थपथपायी—"अति दरिद्र थे, भूमिहीन थे/करते थे मेहनत-मजदूरी/मालिक लोगों के अधीन थे/भूमि हरण बर्दाश्त कर गये/चुप्पी साधी मार पीट पर/गुस्सा तब भड़का, बहुओं की/इज्जत जब लूटी घसीटकर/फिर तो वे सातों के सातों/बने भेड़िया, बाघ हो गये/पुरखे तक धरती पर उतरे/जनम-जनम के पाप धो गये।" नागार्जुन की एक कविता है—'हरिजन-गाथा' तेरह हरिजनों के जिन्दा जलाये जाने की पैशाचिक घटना। इसी बिरादरी में दस दिन पहले जन्मे शिशु के बारे में वयस्क बुजुर्गों की दुश्चिन्ता है—"पैदा हुआ है बेचारा/भूमिहीन बन्धुआ मजदूरों के घर में/जीवन गुजारेगा हैवान की तरह/भटकेगा जहाँ-तहाँ बन-मानुष जैसा/अधपेटा रहेगा, अधनंगा डोलेगा/तोतला होगा कि साफ-साफ बोलेगा।" "जाहिर है, नागार्जुन मानवतावादी होने के कारण इस दुरवस्था के घोर विरोधी हैं। अतः वे कविता में सन्त गरीबदास की कल्पना करते हैं जो बच्चे की हस्तरेखाएँ देखकर भविष्यवाणी करता है—"श्याम सलोना यह अछूत शिशु हम सबका उद्धार करेगा/अजी यही/सम्पूर्ण क्रान्ति का/बेड़ा सचमुच पार करेगा।" यहाँ यह ध्यातव्य है कि नागार्जुन सम्पूर्ण क्रान्ति के पक्षधर रहे हैं। अपनी कामना को वे इस बालक के माध्यम से फलीभूत होते देखना चाहते हैं। कविता आगे बढ़ती है—"दिल ने कहा—अरे यह बालक/निम्न वर्ग का नायक होगा/नयी ऋचाओं का निर्माता/नये वेद का गायक होगा।" यहाँ सन्त की भविष्यवाणी कवि के हृदय की वाणी है जो दलितों-शोषितों के उद्धारक की मूर्ति गढ़ती है। यहाँ एक विचारणीय प्रश्न यह है कि दलितों और स्त्रियों का हित चिन्तन करने वाले नागार्जुन का दृष्टिकोण क्या आज के स्त्री और दलित विमर्शकारों के विमर्श की परिधि में आयेगा अथवा नहीं, क्योंकि ये लोग ग़ैर-स्त्री और ग़ैर-दलितों के विमर्श को मानने के लिए तैयार जो नहीं हैं। शायद उन्हें नागार्जुन की 'तालाब की मछलियाँ' कविता में भी स्त्री-मुक्ति का कोई विमर्श न दिखे और न ही वह आवाज सुनाई दे जो टूटे दाँतों वाले अधेड़ मथुरा पाठक की अठारह वर्षीया, मृदुवैनी, मृगनैनी, मधुर, तृतीया भार्या द्वारा तली जा रही मछली के खण्डों से निकलकर आती है—"हम भी मछली, तुम भी मछली/दोनों ही उपभोग वस्तु हैं।" और शायद मुक्ति की इस अनुभूति को भी वे अपने विमर्श में शामिल न करें जो तालाब का बन्धन टूटने पर मछली को होता है—"कोसी की धारा ने आकर तोड़ दिया है बाँध/आज आ गयी सखि हम बाहर/एक एक कर/उथल-पुथल है जन-जीवन में।"

और फिर मछली की यह आशावादिता—"सभी ओर उत्क्रान्ति हो रही है/टूट रहे हैं अन्तःपुर के ढाँचे/आज या कि कल/तुम भी तो निकलोगी बाहर/हवेलियों, डेवढियों से/फिर जनपद के खण्ड नरक ये मिट जायेंगे।" ऐसा इसलिए कि नागार्जुन ग़ैर-स्त्री और ग़ैर-दलित हैं।

जनसामान्य को अपनी आशा का प्राण-केन्द्र मानने वाले नागार्जुन वस्तुतः मुक्ति के कवि हैं। हर तरह की मुक्ति-अज्ञान, अशिक्षा, गरीबी, दरिद्रता, दुख, अन्याय, अत्याचार, प्रताड़ना, शोषण, अपमान, विषमता से मुक्ति। इसी आकांक्षा ने उनकी संवेदना को विस्तार दिया है और उनकी प्रतिभा ने लोक की छोटी बड़ी घटनाओं को कविता के ढाँचे में ढाल दिया है। उनकी कविता कभी शासकों-शोषकों की पोल खोलती है तो कभी कबीर की तरह फटकार लगाती है। कभी निजी क्षणों में 'सिन्दूर तिलकित भाल' का स्मरण करती है तो कभी नये गगन में, नये सूर्य की चमक में अपनी आभा देखती है। कभी महासिद्ध बनकर अभिनव द्रव तैयार करती है तो कभी संघर्ष के लिए जनशक्ति का आह्वान करती है। इस तरह विविध भूमिकाओं वाली उनकी कविता सृजनात्मक इतिहास बनती है। इसके साथ ही हारे, थके, टूटे, डरे, उपेक्षित-शोषित लोगों को यह विश्वास दिलाती है कि उनके जीवन में एक-न-एक दिन अवश्य उजाला होगा, हर्ष और उल्लास होगा—

"यों ही गुजरेंगे हमेशा नहीं दिन
बेहोशी में, खीझ में, घुटन में, ऊबों में
आयेंगी वापस जरूर हरियालियाँ
घिसी-पिटी झुलसी हुई दूबों में।"

शमशेर : सत्य और सौन्दर्य का सन्धान तथा उन्मुक्ति का आह्वान

शमशेर एक संश्लिष्ट कवि हैं। उनका भाव-बोध जितना गहन गम्भीर है अनुभूति उतनी ही जटिल। उनके कवि-मानस पर विभिन्न विचारधाराओं, दर्शनों, मतवादों का प्रभाव इतना व्यापक है कि उनकी कविता स्वच्छन्दतावाद, प्रगतिवाद, मार्क्सवाद, अतियथार्थवाद आदि विभिन्न मार्गों पर चलती हुई प्रतीत होती है। वह निराला, गालिब और इकबाल से भी ऊर्जा ग्रहण करती है तथा एजरा पाउण्ड, गिन्सबर्ग और टेनीसन से भी। पन्त और महादेवी की कोमल भावनाओं से अभिभूत होती है तो शिवदान सिंह चौहान की चिन्तनधारा को भी आत्मसात् करती है। "अनगिनत आइनों को/न जाने कितने कोणों से प्रतिबिम्बित किए हुए" होने के बावजूद शमशेर का कहना है—"मेरे कवि ने कभी किसी 'फार्म' शैली या विषय का सीमा-बन्धन स्वीकार नहीं किया। फैशन किन विषयों पर लिखने का है, कौन-सी शैली चल रही है, किस वाद का युग आ गया है या चला गया है—मैंने कभी इसकी परवाह नहीं की। जिस विषय पर, जिस ढंग से लिखना मुझे रुचा, मन जिस रूप में भी रमा, भावनाओं ने उसे अपना लिया।" (कुछ और कविताएँ, पृ. 5)। जहाँ तक मन रमने अथवा विषय-चयन की बात है तो उसकी परिधि काफी विस्तृत है। उसमें मनुष्य से लेकर प्रकृति तक, राग से विराग तक, सौन्दर्य से प्रेम तक, व्यक्ति से समाज तक और देश से देशान्तर तक का लोक समाया हुआ है। जीवन-जगत के विभिन्न पक्ष उनके भाव-संवेदन में इस तरह घुले-मिले और सम्पृक्त हैं कि शमशेर का कवि-व्यक्तित्व सम्पूर्ण आधुनिक कविता में अलग से पहचाना जा सकता है। 'भावनाओं की सच्चाई' और 'प्रखरता' ने उस व्यक्तित्व को और विशिष्ट बनाया है। जाहिर है, कविता 'सत्यम्' की भावना, 'शिवम्' की कामना और 'सुन्दरम्' की अभिव्यंजना वाली होकर ही

महत्त्वपूर्ण और उपादेय होती है। शमशेर की कविता में सत्य और सौन्दर्य का सन्धान तो है ही–उन्मुक्ति का आह्वान भी है। इसी परिप्रेक्ष्य में उनकी कविता का अलग पथ है जो उन्हें औरों से अलग करता है। उन्हें विलक्षण और विशिष्ट बनाता है।

शमशेर जीवन-जगत की जटिलताओं, विसंगतियों और विडम्बनाओं से परिचित हैं, हृदय-संकोचनों से चिन्तित हैं, इसीलिए उनका कवि मन रोता है–"संकुचित है आज जीवन का हृदय/व्यक्ति-मन रोता है जन-जन के लिए।" और वह रोये भी क्यों नहीं जब "नाज पकने पर खुले आकाश से/बिजलियाँ गिरती हैं निर्धन के लिए।" (टूटी हुई, बिखरी हुई, पृ. 82)। समाज का वह भयावह दृश्य किसी को भी दुखी और बेचैन कर सकता है। 'देश' और 'समाज' की दुर्दशा विचलित कर सकती है। इसलिए शमशेर को कटु एवं तिक्त अनुभूतियाँ प्राप्त होती हैं–'ओ मेरे घर' शीर्षक कविता में पृथ्वी को सम्बोधित करते हुए लिखते हैं–"इन्सान के अँखौटे में डालकर मुझे/सबकुछ तो दे दिया/जब मुझे मेरे कवि का बीज दिया कटु तिक्त।" (टूटी हुई, बिखरी हुई, पृ. 98)। इसी कविता में पूँजीवादी समाज की अमानवीयता, क्रूरता और हृदयहीनता व्यक्त करने वाली हँसी भी है–"और दी मुझे एक लम्बे नाटक की/हँसी/फैली हुई/दर्शकशाला के इस छोर से उस छोर तक/लहराती कटु-क्रूर/" (वही, पृ. 98)। यथार्थ का यह कटु-तिक्त, कटु-क्रूर रूप संघर्ष और द्वन्द्व के स्तर पर परिवेश को अभिव्यक्ति देने में सफल है। शमशेर की सहानुभूति आम आदमी के साथ है। जनसाधारण की दुरवस्था व्यक्त करती यह कविता–"हम राख हैं जो आइने के मुख पर मले हुए हैं/क्या उसे माँजने के लिए? नींद में ही हमारी यातना चित्र बनती है ओह/उसे कैसे समझें/सरल और दुरूह हमारा दुख बच्चों-सा ही है।" (टूटी हुई, बिखरी हुई, पृ. 103) उनकी यथार्थवादी दृष्टि उभारती है। उपमा अलंकार के सहारे वे जिस सरल और दुरूह दुख का चित्रण करते हैं, वह सामान्य दुख नहीं है। उसमें भयावहता है। व्यापकता है–और है–गहरी अनुभूति। इसकी पीड़ा इतनी घनीभूत है कि कवि 'संसार के चक्के पर है' कविता में पूछ बैठता है–"उसे/मीठी/नींद कब/आयेगी/वह नींद/जो मीठी सुबह का/उजाला लाए/चतुर्दिक/समान रूप/उजाला/" यह 'समान रूप' साम्यवादी और समाजवादी दर्शन है। कवि की समतावादी दृष्टि समान उजाला चाहती है। उसका प्रकाश कहीं तीव्र और कहीं मन्द हो–यह उसको सह्य नहीं है। यहाँ यह उल्लेख्य है कि शमशेर

के सृजनात्मक बोध में मतों और वादों का प्रभाव अवश्य परिलक्षित होता है, किन्तु वे किसी के प्रति बद्धमूल नहीं हैं।

कला को मानव-आत्मा का संघर्ष मानने वाले शमशेर के चिन्तन में 'मनुष्य' है। वे 'मनुष्य' का दर्शन करना चाहते हैं क्योंकि अदीब और कलाकार उन्हें बहुत मिलते हैं–''मुझको मिलते हैं अदीब और कलाकार बहुत/लेकिन इन्सान के दर्शन हैं मुहाल।'' (टूटी हुई, बिखरी हुई, पृ. सं. 89)। इसी कविता में वे दर्द और तड़प की भी बात करते हैं। आम आदमी के दर्द को अपनी कविता में भर लेना चाहते हैं और इसे ही अपने कवि होने की कसौटी भी मानते हैं, ''अगर मेरी वाणी में इन्सान का दर्द है–छोटा सा ही दर्द सही, मगर सच्चा दर्द... भावुकता, ललक, आकांक्षा, तड़प और आशा, कभी घोर रूप से निराशा भी लिए हुए, कभी उदासी, कभी-कभी उल्लास भी... एक प्रेमी कवि कलाकार, एक मध्यमवर्गीय भावुक नागरिक का, जो मार्क्सवाद से रोशनी भी ले रहा है और सांस्कृतिक और धार्मिक परम्पराओं में अपनी नैसर्गिक शक्ति और ऊर्जा के स्रोत भी (अपनी सीमा में अपनी शक्ति भर) तलाश कर रहा है और एक ऐसा व्यक्ति जिसको सभी देशों, सभी धर्मों, और सभी भाषाओं और साहित्यों से प्यार है और सबसे अपने दिल को जोड़ता है (प्रेम की भावुकता ने जो बीज बोया है, वह मैं देखता हूँ कि अकारथ नहीं गया, क्योंकि पूरी मनुष्य जाति से प्रेम, युद्ध से नफरत और शान्ति की समस्याओं से दिलचस्पी–ये सब बातें उसी से धीरे-धीरे मेरे अन्दर पैदा हुईं–मैंने उन दिलचस्पियों का क्या बनाया... कुछ काम की चीजें मैं सिरज सका या नहीं, यह अलग सवाल है... और उसे आलोचकों पर ही छोड़ना बेहतर (...तो अगर उपर्युक्त तमाम सूत्रों के साथ मैं इन्सान से जुड़ता हूँ तो मेरे लिए फिलहाल इतना काफी है। मैं एक बहुत कामयाब कवि शायद नहीं बन पाया हूँ, लेकिन सम्भवतः एक जेनुइन कवि अपने आपको कह सकता हूँ।'' (उदिता, अभिव्यक्ति का संघर्ष से उद्धृत)। मानव-प्रेम सम्बन्धी यह आत्मकथ्य शमशेर के कवि की झाँकी है। वर्तमान समाज मानव अन्तरंगता का नहीं, बल्कि दूरी और विभिन्नता का समाज है। भागम-भाग, आपाधापी और मूल्यहीनता का समाज है। चतुर्दिक कोलाहल और यान्त्रिकता का समाज है। ऐसे में मानव-मानव के बीच की कोमल तान की चिन्ता उस कवि को जरूर होगी जो हर कीमत पर इन्सान से जुड़ने और उसे खोजने की ललक और कामना रखता है। 'विजय सोनी के चित्र' शीर्षक कविता में शमशेर ने लिखा है–''आज की चीख-पुकार में/एक बहुत कोमल तान/खो गयी है।''

जो चीज खो जाती है—उसे पाने का प्रयत्न तो होना ही चाहिए। शमशेर भी उसे 'पाने' के लिए संकल्पित हैं किन्तु इस शर्त के साथ—"हम पीछे मुड़कर न देखें/सामने ही देखें/... और हम उसको देखें/जो हमारा/आने वाला व्यक्ति है।" यहाँ यह ध्यातव्य है कि शमशेर की कविता में 'व्यक्ति' निरपेक्ष नहीं है, वह 'आदमी' का पर्याय है।

युग और युग-बोध, रचना की यथार्थवादी पृष्ठभूमि के लिए खाद और बीज का काम करते हैं। संवेदनशीलता और सहानुभूति उपजाकर मानवीयता को संपोषित करने में इनकी महत्त्वपूर्ण भूमिका होती है। शमशेर अपने युग और परिवेश की नब्ज पकड़ने में माहिर हैं। इसीलिए उनकी कई कविताओं में विसंगतियों और विडम्बनाओं के कारण उपजी व्यक्ति-कुण्ठा तथा भय और सन्त्रास की प्रभावशाली अभिव्यक्ति हुई है। उनकी दृष्टि में युग की भयावहता का सीधा साक्षात्कार करने वाला यदि कोई है तो वह मध्य वर्ग है। सभी तरह की वर्जनाओं और निषेधों का सामना उसे ही करना है। उसे ही हर मोर्चे पर सावधान और सतर्क होकर संघर्ष करना है—चाहे वह मोर्चा मूल्यों के संरक्षण और नवीन जीवन-मूल्यों की ग्रहणशीलता का हो अथवा आम आदमी के रूप में अस्तित्व की रक्षा अथवा आत्म बलिदान और समर्पण द्वारा मानवता के विकास की भावना हो। बाहरी और भीतरी पाटों के बीच सर्वाधिक पिसने वाले इस वर्ग की दशा अपना सर्वस्व लुटा बैठने वाले पथिक की है, इसलिए शमशेर की लेखनी यह पूछे बिना नहीं रहती—"ओ मध्य वर्ग/तू क्यों कैसे लुट गया/दसों दिशाओं की भी, दसों दिशाओं की/दसों दि...शा...ओ/में/तू कहाँ है कहीं भी तो नहीं/इतिहास में भी तू/असहनीय रूप से दयनीय/असहनीय/" (चुका भी हूँ नहीं मैं, पृ. 70-71) विसंगतियों, विडम्बनाओं, अन्याय और अव्यवस्था से लड़ने की ताकत साहस से मिलती है किन्तु उसकी आग बुझने की चिन्ता शमशेर ने इन शब्दों में प्रकट की है—"आग बुझ गयी/वह काला/पत्थर रह गया।" (वही, पृ. 47)।

बिम्बों के झरोखों से झाँकने वाले शमशेर यथार्थ की गहरी पकड़ रखते हैं। 'सींग और नाखून' तथा 'शिला का खून पीती थी' कविताएँ अपनी बिम्बात्मकता में संवेदनहीनता को मूर्तित करने वाली कविताएँ हैं। संवेदनशून्यता का वातावरण रचने में 'सींग', 'नाखून', 'लोहे के बख्तर' आदि शब्दों का सामर्थ्य देखते ही बनता है। 'मुर्दा हाथ' और 'उल्टी कलम थामने' का बिम्ब अपनी अभिव्यंजना में पूरी तरह से सफल है—"सीने में सुराख हड्डी का/आँखों में—घास काई की नमी/एक मुर्दा हाथ/पाँव पर टिका/उल्टी कलम थामे।" (टूटी हुई, बिखरी हुई, पृ. 27)।

अत्यल्प शब्दों में अधिकाधिक की व्यंजना शमशेर की काव्य-प्रतिभा और कवि-कर्म-कौशल का प्रमाण है। वे अनुभूतियों की सपाट बयानी की अपेक्षा कलात्मक उत्कर्ष की चासनी लगाकर प्रस्तुत करने वाले कवि हैं। भाव-बोध की गहराई और संवेदनाओं की सूक्ष्म पकड़ से वे युग-सन्दर्भ की जटिलताओं को उभारने में जितने सिद्धहस्त हैं, उतनी ही कुशलता आन्तरिक लय को उपस्थित करने में भी दिखाते हैं। उनकी कविता में बाह्य संघर्ष, कशमकश तथा जिजीविषा की जैसी आवृत्ति है उससे कहीं अधिक उसमें भीतरी संघर्ष, अन्तरंगता और अकेलेपन की अनुगूँज है। उसमें प्रेमी हृदय भी है और सौन्दर्य के सूक्ष्मातिसूक्ष्म तत्त्वों के प्रति आकर्षण और अनुराग का भाव भी है। मनुष्य और प्रकृति के सौन्दर्य की कलात्मक प्रस्तुति अनुपम है तो 'भावना की सच्चाई' का सन्धान भी श्लाध्य है। वे 'मिथ्याओं' में 'सत्य' पाने के लिए आतुर ही नहीं हैं बल्कि उसकी अविरामता के लिए भी सन्नद्ध हैं—"तुमको पाना है, अविराम/सब मिथ्याओं में/ओ मेरी सत्य।" (टूटी हुई, बिखरी हुई, पृ. 72)।

'सत्य' और 'सौन्दर्य' का सन्धान शमशेर की सृजन-प्रक्रिया का एक विशिष्ट आयाम है। उनका सत्य अनुभूति जन्य और यथार्थ-सापेक्ष है। वह किसी वाद पर आधृत न होकर एक गतिशील प्रत्यय है। जीवन से फूटकर निकली कविता में शमशेर 'भावनाओं' की सच्चाई खोजते हैं' (दूसरा सप्तक, पृ. 79) तो वह अकारण नहीं है बल्कि उनकी कविता का एक भास्वर पक्ष है। चिन्तन-लोक का उज्ज्वल आलोक है। उनका बिम्ब-विधान इसी अन्वेषण का साधन है। 'अमन का राग' शीर्षक कविता में गोमुखी गंगा का संश्लिष्ट और विराट बिम्ब है। कवि का मानना है कि 'भावों की सच्चाइयाँ' इसी गोमुख से मोती की तरह बिखरती रहती हैं—

"सच्चाइयाँ
जो गंगा के गोमुख से मोती की तरह बिखरती रहती हैं
हिमालय की बर्फीली चोटी पर चाँदी के उन्मुक्त नाचते
परों में झिलमिलाती रहती हैं
जो एक हजार रंगों के मोतियों का खिलखिलाता समन्दर है।"

(टूटी हुई, बिखरी हुई, पृ. 83)

शमशेर की दृष्टि में 'सत्य' एक अर्थगर्भित, समय और जन-सापेक्ष प्रत्यय है। वही सुख का आधार भी है और आधेय भी। 'बात बोलेगी' शीर्षक कविता में शमशेर लिखते हैं कि 'सत्य' जनता को अभयत्व प्रदान करता है—

"सत्य का रुख
समय का रुख है
अभय जनता को
सत्य ही सुख है
सत्य ही सुख।"

(कुछ और कविताएँ, पृ. 3)

'सत्यमेव जयते' कविता भारत-चीन युद्ध सन् 62 के सन्दर्भ में लिखी गयी है। इसमें शमशेर ने 'शक्ति' को आकार में नहीं 'सत्य' में सन्निविष्ट माना है—"शक्ति आकार में नहीं/सत्य में ही है।" (टूटी हुई, बिखरी हुई, पृ. 47)। उनका यह भी कहना है कि सत्य निर्भीक होता है। उसकी जबान बन्द नहीं हो सकती। उसकी कसी हुई मुट्ठियाँ जब खुलती हैं तब आँधियाँ आती हैं—आँधियाँ भी ऐसी कि अटॉमिक मोर्चों तक को उड़ा ले जाती हैं—

"सत्य की जबान बन्द हो
फिर भी वह गरजता है
सत्य की कसी हुई मुट्ठियाँ सहसा
खुलती हैं
तो आँधियाँ आती हैं
जो अटॉमिक मोर्चों को भी आखिरकार
उड़ा ले जाती हैं।"

(टूटी हुई, बिखरी हुई, पृ. 46)

यथार्थ-बोध केवल बाह्य-जगत सापेक्ष नहीं है बल्कि अपनी व्यापकता में 'सत्य' का साक्षात्कार करने का सोपान भी है। इसीलिए कविता 'सत्य' की गहराई को प्रकट करने का एक साधन है। विज्ञान की शब्दावली में 'सत्य' एक प्रकार से अभिज्ञानपरक क्रिया है, जो आत्मगत् प्रक्रिया का फल है (दि फिलॉसफी ऑफ़ फिजिकल साइंस, इडिंगटन, पृ. 32)। शमशेर की कविता में 'सत्य' का रूप मात्र वस्तुगत न होकर आत्मगत भी है। उनकी अन्तर्मुखी चेतना बाह्य भाव-प्रसंगों को आभ्यन्तर स्तर पर उपस्थित करती है। आत्म-संघर्ष को कविता में प्रकट करती है। शमशेर का मानना है—"राग का अगर आत्मा से सम्बन्ध है और आत्मा को सत्य से प्रेरणा मिलती है तो हम उस प्रेरणा से गहराई में छिपे हुए उत्सुक भावों को जगाकर अपनी कुंठित कला में वह चेतना पैदा कर सकते हैं जिसे हम बसन्त के सतरंगी जीवन में देखते हैं।" (दोआब, पृ. 33)। यहाँ यह ध्यातव्य है कि शमशेर सूक्ष्म संवेदना के कवि हैं

और उनके आत्मानुभवों में 'विश्व मानव' का बिम्ब विद्यमान है। इसीलिए उनके सरगम में सभी संस्कृतियाँ विभोर होती हैं तो कोई आश्चर्य नहीं होना चाहिए– "बहुत हौले-हौले नाच रहा हूँ/सब संस्कृतियाँ मेरे सरगम में विभोर हैं। क्योंकि मैं हृदय की सच्ची सुख-शान्ति का राग हूँ/बहुत आदिम/बहुत अभिनव।" (टूटी हुई, बिखरी हुई, पृ. 83)। सच्ची सुख-शान्ति की कल्पना के पीछे 'सत्य' की भूमिका होती है। 'तुमको पाना है अविराम' कविता में कवि की यही अवधारणा है–"ओ मेरी सुख/समस्त कल्पना के पीछे एक सत्य।" (टूटी हुई, बिखरी हुई, पृष्ठ सं. 73)। कवि इसी सत्य को खोजना चाहता है जो अभी बाकी है–

"अभी सत्य की खोज बाकी ही थी

* * * * *

यह सच्चाइयाँ बहुत गहरी नींवों में जाग रही हैं
वह इतिहास की अनुभूतियाँ हैं।"

(टूटी हुई, बिखरी हुई, पृ. 85)

शमशेर की संश्लिष्ट भावानुभूतियों में 'रोमांटिसिज़्म' भी अपनी आभा के साथ सम्मिश्रित है। उनकी दृष्टि में मानव के लिए प्रेम वही महत्त्व रखता है जो मछली के लिए जल का है इसीलिए वे लिखते हैं–

"हाँ, तुम मुझसे प्रेम करो जैसे मछलियाँ लहरों से करती हैं
जिसमें वह फँसने नहीं आतीं
जैसे हवाएँ मेरे सीने से करती हैं
जिसको गहराई तक नहीं दबा पातीं
तुम मुझसे प्रेम करो जैसे मैं तुमसे करता हूँ।"

(कुछ और कविताएँ, पृ. 53)

प्रेम मनुष्य की आदिम वृत्ति है। उसकी जिजीविषा का केन्द्रक तत्त्व है। प्रेम की अबाधित भाव-धारा को अनेक प्रयत्नों के बावजूद भी रोकना असम्भव है। निराला ने यौवन-मद की बाढ़ को बे-रोक-टोक बहने देने की पक्षधरता पर कविता लिखी है–"बहने दो/बे-रोक-टोक से/कभी नहीं रुकती है/यौवन-मद की बाढ़ नदी की/किसे देख झुकती है।" शमशेर की दृष्टि में प्रेम उदात्त शक्ति-सम्पन्न है। उसकी दिव्य ऊर्जस्विता से युगों के भूधर पिघल उठेंगे तथा सातों सागर में उफान आ जायेगा–"जब करूँगा प्रेम/पिघल उठेंगे/युगों के भूधर/उफन उठेंगे/सात सागर/किन्तु मैं मौन हूँ आज/कहाँ सजे मैंने साज/अभी/सरल से भी गूढ़, गूढ़तर/तत्त्व निकलेंगे/अमित विषमय/जब मथेगा प्रेम सागर/हृदय।" (दूसरा सप्तक, पृ. 76) शमशेर प्रणय-जीवन

के कवि हैं। उनकी रोमांटिक चेतना सघन ऐन्द्रियता का बिम्ब लेकर आती है। इसी परिप्रेक्ष्य में देह-सौन्दर्य की असीमता पर अनुपम काव्य सृजित होता है—'प्रेयसी' और 'एक ठोस बदन अष्टधातु का-सा' आदि कविताएँ इसका प्रमाण हैं—कवि की 'प्रेयसी' कितनी 'प्यारी' है—इसे इन पंक्तियों के माध्यम से अनुभव किया जा सकता है—

''प्यारी
तुम कितनी प्यारी हो।
वह काँसे का चिकना बदन हवा में हिल रहा है
हवा हौले-हौले नाच रही है,
इसलिए...
तुम भी मेरी आँखों में
(स्थिर रूप में साकार रहते हुए भी)
हौले-हौले अनजाने रूप में
नाच रही हो
हौले-हौले
हौले-हौले यह कायनात हिल रही है।''

(टूटी हुई, बिखरी हुई, पृ. 69)

इसी कविता में आगे 'गन्दुमी गुलाब की पंखुड़ियाँ'; 'आँखों की शबनम', 'मीठी हँसी', 'सुडौल बदन एक आबसार', 'कोमल काँसे में ढला गोलाइयों का आईना' आदि मनोहारी बिम्ब न केवल माँसल सौन्दर्य, कायिक चेष्टाओं को उपस्थित करते हैं बल्कि प्रेम की मादकता और उन्मत्तता को कई गुना बढ़ा देते हैं। कवि 'एक ठोस बदन अष्टधातु का-सा' में नायिका की जँघाएँ दो ठोस दरिया के रूप में देखता है तो वह स्वयं ठहर जाता है और उसकी दृष्टि भी—''सचमुच? जँघाएँ दो ठोस दरिया/ठे-रे हुए-से/मगर जानता हूँ कि वो/बराबर-बराबर बहुत तेज/रौ में हैं/ठै रा हुआ-सा मैं हूँ मेरी/दृष्टि एक टक।'' इतना ही नहीं चारों ठोस वक्ष कपोल कवि को निमन्त्रण ही नहीं चैलेंज देते हुए प्रतीत होते हैं—''ठोस वक्ष कपोल उभरे हुए चारों/निमन्त्रण देते चैलेंज-सा/चारों एक साथ/अपनी स्थिरता में चल/काल की तरह।'' (टूटी हुई, बिखरी हुई, पृ. 66)। 'बादलों के मौन गेरू-पंख'; 'कत्थई गुलाब', सौन्दर्य, 'सन्ध्या' शमशेर की प्रेम कविताएँ हैं। 'सौन्दर्य' की ये पंक्तियाँ—''तेरी हँसी को मैं उषा की भाप से निर्मित/गुलाब की बिखरती पंखुड़ियाँ ही समझता था।'' छायावादी संस्कार लिए हुई हैं। कल्पनाशीलता ने हँसी के भाव को मूर्तित

कर दिया है। 'कत्थई गुलाब' में प्रेमिका का सौन्दर्य भी कल्पना का चमत्कार है—"आकाशीय/गंगा की/झिलमिली ओढ़े/तुम्हारे तन का छन्द/गत स्पर्श/" ये ही वे विशेषताएँ हैं जिनके आधार पर शमशेर को सूक्ष्म शारीरिक सौन्दर्य-बोध का कवि कहा जाता है। उनकी कविता—"पदार्थ की पदार्थता का जयगान है और देह की दैहिकता का पावन महोत्सव। शमशेर सौन्दर्य के उद्गाता नहीं, रूप के लक्षक हैं। उनकी दृष्टि प्रायः उस पर टिकती है, जो ठोस और खूब गठा हुआ है।" (आजकल, सितम्बर 1933, पृ. 11)

शमशेर की सौन्दर्य-चेतना अधिक विकसित है। उसमें सौन्दर्य का अवतार प्रत्येक क्षण पलछिन होता रहता है। मानव और प्रकृति दोनों का सौन्दर्य कवि की चेतना को झंकृत करता है। नारी उसको आकर्षित करती है तो प्रकृति भी अपनी सुकुमारता और कोमलता के साथ आकर्षण का केन्द्र बनती है। देह-सौन्दर्य को उभारने वाली ये पंक्तियाँ—"चिकनी चाँदी-सी माटी/वह देह धूप में गीली/लेटी है हँसती-सी।" (टूटी हुई, बिखरी हुई, पृ. 21)। जितनी सजीव, मार्मिक और मनोहारी हैं उतना ही आकर्षण कोठरी के आईने में खड़ी धूप के रूप को उभारने वाली इन पंक्तियों में भी है—"धूप कोठरी के आईने में खड़ी/हँस रही है/पारदर्शी धूप के पर्दे/मुस्कराते/मौन आँगन में/मोम सा पीला/बहुत कोमल नभ।" (कुछ और कविताएँ, पृ. 10) वस्तुतः शमशेर का मानव-सौन्दर्य प्रकृति-सौन्दर्य से आप्लावित है और प्रकृति-सौन्दर्य मानव-सौन्दर्य से। 'सावन' शीर्षक कविता में प्रकृति की मनोरमता कवि-चेतना में 'प्रिया' की स्मृति को सजीव बनाती है—"जहाँ जमीन और आसमान मिल रहे हैं/वह भौंह/काँप रही। सावन आया है खूब समझता हूँ मैं/सावन की ये पलकें/मूँद रही हैं मुझको।" जाहिर है 'प्रिया' कवि के जीवन की सार्थकता है, उसके 'दिल की धड़कन' है। इसीलिए 'आओ', 'एक पीली शाम', 'मैं सुहाग दूँ' आदि कविताओं में पत्नी का बिम्ब उभरता है। कवि अपनी दिवंगता पत्नी की मौजूदगी हर क्षण महसूस करता है—तभी तो वह पूर्ण आत्मविश्वास के साथ कहता है—"वह पूरा कोमल काँसे में ढला गोलाइयों का आइना/मेरे सीने से कसकर भी आजाद है।" (टूटी हुई, बिखरी हुई, पृ. 70)। शारीरिक सौन्दर्य की अभिव्यंजना में शमशेर का कौशल देखते ही बनता है—बिस्तर पर लेटी नायिका के कपोलों और उरोजों के लिए गुलाब और सेब का उपमान विरलता में नवीनता बोधक है—"तकिये पे/सुर्ख गुलाब मैंने/समझे/दो/सेब मैंने समझे दो.../क्यों? वो तो...वो तो/दो दिल थे।" (कुछ और कविताएँ, पृ. 47)।

'जागरण की चेतना से मैं नहा उठा' लिखने वाले शमशेर महाकवि जयशंकर प्रसाद की तरह 'सौन्दर्य को चेतना का उज्ज्वल वरदान' मानते हैं। वस्तुतः 'सत्य' और 'सौन्दर्य' उनकी काव्य-चेतना के आलोकवाही विधान हैं जबकि मुक्ति का भाव मानव को पूर्ण बनाने का स्वप्न विधान/मानव और प्रकृति दोनों का सौन्दर्य उन्हें रिझाता तथा काव्य-सृजन की प्रेरणा देता है। उनका सौन्दर्यात्मक अनुभव सहज स्फूर्त बिम्बों के द्वारा नवीनता का संचार करता है। कम शब्दों में अधिक-से–अधिक की व्यंजना उनकी कविता में चार चाँद लगा देती है। उनका स्वयं मानना है–"कला उसे कहते हैं जिसमें कम-से-कम उपादानों के साथ अधिक-से-अधिक प्रभाव पैदा किया जा सके। शब्द कम हों। चित्र है–तो रेखाएँ कम हों, रंगों का बहुत उपयोग न किया गया हो। मगर जो प्रभाव चाहिए वो उतने में पूरा अधिक-से-अधिक हो।" (साक्षात्कार, अगस्त, 1981 पृ. 59)। शमशेर की कविताएँ स्वयं उदाहरण हैं। उनका कवि हर दशा में 'सौन्दर्य की आभा' खोजने और उसे सौन्दर्यात्मक रूपाकारों तथा बिम्बों के द्वारा व्यंजित करने का अभिलाषी है, इसीलिए कविताओं में सौन्दर्य-बोध का गाढ़ा रंग खूब उभरा है जो अपनी प्रभावात्मकता में अद्भुत है। 'लिबर्टी ऑफ़ स्टैचू' और 'लाल तारा' से प्यार करने वाले शमशेर मुक्ति के आकांक्षी हैं। मुक्ति भी ऐसी जो अन्दर-बाहर से मुक्त करती हो। कविता हृदय की मुक्ति का विधान है। इसीलिए शमशेर 'आजादी' और 'कविता' को एक ही नजरिये से देखते हैं–'आजादी/ही/ कविता है। अन्दर-बाहर की मुक्त मुक्त मुक्त/केवल व्यक्ति के नाम से खुली बँधी व्यक्तियों में/व्यक्तियों-सी। जैसे मिठास।" (कल्पना, मार्च, 1964, पृ. 69)। मुक्ति का यह स्वर 'सत्य' और 'सौन्दर्य-बोध' के साथ शमशेर के कवि-व्यक्तित्व को विशिष्ट बना देता है।

केदारनाथ अग्रवाल : लोक-रंग और श्रम-सौन्दर्य

लोक को आलोक देकर सृजन की मानवीय सार्थकता सिद्ध करने की लालसा रखने वाले केदारनाथ अग्रवाल प्रगतिशील काव्यधारा की वृहत्त्रयी के एक महत्त्वपूर्ण कवि हैं। समाज की धड़कनें कविता में और कविता की धड़कनें समाज में सुनने के आग्रह ने उन्हें 'जीवन की समग्रता' का कवि बना दिया है। 'जन गण मन के जाग्रत शिल्पी' होने के कारण उनकी संवेदना का विस्तार लोक-जीवन से लेकर सृष्टि प्रसार तक फैला हुआ है और इसीलिए वे प्रगतिशीलता के वृत्त में केवल राजनीति केन्द्रित कविता की पक्षधरता को स्वीकार नहीं करते हैं—''लोग तो प्रगतिशील कविता में केवल राजनीति की चर्चा मात्र ही चाहते हैं। वे कविताएँ जो प्रेम से, प्रकृति से, आसपास के आदमियों से, लोक जीवन से, सुन्दर दृश्यों से, भू-चित्रों से, यथावत चल रहे व्यवहारों से और इसी तरह की अनेक रूपताओं से विरचित होती हैं, प्रगतिशील नहीं मानी जातीं। मेरी प्रगतिशीलता में इन तथाकथित वर्जित विषयों का बहिष्कार नहीं है। वह इन विषयों के सन्दर्भ में उपजी हुई प्रगतिशीलता है।'' (अपूर्वा की भूमिका से) जाहिर है केदार की प्रगतिशीलता में शोषक-शोषित समाज तथा व्यवस्था परिवर्तन की आकांक्षा तो है ही, उनकी काव्य-गंगा जीवन-जगत के नाना जंजालों, झाड़-झंखाड़ों, नदी-नालों को समाहित कर प्रवाहित होती हुई भी सदैव धवलता, निर्मलता, पवित्रता और रमणीयता का बोध लिए रहती है। युगीन यथार्थ की अभिव्यंजना करती हुई 'युग की गंगा' बनती है। उसमें लोक अपने विभिन्न रूप-रंग के साथ प्रतिबिम्बित होता रहता है। कवि के मानस पटल पर 'लोक का आलोक' इस तरह व्याप्त हो जाता है कि उसे 'फूल नहीं रंग बोलते' हुए दिखायी देते हैं। तरह-तरह के रंग, किसिम-किसिम के रंग और उसमें सबसे चटक लाल रंग है जो हँसिया-हथौड़े के साथ श्रम-सौन्दर्य की सृष्टि करता है। संघर्ष का स्वर जितना प्रबल होता जाता है, मुक्ति की कामना उतनी ही बलवती होती

जाती है—मुक्ति-दुखों से, अन्याय से, अत्याचार-अनाचार से। इसी पृ.भूमि में केदार की काव्य-यात्रा तय होती है।

अपने जन्म-स्थान बाँदा और उसके आस-पास के लोक-जीवन, बुन्देलखण्ड के पहाड़, केन नदी तथा गँवई-गाँव के तीज-त्योहार, रस्म-रिवाज, धरती, तरु-तृण-लता-गुल्म को अपनी काव्य चेतना का उत्स मानने वाले केदारनाथ अग्रवाल जनपदीयता के कवि होकर भी वैश्विक दृष्टि सम्पन्न रचनाकार हैं। उनकी आंचलिकता वैचारिक स्तर पर एक विश्वसनीय बोध समाहित किये होती है और इसीलिए उनका बुन्देलखण्ड भावना के धरातल पर सम्पूर्ण देश का ही नहीं बल्कि कभी-कभी तो विश्व प्रतिनिधि बनकर उपस्थित होता है। जाहिर है, जब कवि की निजी अनुभूतियाँ/भावनाएँ पर के साथ एकाकार होती हैं तभी कविता में देशकाल की जनता का भाव उत्पन्न होता है और रचनाकार कालजयी बनता है। केदारनाथ अग्रवाल का मानना है कि, "वह वाणी जो दैनिक जीवन के प्रसंगों में प्रयुक्त होती है, वही काव्य-चेतना का अवलम्ब पाकर आत्म-प्रसार करती है और कृतिकार के उसी आत्म-प्रसार से दूसरों का आत्म-प्रसार होता है। तब जाकर आदमी-आदमी से जुड़ता है और विश्वबन्धुत्व का पथ-प्रशस्त होता है।" (अनहारी हरियाली, केदारनाथ अग्रवाल, पृ. 9)।

केदार ग्राम चेतना के कवि हैं। वे गाँव के बाह्य आयामों अथवा परिवेश तक रुकने के बजाय गाँव की भीतरी चेतना तक पहुँचते हैं और उस अन्तश्चेतना से आत्मसात होकर काव्य रचना में प्रवृत्त होते हैं और इसीलिए वे गाँव की चक्की का स्वर तथा गोबर की गन्ध को बड़ी शिद्दत से महसूस करते हैं—"उसी पुरातन चक्की का कर्कश मीठा स्वर/अन्धकार के आर्तनाद-सा सुन पड़ता है/गाय, बैल, भेड़, बकरी तथा पशुओं के दल में/मूर्ख मनुष्यों का समाज खोया रहता है/सड़े घूरे की, गोबर की, बदबू से दबकर/महक जिन्दगी के गुलाब सी मर जाती है।" वातानुकूलित कक्ष में बैठकर झोपड़ी की चिन्ता करने वालों से केदार इसीलिए अलग पंक्ति में विराजमान हैं क्योंकि वे तटस्थ होकर लहरों का उत्थान, पतन नहीं देखते, बल्कि जीवन सरिता में गहराई तक उतरकर मुक्ता-प्रवाल, घोंघा, शैवाल निकालने का प्रयत्न करते हैं। बुन्देलखण्ड के लोक जीवन में गहराई तक धँसने का ही परिणाम है कि उन्होंने ग्रामीण दिनचर्या का इतना स्वाभाविक और यथार्थ वर्णन किया है—

"हट्टे कट्टे हाड़ों वाले, चौड़ी चकली काठी वाले
थोड़ी खेती बाड़ी रखे, केवल खाते-पीते जीते
कत्था-चूना लौंग सुपाड़ी, तम्बाकू खा पीक उगलते

चलते फिरते बैठे ठाढ़े, गुड़-गुड़ हुक्का पकड़े
खूब धुवाँ उड़ाने, फूहड़ बातों की चर्चा के
फौव्वारे फैलाये जाते, दीपक की छोटी बाती की
मन्दी उजियारी के नीचे, घण्टों आल्हा सुनते सुनते
सो जाते हैं मुरदा जैसे।"

लोक-जीवन के संस्पर्श ने केदार की कविता को एक खास रंग दिया है, जिसे आसानी से पहचाना जा सकता है। स्वाभाविकता का गहरा रंग उनकी कविता को अलग पहचान दिलाता है। स्वाभाविकता भी ऐसी कि उसमें रागात्मकता और कलात्मकता का पक्ष कभी ओझल नहीं होता। वे जिस ठोस यथार्थ की बात करते हैं उसका सम्बन्ध लोक-जीवन से है। जनता से सीधे जुड़ाव ने उनकी काव्य-चेतना को जो ऊर्जा प्रदान की है उसी बल पर वे युग-जीवन का सत्य लिखने में प्रवृत्त हुए हैं—"मुझे प्राप्त है जनता का बल/वह बल मेरी कविता का बल/मैं उस बल से/शक्ति प्रबल से/एक नहीं सौ साल जिऊँगा/मैं उस स्वर से/काव्य प्रखर से/युग जीवन के सत्य लिखूँगा/" इसी सत्य को वाणी देने के लिए पन्त 'युगवाणी' लिखते हैं तो नागार्जुन 'युगधारा' और केदार 'युग की गंगा'। युगीन सत्य की अभिव्यक्ति वही कर सकता है जिसमें विरोध-विद्रोह का साहस हो, नैतिकता का बल हो, दृश्यों/घटनाओं को देखने-समझने की अन्तर्दृष्टि हो, जीवन की आलोचना करने की प्रज्ञा हो। केदार जब यह कहते हैं कि "कवितायी न मैंने पायी न चुरायी। इसे मैंने जीवन जोतकर किसान की तरह बोया और काटा है।" (लोक और आलोक की भूमिका से) तब उनके आत्म-संघर्ष के साथ-साथ युग सत्य को समझने में भी मदद मिलती है। यह युग सत्य ही है कि किसान पुत्र अपने बाप से सौ गुनी अधिक भूख विरासत में पाता है—केदार इसका हृदयद्रावक चित्रण इस रूप में करते हैं—

"जब बाप मरा तब यह पाया/ भूखे किसान के बेटे ने
घर का मलबा, टूटी खटिया,/कुछ हाथ भूमि—वह भी परती।....
बनिया के रुपयों का कर्जा/जो नहीं चुकाने पर चुकता।
दीमक, गोजर, मच्छर, माटा...../ऐसे हजार सब सहवासी।
बस यही नहीं, जो भूख मिली/सौ गुनी बाप से अधिक मिली।"

दलन, दमन और शोषण के विरुद्ध आवाज उठाकर सामाजिक-आर्थिक धरातल पर समानता का उद्घोष करने तथा पूँजीवादी व्यवस्था को नकारने की विचारधारा प्रगतिशील साहित्य के मूल में है। केदारनाथ अग्रवाल की

प्रगतिशील काव्य चेतना को ऊर्जा इसी विचारधारा से मिलती है। वे मनुष्य को दीन, हीन, दुखी, उदास नहीं देखना चाहते, लेकिन सामाजिक, आर्थिक संरचना इस प्रकार की है कि लाखों करोड़ों लोगों को रोटी, कपड़ा, मकान के लिए तरसना पड़ता है, दुख दारिद्रय का जीवन जीना पड़ता है। मजदूरों, श्रमिकों का हाड़तोड़ परिश्रम भी उन्हें दो जून की रोटी नहीं दिला सकता। कवि की मानवतावादी दृष्टि जब इस दशा का आकलन करती है तब श्रमजीवियों के कठिन जीवन-संघर्ष की समस्त कड़वाहट को कविता का रूप दे देती है—"कल से आज अधिक कटु दिन है/कल रोटी थी/आज नहीं है/कल रोजी थी/आज नहीं है/रोटी-रोजी/जन-जीवन के लिए कठिन है।" केदारनाथ अग्रवाल मजदूरों/श्रमिकों के द्वारा किये जाने वाले कार्यों, श्रम-स्वेद कणों को तराजू के एक ओर तथा इसके बदले में उन्हें मिलने वाली जिन्दगी जीने भर की सुविधाओं के अभाव को दूसरी ओर रखकर तौलते हैं, तब उनका हृदय कराह उठता है। असमानता, अन्याय, शोषण और गरीबी के विरुद्ध उनकी आवाज मुखर हो जाती है—उनकी हुंकृति कविता का रूप ले लेती है—"मोरचे पर लेखनी की/शक्ति से/मैं कलेजा शोषकों का फाड़ता हूँ/मिल मालिकों को/अर्थ पैशाचकों को/भूमि को हड़पे हुए/धरणी धरों को/मैं प्रलय से/साम्यवादी आक्रमण से मारता हूँ।" इस तेवर और जुझारू प्रवृत्ति को लक्ष्य कर ही डॉ. राम विलास शर्मा ने यह टिप्पणी की थी—"तार सप्तक के अनेक कवियों के पास कम्युनिस्ट विचार-बोध तो था, लेकिन जुझारू किसान या मजदूर का भाव-बोध नहीं था। इसके अभाव में उनके पैर उखड़ गये, केदार अपने पैर जमाये रहे—एक बार अखिल भारतीय पैमाने पर जन-आन्दोलन का प्रसार करते लोग केदार की कविताएँ ढूँढ़कर पढ़ेंगे।" (प्रगतिशील कविता और केदारनाथ अग्रवाल)।

खेती-किसानी, वर्षा-धूप, नदी-नाले, उषा-सन्ध्या, पेड़-पौधे, गाय-बैल, भेड़-बकरी, गेहूँ-धान, अलसी सरसों, चना-मटर आदि ग्राम जीवन के विविध भाव बोध केदार की कविता में जिस महत्त्व और सौन्दर्य-बोध के साथ उपस्थित हैं उसी आधार पर उन्हें जीवन और प्रकृति के साहचर्य का कवि कहा जाता है। उनकी कविता में प्रकृति नवीन उपमानों से सजी-सँवरी होती ही है, लोक जीवन से पारिवारिक एवं सामाजिक सम्बन्ध भी बनाये होती है—

"धूप चमकती है चाँदी की साड़ी पहने
मैके में आयी बेटी की तरह मगन है
फूली सरसों की छाती से लिपट गयी है
जैसे दो हमजोली सखियाँ गले मिली हैं

भैया की बाँहों से छूटी भौजायी-सी
लहँगे को लहराती लचती हवा चली है।"

निराला की काव्य-संवेदना में जो स्थान 'बादल' का है केदार की कविता में वही महत्त्व 'धूप' का है। उन्होंने धूप को अनेक रंग-रूप देकर अपनी काव्य-धरा पर अवतरित किया है। कहीं वह शक्ति की प्रतीक है तो कहीं स्वतन्त्रता की, कहीं प्रसन्नता और कहीं उष्मा की। प्रभात से सूर्यास्त तक की धूप की जितनी आभायें केदार के काव्य-संसार में जगर-मगर करती हैं उतनी अन्यत्र दुर्लभ है। प्रसन्नतापूर्ण प्रभात में वह शिव के जटाजूट पर उतरती हुई गंगा लगती है तो सन्ध्या-काल में वह पत्रहीन डालों के पीत फूलों पर गतिमान दीपों की भाँति दीप्तिमान हो उठती है। प्रातःकाल की कंचनवर्णी किरणें जब धरा पर उतरती हैं तब छोटा-सा गाँव केसर की क्यारी बन जाता है–

"धीरे से पाँव धरा धरती पर किरणों ने,
मिट्टी पर दौड़ गया लाल रंग तलुओं का,
छोटा-सा गाँव हुआ केसर की क्यारी-सा
कच्चे घर डूब गये कंचन के पानी में।"

केदार की कवि-संवेदना गँवई है। किसानी चेतना से ओत-प्रोत है इसलिए बादल से उनका यह अनुरोध बहुत स्वाभाविक और मार्मिक लगता है–"आये हो तो उमड़-घुमड़कर नीचे आकर/और निकट से इन धनहा खेतों के ऊपर/अनुकम्पा का झला मारकर जी उँड़ेलकर/झम-झम, झम-झम बरसो/गिरे दौंगरा गद-गद, गद-गद/लिए हौसला झड़ी न टूटे/भरे खेत उफनाएँ, लहरें/हरसें, हहरें/रोपें धान बढ़े बल पायें, पौरुष पायें/हरी भरी खेती हो जाये, सुख सरसाये।" यहाँ यह ध्यान रहे कि केदार उस धरती के कवि हैं जो लगभग पठारी क्षेत्र है जहाँ वर्षा के अभाव में धरती का सीना दरक उठता है। जहाँ धान की कम पैदावार होती है, ज्वार-बाजरा, कोदो मडुआ, सावाँ-टागुन ही किसान को राहत पहुँचाते हैं। यही कारण है कि कवि धान की अच्छी उपज के लिए बादलों से बरसने का आग्रह करता है।

नदी पर अनेक कवियों ने कविताएँ लिखी हैं, लेकिन केदारनाथ अग्रवाल ने जितनी और जिस रूप में नदी पर कविता लिखी है उसका कोई दूसरा उदाहरण नहीं है। जलाभाव क्षेत्र में नदी केवल जल की स्रोत नहीं है, शुष्कता से उबारने का साधन भर नहीं है, वह कवि की प्रेयसी है, अल्हड़ युवती है– "नदी एक नौजवान ढीठ लड़की है/जिसकी जाँघ खुली और हंसों से भरी है/जिसने बला की सुन्दरता पायी है।" कवि की प्रिय नदी केन है जिसकी

हर अदा, रूप संभार उसको अपने से दूर जाने नहीं देता। घूम-फिर कर कवि उसके पास लौटता है, उससे बतियाता है, निहारता है और जब रात हो जाती है तब यह महसूस करता है कि अँधियारे की चादर से वह अपनी जाँघ ढँक कर सो गयी–"केन ने भी जाँघ अपनी ढाँक ली/रात है यह रात अन्धी रात।" नदी कवि की ऐसी प्रिया है जिसमें अपनी सौतन के लिए भी ईर्ष्या नहीं है–"नदी को प्यार करता प्रेमी/नदी में सपत्नीक नहाता है/नदी को गुस्सा न सौत पर आता है, न प्रेमी पर/नदी का पानी प्यार का प्रवाहित पानी है।" कवि प्रिया में सोयी हुई सरिता का रूप देखता है। इसे जगाते हुए कहता है–"हे मेरी तुम सोयी सरिता उठो/और लहरों नसों तक/जब तक आलिंगन में न बाँध लूँ।" यहाँ यह स्मरणीय है कि केदार को अपनी पत्नी से अपार प्रेम था। उनके इस प्रेम की साक्षी उनकी कई कविताएँ हैं। नदी पर लिखी उनकी कविताओं में पत्नी-प्रेम झलकाने वाली कविताएँ भी हैं। सामाजिक विसंगतियों को उभारने के लिए भी कवि ने नदी का बड़ा सार्थक प्रयोग किया है–"जवान हो गयी/गरीबदास की बिटिया/बाढ़ आ गयी जैसे/मटियार नदी में रातों रात।" नदी स्रोतस्विनी है, जीवनदायिनी है लेकिन जब उसमें बाढ़ आती है तब वह पयस्विनी, विनाशिनी बन जाती है। कवि को लगता है कि वह अपनों के विनाश से बहुत दुखी होती है, अपनी करुण वेदना किसी से कह नहीं पाती, केवल करुणाकुल छलछलाती रहती है–

"नदी ने बरसों जिसे प्यार किया
मिलने के लिए जिसका रोज इन्तजार किया
अब आज उसी की लाश लिए बहती है
विरह विलाप का शोक सन्ताप सहती है
किसी से कुछ नहीं कहती है
करुणाकुल छलछलाती रहती है।"

प्रकृति का उन्मुक्त आँचल केदार को अनेक रूपों में रिझाता है। उसके माध्यम से वे जीवन का यथार्थ खोजते हैं। पर्वत, नदी, झील, पठार, ओस, हवा, प्रकाश, वृक्ष-पौधे उनकी कविता को उत्प्रेरक बनाते हैं। उन्हीं से उनकी चेतना को नया आयाम और नयी सौन्दर्य दृष्टि प्राप्त होती है। अपने काव्य-जीवन में पेड़ों की भूमिका बताते हुए वे लिखते हैं–"पेड़ मुझे इतने अच्छे लगते हैं कि मैं उन्हें अपने आसपास खड़े अपना अग्रज समझ लेता हूँ, क्या नीम, क्या बबूल, क्या बेल, क्या अशोक, क्या चिल्ला सभी तरह के भाँति-भाँति के व्यक्तित्व के। जब-जब मैं धूप-घाम में या अरुणोदय के समय

या सन्ध्या समय इनके समीप पहुँचता हूँ तो इनकी दृढ़ आस्था से इनके तप और तपस्या से अभिभूत हुए बिना नहीं रहता। मुझे ये कालजयी लगते हैं। महाबली तो हैं ही। यदि ये मेरे आसपास न होते तो मैं अकेला पड़ जाता और मेरी काव्य-चेतना विलुप्त हो जाती। मैं मानता हूँ कि आदमी को जीने और विकास करने के लिए जितनी आदमियों की आत्मीयता चाहिए, उतनी ही प्रकृति के इन महान सपूतों की। मुझे उनकी आत्मीयता प्राप्त है और मैं जीवन्त और प्राणवन्त हूँ।" (अनहारी हरियाली, पृ. 14) यह अकारण नहीं है कि कवि को डालों की डोली में लज्जा के फूल खिले दिखायी देते हैं, मतवाली उषा फूलों को चूमती प्रतीत होती है, गोरी गीतों से सरसों की गोद भरती हुई और भौंरे गोरी के गाल चूमते हुए लगते हैं, बल्कि यह उसकी सूक्ष्म निरीक्षण-दृष्टि और उसके सहज सौन्दर्य-बोध का परिणाम है जो उसे प्रकृति के साहचर्य से प्राप्त हुआ है—

"डालों की डोली में लज्जा के फूल खिले
उषा ने मस्ती से फूलों को चूम लिया
गोरी ने गीतों से सरसों की गोद भरी
भौंरों ने गोरी के गालों को चूम लिया।"

केदार की बावली, मस्तमौला बसन्ती हवा की तो बात ही निराली है। शीश पर मुरेठा बाँधे हरा ठिगना चना, पतली कमर वाली लचीली अलसी और सयानी सरसों को कवि ने जिस बिम्बधर्मिता से प्रस्तुत किया है उसकी हिन्दी जगत में कोई बराबरी नहीं है। खेती-किसानी से सौन्दर्य ग्रहण कर उसे सहजता के साथ रूपायित करने की क्षमता सिर्फ केदार के पास है। नारी-सौन्दर्य पर बहुत लिखा गया है। निराला किसान की नयी बहू की आँखों का सौन्दर्य निरूपण करने के लिए हरीतिमा में पाँख बन्द किये बैठे विहग को उपमान बनाते हैं—"ये किसान की नयी बहू की आँखें/ज्यों हरीतिमा में बैठे दो विहग बन्द कर पाँखें।" केदारनाथ अग्रवाल कुण्ठारहित होकर एक कलाकार की भाँति जब नारी-सौन्दर्य का रूपायन करते हैं तब उरोजों के लिए कपोत उपमान चुनते हैं—"वे उरोज दो/सटे गठे बैठे कपोत से/आकुल हैं/झीने आँचल से उड़ जाने को/मेरे हाथ पर आने को/और मुझे/सुख के पंखों से सहलाने को" उपमान की नवीनता और सजीवता से जिस रस की सृष्टि होती है—वह अद्‌भुत है।

लोक जीवन के विविध रंगों की सजीव प्रस्तुति में लोक-गीतों का विशेष महत्त्व है। 'गीतों की खेती करने' एवं 'लोक लय में नाचने' वाले केदारनाथ अग्रवाल के गीतों में लोकधुन अपनी सम्पूर्ण सरसता के साथ विद्यमान है। लोक-जीवन से उत्पन्न उनके गीत अगर जन मन पर विराजमान हैं तो उसमें

लोक धुन की मिठास का शामिल होना एक प्रमुख कारण है। 'माँझी न बजाओ बंशी' अपने कथ्य के लिए जितना चर्चित नहीं है उससे कहीं अधिक अपनी गेयता और लोक-तत्त्व सन्निवेश के लिए ख्यात है। 'किसानों का गाना', 'करोड़ों का गाना' 'काटो-काटो-काटो करबी', 'आग लगे इस रामराज्य में' आदि कविताएँ लोक जीवन की सक्रियता की दृष्टि से महत्त्वपूर्ण है। 'आग लगे इस राम राज्य में' अवध और बुन्देलखण्ड की लोकधुनों का अच्छा उदाहरण है। 'धूप', 'रात', 'बसन्त' आदि कविताओं में लोक-राग की अद्‌भुत छटा है। लोक जीवन का सौन्दर्य बिखेरने वाली ये पंक्तियाँ अपनी सहजता और सरसता में बहुत कुछ कह जाती हैं–

"धीरे उठाओ मेरी पालकी/मैं हूँ सुहागिन गोपाल की
धीरे उठाओ मेरी पालकी/मैं हूँ बाँसुरिया गोपाल की।"

प्रगतिशील कविता जीवन-संग्राम और मानव-जय की कविता है। यह व्यक्तिवाद, अकेलेपन और निर्वासन के विरुद्ध व्यापक सामाजिक सरोकारों एवं साम्यवादी विचारों की पोषक कविता है। निराशा, पराजय, रहस्य, अध्यात्म के स्थान पर आशा, उत्साह, संघर्ष और जीवन-सौन्दर्य की कविता है। इसीलिए इसमें कर्म और संघर्ष भावना का प्राधान्य है। शोषण के विरुद्ध संगठित प्रतिरोध का भाव है। केदारनाथ अग्रवाल विचारों से प्रगतिवादी और चिन्तन में लोकवादी हैं। उनकी कविताओं में लोक–खासकर मजदूरों, किसानों का दुख-दर्द, अभाव-पीड़ा, आशा-आकांक्षा, जय-पराजय, हर्ष-उल्लास, संघर्ष और मुक्ति की सहज और कलात्मक अभिव्यक्ति हुई है। अनावृष्टि की मार झेलता, महाजनों/सूदखोरों के अन्तहीन कर्ज का त्रास भोगता, महँगाई, गरीबी, बेरोजगारी को ओढ़ता-बिछाता, भूख से छटपटाता कोई किसान अथवा मजदूर अपने बेटे-बेटियों को बेचने के लिए विवश होता है तब केदार का हृदय चीत्कार करने लगता है–"बाप बेटा बेचता है/भूख से बेहाल होकर/धर्म-धीरज, प्राण खोकर/हो रही अनरीति बर्बर राष्ट्र सारा देखता है/बाप बेटा बेचता है/माँ अचेतन हो रही है/मूर्च्छना में रो रही है/दाम के निर्मम चरण पर प्रेम माथा टेकता है/बाप बेटा बेचता है/शर्म से आँखें न उठतीं/रोष से छाती धधकती/और अपनी दासता का शूल उसको छेदता है/बाप बेटा बेचता है।" कवि इस दयनीय दशा से मुक्ति के लिए जब चारों ओर दृष्टि डालता है तब उसे और निराशा हाथ लगती है। लोकतन्त्र से उसका विश्वास डगमगाने लगता है क्योंकि वहाँ तो और अराजक स्थिति है–दिशा का सही ज्ञान नहीं है–"हे मेरी तुम/सब चलता है/लोकतन्त्र में/चाकू, जूता, मुक्का, मूसल/और बहाना/हे मेरी तुम/भूल

भटककर श्रम फैलाये/गलत दिशा में/दौड़ रहा है बुरा जमाना।'' यही कारण है कि देश में अव्यवस्था अपने चरम पर है। मूल्यों का अधःपतन हुआ है। सत्य, ईमानदारी, नैतिकता का ह्रास हुआ है। मुखौटों की वृद्धि हुई है—चरित्रों में बदलाव आया है—''देश की छाती दरकते देखता हूँ/व्यास मुनि को धूप में रिक्शा चलाते/भीम-अर्जुन को गधे का बोझ ढोते देखता हूँ/सत्य के हरिश्चन्द्र के अन्याय घर में/झूठ की देते गवाही देखता हूँ। द्रौपदी को और शैव्या को शची को/रूप की दुकान खोले लाज को दो-दो टके में बेचते मैं देखता हूँ।''

केदारनाथ अग्रवाल श्रम और संघर्ष के कवि हैं। उनके सौन्दर्य-बोध में प्राकृतिक सौन्दर्य के साथ-साथ कर्म और संघर्ष का सौन्दर्य भी शामिल है। उनकी कविता में पत्थर, चट्टान, लोहा तथा हथौड़ा, हल, हँसिया, कुदाल अनायास नहीं आते, वे संघर्ष और श्रम के प्रतीक के रूप में आते हैं। लहरों और चट्टानों का संघर्ष व्यंजित करती उनकी कई कविताएँ हैं—युग की गंगा चट्टानों को तोड़ने के लिए ही सृजित हुई है—''युग की गंगा/पाषाणों पर दौड़ेगी ही/लम्बी, ऊँची/पथ को रोके/चट्टानों को तोड़ेगी ही/'' इसी तरह एक अन्य कविता में पौरुष से भरा कर्मठ पानी चट्टानों को तोड़ने में सक्रिय है—''तेज धार का कर्मठ पानी/चट्टानों के ऊपर चढ़कर मार रहा है/घूँसे कसकर/तोड़ रहा है तट चट्टानी।'' 'मारो', 'तोड़ो' 'काटो', 'पीटो', जैसी क्रियाएँ केदार की कविता में अव्यवस्था के विरुद्ध लड़ाई का गत्यात्मक बिम्ब बनकर आयी हैं। कवि यह भी कहता है कि—''मैं लड़ाई लड़ रहा हूँ मोरचे पर/रक्त की धारा बनाकर'', इसका उद्देश्य भी कवि के ही शब्दों में—''मानवी स्वाधीनता के बीज बोता जा रहा हूँ और श्रमजीवी हितों के अंकुरों को/मैं उगाता जा रहा हूँ।'' कवि जानता है कि यह सरल मार्ग नहीं है। रास्ते में अनेक पत्थर हैं, इसीलिए वह लोहा मारने की सीख देता है—''पत्थर के सिर पर दे मारो अपना लोहा/वह पत्थर जो राह रोक कर पड़ा हुआ है/जो न टूटने के घमण्ड में अड़ा हुआ है।''

हल, हँसिया और हथौड़ा केदार के श्रम-सौन्दर्य विधायक शब्द हैं। मनुष्य श्रम के द्वारा धरती का शृंगार करता है। प्रस्वेद-कण मोती उगाते हैं, इसीलिए करनी करने को उत्सुक हाथ कवि को कमल समान सुन्दर लगते हैं—''छोटे हाथ सवेरा होते/लाल कमल से खिल उठते हैं/करनी करने को उत्सुक हो/धूप हवा में हिल उठते हैं।'' कवि को कर्मरत हाथों पर भरोसा है, इसीलिए वह जीवन-संघर्ष में जीत का शंखनाद करता है—

> *''जग-जीवन की/जय-यात्रा को/चेतन गन्ध चली*
> *समर जीतने लगे कर्म से श्रम के बाहुबली।''*

भवानी प्रसाद मिश्र : समय के साथ समय के पार

भवानी प्रसाद मिश्र की कविता समकालीन घटनाओं/स्थितियों का काव्यात्मक आलेख होने के साथ ही अपने में अन्तर्निहित शाश्वत मूल्यों की सांकेतिक अभिव्यक्ति के कारण चिरन्तन भी है। जाहिर है, कोई भी बड़ा रचनाकार न तो अपने दिक्-काल से आँखें मूँदकर रचना में प्रवृत्त होता है और न ही रचना की कालजयता से निरपेक्ष होता है। यहाँ तक कि 'स्वान्तःसुखाय' रचनाओं में भी न तो युगबोध की अनुपस्थिति सम्भव है और न ही युगातीत होने की आकांक्षा की वर्जना। सच तो यह है कि अपने समकाल से आबद्ध रचना की सार्थकता भी उसके देशकालातीत हो जाने में ही है। भवानी प्रसाद मिश्र का मानना है कि, "अक्सर कहा जाता है कि कविता अपने जमाने से बँधी हुई होती है और कोई भी कवि अपने देशकाल से अतीत होकर नहीं लिख सकता। एक सीमित अर्थ में यह बात सही है, किन्तु यों मुझे लगता है कि किसी भी काल की कविता अपने ही जमाने से बद्ध नहीं रही। क्योंकि कोई भी जमाना अपने में ही बद्ध नहीं रहता। वह सदा कम-ज्यादा अपने अब तक के जमाने से सम्बद्ध रहता है और इसीलिए किसी भी समय की ठीक कविता अपने से आगे के काल की झाँकी भले ही न दे पाती हो, किन्तु उसे तत्काल तक के सारे काल की आत्मा का संस्पर्श से रोमांचित तो रहना ही पड़ता है।" ('बुनी हुई रस्सी' की भूमिका से)। यही कारण है कि मिश्र जी की कविता सामयिक और समयातीत के दोनों ध्रुवों के बीच निरन्तर आवाजाही करती है। उसमें कवि का 'आत्म' और 'जनपद' अपने समय के साथ विद्यमान तो है ही उसके पार जाने की आकांक्षा भी विद्यमान है। इतना ही नहीं उसमें 'युग का जहर' पीने के बावजूद निराला की उद्घोषणा 'अभी न होगा मेरा अन्त' की तर्ज पर यह कहने का साहस भी है कि 'यों न कहना अस्त हूँ मैं'।

छायावाद से लेकर प्रगति, प्रयोग और नयी कविता के विभिन्न काव्यान्दोलनों के काल में रचनारत होते हुए भी इन आन्दोलनों से सर्वथा

अलग राह (बातें कुछ अलग की और कुछ अलग ढंग से की—वही, 'बुनी हुई रस्सी' की भूमिका से) पर चलने वाले भवानी प्रसाद मिश्र की कविता उस रस्सी की तरह है जिसमें कवि ने हर बिखरे अनुभव के रेशे को समेट लिया है। यद्यपि वह कठिनतर समय में हस्तक्षेप करने और भीतर धधकती ज्वाला को मुखरित करने वाली कविता है, किन्तु कुछ लोगों के लिए वह 'शुभकामना' प्रकट करने के अलावा कुछ नहीं है। 'त्रिकाल सन्ध्या' नन्द किशोर नवल के लिए 'विलाप सन्ध्या' है जबकि इस संग्रह की कविताएँ अग्नि-धर्मी हैं और उस समय आग्नेय भूमिका के निवर्हन में लीन थीं जब तथाकथित अग्निवर्षी कवि, कलाकार आपातकाल की शिशिर शर्वरी में दुबकने लगे थे। शासन की तानाशाही के विरोध में मिश्र जी ने प्रतिदिन (प्रातः, मध्याह्न और रात्रि) तीन कविताएँ लिखने का जो संकल्प लिया उसके परिणामस्वरूप लगभग अठारह सौ कविताएँ लिखी गयीं, उनमें से कुछ 'त्रिकाल सन्ध्या' नाम से प्रकाशित हुईं। सामयिक घटनाओं पर सर्वाधिक महत्त्वपूर्ण कविताएँ कवि ने इन्हीं दिनों लिखीं जिनमें आक्रोश, प्रतिरोध, दुख और बेचैनी साफ झलकती है। कैसे कोई आपातकाल में विराट होकर समूचे युग को निगल जाता है, इसकी पीड़ा प्रकट करने वाली पंक्तियाँ—"अखण्ड काल/आपातकाल में बदल जाता है/विराट हो जाता है कोई/मायावी पल/समूचे युग को निगल जाता है।" तात्कालिकता के साथ ही एक बड़े सच का उद्घाटन करती हैं। कवि को इस बात का कष्ट है कि कैसे कोई हवा पानी पर भी प्रतिबन्ध लगा देने की ताकत जुटा लेता है। चारों ओर पहरा बिठाकर प्रकाश को अँधेरे में बदल देता है। लोगों से 'सच' को 'झूठ' और 'झूठ को 'सच' कहलवा लेने का तिकड़म जानता है—चार कौए उर्फ चार हौए' कविता में इसी मर्मान्तक पीड़ा की व्यथा-कथा है—

"बहुत नहीं थे सिर्फ चार कौए थे काले
उन्होंने यह तय किया कि सारे उड़ने वाले
उनके ढंग से उड़ें, रुकें, खायें और गायें
वे जिनको त्योहार कहें सब उसे मनायें।
कभी-कभी जादू हो जाता है दुनिया में
दुनिया भर के गुन दिखते हैं औगुनियाँ में
ये औगुनिये चार बड़े सरताज हो गये
इनके नौकर चील, गरुड़ और बाज हो गये।

हंस मोर चातक गौरैये किस गिनती में
हाथ बाँधकर खड़े हो गये सब विनती में
हुक्म हुआ, चातक पंछी रट नहीं लगायें''
पिऊ-पिऊ को छोड़ें-कौए-कौए गायें
बीस तरह के काम दे दिये गौरैयों को
खाना-पीना मौज उड़ाना छुटभैयों को।

मिश्र जी ने माना है कि, ''इस कविता ने मेरे ऊपर वैसा कुछ उपकार किया है, जैसा 'गीत फरोश' कविता ने किया था। मेरी दूसरी आपातकालीन कविताओं के प्रति उत्सुकता जगा दी है।'' (भूमिका, त्रिकाल सन्ध्या, पृ. 5)। इस कविता में तात्कालिकता भी है और सर्वकालिकता भी। इसके माध्यम से आपातकालीन सत्ता के केन्द्र में बैठे लोगों को पहचानना कठिन नहीं है और न ही उन क्रियाकलापों को जो किसी भी तानाशाही व्यवस्था के अंग होते हैं। यह कविता हर काल की उस कुव्यवस्था को उजागर करने में सक्षम है जिसमें चील, गरुड़ और बाज को कौओं का नौकर होने का अभिशाप झेलना पड़ता है तथा हंस, मोर, चातक, गौरैयों को विनत सिर हो, इनके आदेश पालन के लिए विवश होना पड़ता है। इससे किसी को असहमति नहीं होगी कि ऐसी व्यवस्थाएँ समय-समय पर जन्म लेती ही हैं और जब-जब ऐसी व्यवस्थाएँ जन्मेंगी भवानी प्रसाद मिश्र की यह कविता अपने दिक्काल की परिधि का विस्तार करती हुई न केवल वहाँ उपस्थित होगी, बल्कि उस व्यवस्था को खिझायेगी- चिढ़ायेगी भी।

भवानी प्रसाद मिश्र 'अभी और यहीं' की जगह 'कभी और कहीं' में विश्वास रखते हैं। वे यह मानते हैं कि, ''युगबोध के नाम से लिखी जाने वाली चीजें मुझे कई बार विराट से घिरकर और घबराकर किसी बहुत ही छोटे दायरे में छुप रहने की कोशिश भर दिखायी देती हैं। यह कोशिश स्वाभाविक तो हो सकती है और शायद सामान्य भी यही है, किन्तु मैं इसे नितान्त उचित और आवश्यक नहीं मान पाता।'' (बुनी हुई रस्सी की भूमिका से) मिश्र जी तात्कालिकता में बँधने, रमने और रस लेने में अगर दिलचस्पी नहीं लेते हैं तो इसका यह अर्थ कदापि नहीं है कि वे तत्काल-विमुख हैं। वे सामयिकता को दिक्काल के वृहत्तर सन्दर्भों से जोड़ते हैं तथा इसी परिप्रेक्ष्य में मानवीय अस्मिता के विविध प्रश्नों का समाधान ढूँढ़ते हैं। डॉ. विजय बहादुर सिंह लिखते हैं कि—''भवानी भाई की कविता समूचे मनुष्य को लेकर चलती है। वह जो भविष्य में जितना है, उससे कहीं अधिक अतीत में है और इस

अतीत को सक्रिय किये बिना भविष्य घट ही नहीं सकता। अतीत गर्भ केन्द्र है। भविष्य उसका शिशु है। भवानी भाई जब 'भूत जगाने' की बात करते हैं तब वे उसी मानव इतिहास की ओर इशारा कर रहे होते हैं।" (भवानी प्रसाद मिश्र--सं. डॉ. विजय बहादुर सिंह, पृ. 16) 'प्रारम्भिक' शीर्षक कविता में मिश्र जी की यह स्वीकारोक्ति भी है-"क्यों लिख रहा हूँ या क्यों लिखी है मैंने ये कविताएँ/कविताएँ ये ज्यादातर उस भविष्य की हैं/जो वर्तमान हुआ था/जिसने हमें कन-कन पोर-पोर छुआ था।" भवानी भाई परम्परा से जुड़े बिना लिखी गयी कविता का भविष्य नहीं देखते। वे आदमी और उसकी तेजस्विता के अवमूल्यन के कारणों की पड़ताल करते हुए वर्तमान युग की 'अभी और यही' वाली दृष्टि को जिम्मेदार ठहराते हैं। वे इस बात पर जोर देते हैं कि "हमें इतना तो जान ही लेना चाहिए कि हमारे कृतित्व, कविता, कला, धर्म, दर्शन, मन, प्राण और समूची सत्ता काल-सापेक्ष नित्य परिवर्तित रूप ही है और कालान्तर में यह काल करोड़ों वर्षों का भी हो सकता है--कोई-न-कोई अधिक विकसित विचार और सत्ता रूप इनकी जगह ले लेंगे।" ('बुनी हुई रस्सी' की भूमिका से) इसलिए मिश्र जी शब्दों की जिस नदी को चुनते हैं वह नर्मदा है जिसका कल-कल निनाद कहीं चुकता नहीं। यही काव्य-संस्कार उन्हें सबसे अलग दीप्तिमान बनाता है।

अनुभव-अनुभूति, अभिव्यक्ति और प्रस्तुति की दृष्टि से हर रचनाकार अपना अलग व्यक्तित्व रखता है। वह न तो किसी के समान हो सकता है और न ही किसी को अपने समान बना सकता है फिर भी आलोचक एक-दूसरे की तुलना किये बगैर अपने आलोचकीय कर्म की इतिश्री नहीं मानते। इतना ही नहीं वे एक ही कवि की विभिन्न छोटी-बड़ी कविताओं की भी तुलनात्मक परीक्षा करते हैं। यह बात मिश्र जी को अखरती है। अखरनी भी चाहिए क्योंकि आलोचकीय दायित्व कविता के भीतरी मर्म का उद्घाटन है। वह यथार्थ छानकर लाता है जो कविता-नदी में प्रवाहित हो रहा है। वह सत्य झलकाना है जो कवि-कर्म का हिस्सा है। सम्भवतः इसीलिए मिश्र जी आलोचक के लिए एक विमर्शकार बनते नजर आते हैं-

"जो संयोगों के अर्थों
और अभिप्रायों में पड़ा है
वह किससे छोटा है
किससे बड़ा है
....

एक ठीक कवि की
किसी दूसरे ठीक कवि से
तुलना मत करो
पढ़कर उन्हें अपने को
अभी खाली करो अभी भरो।"

भवानी प्रसाद मिश्र के लिए कविता सहज साध्य है, लेकिन आदमी होना कठिन है। 13 फरवरी सन् 1983 को भोपाल में आयोजित शिखर सम्मान के अवसर पर उन्होंने कहा था—"मैं केवल कवि नहीं हूँ और केवल कविता लिख देकर अपने होने को पूरा नहीं मानता। कवि को सबसे पहले आदमी होना है। मैं कवि होने से आदमी होना कठिन मानता हूँ। कवि तो आदमी अवांतर शक्तियों से बनता है, मगर आदमी वह पुरुषार्थ से ही बन पाता है।" कहना न होगा कि हिन्दी कविता में निराला पौरुष के धनी हैं और अन्य की तुलना में उनमें आदमियत भी अधिक है। डॉ. विजय बहादुर सिंह निराला के बाद भवानी प्रसाद मिश्र में ही पौरुष देखते हैं। उनकी कविता की वह ललकार सुनते हैं जो हमें अपने आदमी होने की याद दिलाती है। आपातकाल में नागार्जुन जैसे लोगों ने जब भयभीत होकर दल बदल लिया था उस समय भवानी भाई का यह पौरुष ही था जो सत्ता को खुली चुनौती दे रहा था। 'परिवर्तन जिए' की कविताओं से लोगों को जगा रहा था। सूरज से आग्रह कर रहा था, पवन से गुहार लगा रहा था कि "जरा इस आदमी को हिलाओ/यह आदमी जो सोया पड़ा है/जो सच से बेखबर सपनों में खोया पड़ा है।" (भवानी प्रसाद मिश्र, सम्पादक, विजय बहादुर सिंह, पृ. 39) यहाँ यह स्मरणीय है कि स्वाधीनता-संघर्ष काल में निराला ने लोगों को जगाने के लिए 'जागो फिर एक बार' जैसी कविता लिखी थी। इसी जागरणधर्मिता के कारण वे 'जागरण के कवि' कहलाते हैं। भवानी भाई में भी यह तत्त्व विद्यमान है। वे लोगों को अन्याय, अत्याचार, अमानवीयता, क्रूरता, शोषण के विरुद्ध जगाते तो हैं ही, उन्हें निर्भयता का सन्देश भी देते हैं—"तुम डरो नहीं, डर वैसे कहाँ नहीं है/पर खास बात डर की कुछ यहाँ नहीं है।" (वही, पृ. 28) इतना ही नहीं रवीन्द्रनाथ टैगोर के "एकला चलो" की तर्ज पर वे यह भी कहते हैं—'अकेला भी निकल पड़ा पुकार पर/तो धरती हिल जायेगी।' (वही, पृ. 105)। आशा-आकांक्षा जीवन की भास्वरता तथा गतिशीलता के लिए संजीवनी हैं। इसके साथ ही लोगों में विद्यमान शक्तिमत्ता का स्मरण तथा उन्हें साहस दिलाना भी जरूरी होता है। कवि के शब्दों में,

"इसलिए कहता हूँ/डैने मत चुराओ/फैलाओ इन्हें/अक्षत इनके बल का/कुछ भी नहीं है अर्थ मैदान में/टूटकर गिरने वाले पंख व्यर्थ नहीं हैं/व्यर्थ है अलबत्ता पंखहीन आसमान।" (वही, पृ. 53)।

व्यवस्था के अन्तर्विरोधों के उद्‌घाटन से लेकर व्यवस्था परिवर्तन तक का गम्भीर विचार-विमर्श भवानी प्रसाद मिश्र की काव्यधारा का महत्त्वपूर्ण हिस्सा है। देश, समाज और राजनीति में अघटनीय के घटित होने पर कवि की चिन्ता स्वाभाविक है। यहाँ यह उल्लेखनीय है कि मिश्र जी ने अपनी चिन्ता का केवल इजहार नहीं किया है, बल्कि राजनीतिक खिलाड़ियों एवं मठाधीशों को बेनकाब करने का काम भी किया है। उनकी दृष्टि में मुक्ति का अर्थ मात्र राजनीतिक मुक्ति नहीं, बल्कि सभी प्रकार की विषमताओं, भूख, अन्याय और शोषण से मुक्ति है। कवि को दुख इस बात का हैं कि—"मेरी शस्य श्यामला माँ के/बेटे भूख लिए बैठे हैं/कभी संजीवन मूर मिली थी/अब तो जहर पिये बैठे हैं।" यह स्थिति तब है जब देश में लोकतन्त्र है यानी जनता का, जनता द्वारा, जनता के लिए शासन है किन्तु भुखमरी की चिन्ता किसी को नहीं है। वो तो कवि है जो इस दुर्दशा पर गम्भीरता से सोचता है—"चार-चार पाँच-पाँच/झूठे चुनावों के बावजूद/सिर्फ मैं ही/सोच में पड़ा हूँ।' (वही, पृ. 62) यहाँ यह उल्लेख्य है कि भवानी भाई नागार्जुन आदि की तरह राजनीतिक कविता के कवि नहीं हैं फिर भी जनता के दुख-दर्द का स्रोत राजनीति में तलाशते हैं, लेकिन जब उन्हें वहाँ कुछ बदलने की गुंजाइश नहीं दिखायी देती, तब वे गीत के माध्यम से पीड़ा का निदान ढूँढ़ते हैं—

"एक कण भी दुख का यदि मैं जगत से खो सका रे
एक क्षण भी यदि किसी की सान्त्वना मैं हो सका रे
वायु की हलचल, सुरभि की गति, सघन वन की कहानी,
तो सफल तब गीत पीड़ामय सफल अस्तित्व मेरा,
जा रहा हूँ स्वर भरो तुम, मैं लिखूँगा गीत तेरा।"

गाँधी-विचार और स्वतन्त्रता आन्दोलन से जुड़कर भवानी भाई का स्वतन्त्रता स्वप्न एक आदर्श लक्ष्य के रूप में स्वाधीनता पूर्व की उनकी कविताओं में हर कहीं विद्यमान रहा है। गाँधी जी ने 'स्वराज्य' का अर्थ किसान मजदूर की खुशहाली और साधन-सम्पन्नता घोषित किया था। उन्होंने अन्त्योदय पर जोर दिया था। यही कारण है कि मिश्र जी किसान-मजदूर की वाणी बनना चाहते हैं—"मैं कृषकों का बोल बनूँ प्रेयसि, तू उनकी वाणी बन।" 'लुहार' शीर्षक कविता में लुहार से उनकी अपेक्षा है—

''मूठ बनाते चित्र खींच दे/थके हुए भूखे किसान का/उस पर माँ का प्यार सींच दे।'' सन् 1937 में लिखी गयी 'मन्त्रियों का स्वागत' शीर्षक कविता में भी किसान-मजदूर की व्यथा-कथा है–''मेरी बोली का गर्व सदा से ही गरीब की वाणी है/मेरी स्याही का रूप सदा से ही आँखों का पानी है। ...जिसने पीड़ा पहचानी है मेरे मजदूर किसानों की।'' जाहिर है वह सामान्य जन जो खेतों में काम करता है, जाड़ा, गर्मी, वर्षा में अनेक कष्टों का सामना करता हुआ अनाज उगाता है, 'ग्राम देवता' और 'भारत-भाग्य विधाता' की संज्ञा पाता है लेकिन उसकी अपनी जिन्दगी क्या है? उसे जो निकट से देखेगा-पहचानेगा उसकी छाती अवश्य फटेगी–

''गाँव, इसमें झोपड़ी है घर नहीं है
झोपड़ी की फटकियाँ हैं, दर नहीं है
धूल उड़ती है, धुएँ से दम घुटा है
मानवों के हाथ से मानव लुटा है
रो रहे हैं शिशु कि माँ चक्की लिए है
पेट पापी के लिए पक्की किये हैं
फट रही छाती।

मिश्र जी ने यह कविता पराधीन भारत में लिखी थी। भारत को आजाद हुए छह दशक से अधिक हो रहे हैं, लेकिन गरीब, मजदूर, किसान की जिन्दगी में कहीं कोई अन्तर दिखायी देता है? उस समय पापी पेट की भूख मिटाने के लिए पक्की करने का चलन था और आज जुलाई 2013 में दूरदर्शन और अखबारों के माध्यम से यह समाचार प्रसारित-प्रचारित हुआ है कि मध्य प्रदेश के एक गाँव में कुछ बोरी अनाज के लिए एक तेरह वर्षीय बालक को गिरवी रखा गया है। इसका अभिप्राय यह कि कहीं कोई बदलाव नहीं हुआ है–

तंग गलियों में कहीं बच्चे खड़े हैं
लाल हैं पर भाग पत्थर से लड़े हैं
धूल के हीरे नहीं अब धूल हैं ये
फूल जंगल के नहीं अब शूल हैं ये
रूप इनका आँख में गड़-सा रहा है
और ढाँचा प्राण पर पड़-सा रहा है
हाय रे, बचपन तलक सुख से न बीता
बाप रे, दारिद्रय तूने खूब जीता।

ग्रामीण और कस्बाई जीवन के जिस यथार्थ का अनुभव भवानी भाई ने किया था, कविता में उसकी अभिव्यक्ति उन्हें प्रगतिवादी कवियों की श्रेणी में लाकर बिठा देने के लिए काफी थी, किन्तु ऐसा हुआ नहीं। एक तो मार्क्सवादियों का यह कहना था कि, "उनकी विचारधारा जनवादी नहीं, बल्कि अधिनायकवादी है।" तो दूसरी ओर स्वयं मिश्र जी को जेल के दिनों में कार्ल मार्क्स के 'दास कैपिटल' का अध्ययन और कुछ पद्यानुवाद करने के बावजूद न तो मार्क्सवाद पसन्द था और न ही अमेरिकी पूँजीवाद। वस्तुतः भवानी भाई की काव्य-साधना में न तो किसी 'वाद' के लिए स्थान था और न ही दलबन्दी के लिए। उन्होंने यह स्वीकार किया है—"मैंने विदेश को पढ़ा है—पर उसे अपनी कविता में जगह कभी नहीं दी। मैं किसी का देश-विदेश में पिछलग्गू कवि नहीं रहा।" अपनी अलग राह चलने वाले मिश्र जी पुरातन के स्थान पर नवीनता के आग्रही रहे हैं किन्तु परम्परा की उपेक्षा भी उनके स्वभाव के विरुद्ध थी। उन्हें रूस, अमेरिका अथवा पाश्चात्य का न तो जीवन-दर्शन आकर्षित करता था और न ही उनकी संस्कृति। उनका मानना था कि अन्य संस्कृतियाँ मनुष्य बनाने के नाम पर कुछ अन्य बनाना चाहती हैं जबकि भारतीय संस्कृति मनुष्य बनाती है। इसीलिए उन्होंने बहुत गर्व के साथ यह कहा था कि, "मैं शुद्ध भारतीय ढंग का आदमी और रचनाकार हूँ। अपनी मिट्टी, इतिहास, दर्शन, परम्परा, संस्कृति और सभ्यता को प्यार करता हूँ। ...मार्क्सवाद मानव इतिहास को समझने की एक वैज्ञानिक पद्धति है—वह जीवन-दर्शन नहीं है। अस्तित्ववाद का तो आधार ही मौत है—मवाद है—यह तो रोग है। नयी कविता में तेजी से फैला है, पर मैं इससे बचता फिरा हूँ।" मिश्र जी के पाठकों को इससे अलग कुछ पढ़ने के लिए नहीं मिलेगा।

आज चिन्ता की बात यह है कि भूमण्डलीकरण और बाजारवाद के आगमन से कुछ पहले से ही हमारी आँखें पश्चिमी दुनिया के जगर-मगर से चौंधियाँ गयी हैं। हमें अपने पर भरोसा नहीं रह गया है। हम पश्चिम का अन्धानुकरण करने में लगे हैं। भवानी प्रसाद मिश्र को इसका आभास पहले ही हो गया था, तभी तो उन्होंने यह चेताया कि सभी दिशाओं में सबसे प्रधान दिशा पूरब ही है—पश्चिम नहीं—"भूल गये हैं वे अँधेरे की तरह/अँधेरे की उनकी इच्छा/छाई है उतरकर पश्चिम से... मगर दिशाएँ चार हैं/और उनमें सबसे प्रधान दिशा/पश्चिम तो नहीं ही है/कहना ही पड़े अगर/किसी दिशा को प्रधान। तो पूर्व है वह दिशा।' (खुशबू के शिलालेख से) किसी को यह समझने में कठिनाई नहीं होगी कि 'पूरब' से कवि का अभिप्राय भारत और

भारतीयता से है। भारत वह देश है जो ज्ञान-विज्ञान, तत्त्व-चिन्तन, दर्शन, अध्यात्म, मानवता और विश्वबन्धुत्व आदि की दृष्टि से विश्व-गुरु रहा है। अगर जयशंकर प्रसाद की मानें तो भारत में ही सबसे पहले चेतना का प्रकाश फैला—"जगे हम लगे जगाने विश्व, लोक में फैला फिर आलोक।" आज वही भारतवर्ष पश्चिम दिशा से उगने वाले सूरज की ओर अपनी आँखें टिकाये हुए है। अपनी सांस्कृतिक अस्मिता, महनीय जीवन मूल्यों, सभ्यता-संस्कार और विचारधारा से आँखें मूँदकर पश्चिम का कृपापात्र बनने पर भवानी भाई को जो पीड़ा हुई थी उसकी अभिव्यक्ति उनकी कई कविताओं में है। सन् 1953 में लिखी 'जाहिल मेरे बाने' शीर्षक कविता व्यंग्य के धरातल पर अपनी परम्परा एवं संस्कृति को बचाये रखने का एक प्रयास है—

"आप सभ्य हैं क्योंकि आपके जबड़े खून सने हैं
आप बड़े चिन्तित हैं मेरे पिछड़ेपन के मारे
आप सोचते हैं कि सीखता यह भी ढंग हमारे
मैं उतारना नहीं चाहता जाहिल अपने बाने
धोती-कुरता बहुत जोर से लिपटाये हूँ याने।"

गाँधी, लोहिया और जयप्रकाश नारायण के प्रति भवानी प्रसाद मिश्र के मन में अपार श्रद्धा और आदर का भाव रहा है तो इसलिए कि इनमें भारतीयता अपनी सम्पूर्ण आभा के साथ विद्यमान रही है। "भारतीयता का आज जो संकुचित अर्थ चल पड़ा है, संकीर्णता, वह नहीं, एक भारतीयता का वह अर्थ, जो तपस्वियों की तरह, जिज्ञासुओं की तरह, हर वस्तु पर शंका उठाता है, तर्क पर तर्क करता है और विचार की कसौटी पर कसकर ही प्रत्येक वस्तु को ग्रहण कर पाता है—एक संशोधित सम्पादित भारतीय मूल्यवत्ता वाला अर्थ।" (हिन्दी का आलोचना पर्व, कृष्णदत्त पालीवाल, पृ. 279) इसी परिप्रेक्ष्य में गाँधी को सत्य और अहिंसा तथा सत्याग्रह का दर्शन एवं कर्म-विधान मिला। राजनीति एवं संस्कृति की समरसता मिली। गीता का कर्मयोग मिला। इन सबने मिलकर गाँधी का जो प्रभामण्डल निर्मित किया उसका आलोक पाने के लिए सभी मचल उठे। अपने समकालीनों में गाँधी की आलोक-वृष्टि में सर्वाधिक भीगे—भवानी प्रसाद मिश्र, जिसका परिणाम उनकी 'गाँधी पंचशती' की कविताएँ हैं। इसमें कवि की स्वाधीन-चेतना के साथ राष्ट्र-निर्माण की आकांक्षा को प्रकट होने का भरपूर अवसर मिला है। स्वतन्त्रता, स्वदेशी, स्वभाषा और स्वाभिमान के लिए 'करने और मरने' का संकल्प लेने की प्रेरणा है। गाँधी के सपनों को पूरा करने का आह्वान है—

जागरण छन्द है—न टूटने और न झुकने की शिक्षा है—वह सबकुछ है जो पराधीनता की बेड़ी काटने के लिए एक स्वतन्त्रता सैनिक में होना अपेक्षित है। मिश्र जी की एक प्रसिद्ध कविता है—'संग्राम साथियों को जेल से विदा देते हुए'। इसमें जिस साहस, शौर्य और उत्साह का वर्णन हुआ है, वह न केवल प्रशंसनीय है बल्कि कवि-व्यक्तित्व को भी उजागर करने वाला है—

''बाहर जाकर इतना कहिए, भीतर के लोग जोश में हैं
और उससे ज्यादा बड़ी बात, भीतर के लोग होश में हैं
दीवार जेल की गाँधी को नेहरू को निगल नहीं सकती
लहरें आजादी की ऐसे रोके से कभी नहीं रुकती
....
ये दबे नहीं हैं कभी दबेंगे नहीं प्राप्य लेंगे अपना
ये पूरा करके मानेंगे गाँधी के अन्तर का सपना।

राष्ट्र चिन्तन सामयिकता से विच्छिन्न नहीं हो सकता लेकिन उसमें अन्तर्निहित मानवीय मूल्यों से वह सार्वदेशिक एवं शाश्वत हो उठता है। सत्य, अहिंसा, सत्याग्रह आदि महनीय मूल्यों से युक्त गाँधी-विचार दर्शन स्वतन्त्रता-संघर्ष-काल में जितना आभावान था उतना वह आज भले ही न हो, लेकिन उसकी चमक सदियों तक लोगों का पथ-प्रशस्त करती रहेगी। भवानी प्रसाद मिश्र ने 'अहिंसा-संस्कृति का आधार सतम्भ' नामक अपने एक निबन्ध में लिखा है—''अहिंसा एक सामाजिक मूल्य है'' गाँधी ने उसे नये आयाम दिये और अब इस पर नित्य खोजें चलती हैं कि समाज को बदलने में उसका किस जगह, क्या उपयोग हो सकता है। यह उपयोग सीमित क्षेत्र में नहीं, अन्तरराष्ट्रीय सम्बन्धों को सँवारने-सुधारने तक में जरूरी लगने लगा है।'' गाँधी वाणी के रूप में मुखरित मिश्र जी की कविताओं का भी यही महत्त्व है। आरम्भिक चरण की किशोर उत्साहयुक्त उनकी राष्ट्रीय कविताओं का स्वर कालान्तर में आध्यात्मिकता की ओर उन्मुख होता गया है। कवि का राष्ट्रबोध उस संस्कृति का विरोध करता है जो परमाणु अस्त्रों की होड़ लगाकर राष्ट्रीयता को परिभाषित करने में जुटी है। उनका मानना है कि युद्ध किसी समस्या का वास्तविक समाधान नहीं है लेकिन विडम्बना यह है कि—''जितना सभ्य हुआ जो मानव/उसने उतनी सैन्य बढ़ाई/यों कि शस्त्र बल/सभी फलों का बीज बन गया/शस्त्र-सज्ज होने की धुन/विज्ञान बन गया।'' इससे अधिक पीड़ा और क्या हो सकती है कि जिस विज्ञान को स्नेह सज्ज होना चाहिए वह शस्त्र सज्ज हो गया। मिश्र जी आत्म-परिशोधक,

आत्म-मन्थन के बुनियादी सरोकारों से मानवीय जिम्मेदारी की दिशा तय करने की वकालत करते हैं। इसी परिप्रेक्ष्य में उनकी भारतीयता मानवीयता से कहीं और कभी विच्छिन्न नहीं होती है। उसमें कर्तव्याकर्तव्य का बोध तथा पाप-पुण्य का विवेक सदैव जाग्रत रहता है। इसीलिए कवि गीत बेचना पाप मानता है और ईमान बेचने वालों पर करारा व्यंग्यात्मक प्रहार करता है।

'सतपुड़ा के जंगल' कविता द्वारा भवानी प्रसाद मिश्र ने जो अलग पहचान बनायी है उससे यह स्पष्ट है कि प्रकृति उनके लिए कविता का विषय मात्र नहीं है बल्कि उनकी स्मृति का अविभाज्य अंग है। वह उस सौन्दर्य बोध का साक्षात् रूप है जिसमें धँसने के लिए ग्रामीण-किसान मन की अपेक्षा है। कवि को इस बात का दुख है कि मनुष्य "वृक्षों को काटता है/चिड़ियों को खाता है/हिमालय को मानता है केवल चढ़ने-उतरने/झण्डा गाड़ने लायक कोई चीज/पानी को और हवा को/दूषित करना इसके/उद्योग हैं/स्नेह गीतों से नहीं/विस्फोटों से वातावरण को/भूषित करना।" इसे आधुनिक पर्यावरणविदों की चिन्ता से कमतर आँकना उचित नहीं होगा।

भवानी प्रसाद मिश्र कल्याण-कामना के कवि हैं और इसीलिए उनकी अभिलाषा है कि, "शिवता जब जहाँ नजर डालूँ/वहीं दिख जाये/तब कोई एक खयाल जो मेरा है/सार्थक हो और लिख जाये।" जाहिर है इस आकांक्षा को प्रकट करने वाली कविताएँ देशकाल की सीमा में आबद्ध नहीं हो सकतीं।

मुक्तिबोध : अंगारी चेतना का क्रान्ति-स्वर

छायावादी-भाव-सौन्दर्य के साथ काव्य-जगत में प्रवेश करने वाले मुक्तिबोध जब नये सिरे से 'सच' को समझने और जीने की दिशा में आगे बढ़े तब उनकी कविता का न केवल रंग और ढंग बदला बल्कि उसका चरित्र भी बदल गया। नये अनुभव व संवेदन में कविता 'जन चरित्री' होकर 'कालयात्री' बनी तो इसलिए कि कवि की वैयक्तिकता और रोमानियत ने सामाजिकता और संघर्ष का स्थान ले लिया था। ऐसे में प्रेम, सौन्दर्य तथा प्रकृति के आकर्षण से अलग कवि जग-जीवन की विसंगतियों, विडम्बनाओं और विद्रूपताओं से जूझने तथा टकराने लगा। पूँजीवादी व्यवस्था से त्रस्त, विषमता से पीड़ित, शोषण से ग्रस्त जन-मन की दुर्दशा देख वह करुणार्द्र और क्षुब्ध हो उठा। असमानता, अभाव तथा असफलता ने उसके हृदय को आन्दोलित कर दिया। उसे एशिया, यूरोप, अमरीका की गलियों की धूप एक जैसी दिखने लगी। कष्ट, दुख, संताप और चेहरों पर पड़ी हुई झुर्रियों का रूप भी एक ही दिखायी दिया। भूख, भय और भ्रष्टाचार के तांडव नृत्य ने स्वतन्त्रता, समानता और आर्थिक मुक्ति के सपने देखने वाली मुक्तिबोध की आँखों को इतना चौंधिया दिया कि चारों ओर अँधेरा ही अँधेरा महसूस होने लगा। यह अँधेरा जितना गहराता गया कवि-मन संशय, सन्त्रास, कुण्ठा, अवसाद से उतना ही घिरता चला गया किन्तु अभिव्यक्ति के सारे खतरे उठाते हुए भी वह यह कहने से अपने को नहीं रोक सका—"कोई आग जल रही कहीं तो भी अन्तस्थ"। कवि अन्तस्थ आग की महिमा को भली-भाँति जानता है और यह भी कि भीतर की ज्वाला जितनी धधकेगी क्रान्ति की लपट उतनी ही तीव्र होगी। जाहिर है, "जिन्दगी बुरादा तो बारूद बनेगी ही।" बारूद की भीषण लपट में जग जीवन की असंगतियों, कुरूपताओं, विषमताओं और विद्रूपताओं के बचे रहने का कोई प्रश्न ही नहीं रहेगा। इसलिए कवि अन्तस्थ आग की ज्वाला को भीतर ही भीतर धधकाये रखने की पक्षधरता व्यक्त करता है। उसे वह आग दिखायी भी देती है—

''अभ्यन्तर के प्रबोधकारी अग्नि-सरोवर
हमने देखे।
अंगारी झीलें जन-मन के अन्तस्थल की
अपनी आँखों हमने देखी।''

'अँधेरा' मुक्तिबोध की कविता में बार-बार आता है। चाहे 'ब्रह्मराक्षस' कविता हो या 'दिमागी गुहान्धकार का ओरॉंगउटॉंग' अथवा 'चाँद का मुँह टेढ़ा है' या 'चम्बल की घाटी'—सब में अँधेरा विद्यमान है। अगर 'चाँदनी है भी तो उसकी झालरें सँवलायी हुई हैं' अन्यथा 'अँधियारे दालान हैं', 'अँधेरे के मेघ हैं' 'स्याह जादू दाँ अथवा जिन्न' है। 'तारों के कुहरीले फ़ैलाव' के बीच-बीच में 'अँधियारी जगहे हैं' और तो और 'सोन-विचारों की जाँत अँधेरे में चलती है'। एक साहित्यिक की डायरी में उन्होंने लिखा भी है—''मुझे लगता है मन एक रहस्यलोक है, उसमें अँधेरा है। अँधेरे में सीढ़ियाँ गीली हैं। सबसे निचली सीढ़ी पानी में डूबी हुई है। वहाँ अथाह काला जल है। उस अथाह जल से स्वयं को ही डर लगता है। इस अथाह काले जल में कोई बैठा है, वह शायद मैं ही हूँ। एकदम स्याह अँधेरे पानी की सतह पर चाँदनी का चमकदार पट्टा फैला हुआ है, जिसमें मेरी ही आँखें चमक रही हैं, मानो दो मूँगिया पत्थर भीतर से उद्दीप्त हो उठे हैं।'' (पृ. 4) अन्धकार, रहस्यमय गहन अन्धकार और उसके भयसंकुल वातावरण में चमकती दो आँखों का बिम्ब मुक्तिबोध की प्रायः हर कविता में ठीक उसी प्रकार दृश्यमान है जैसे निराला की 'राम की शक्तिपूजा' में 'है अमा निशा उगलता गगन घन अन्धकार' के बीच 'केवल जलती मशाल'।

मुक्तिबोध की कविता में अगर 'अँधेरा' है तो प्रकाश भी है। अगर उसमें तिलिस्मी खोह है, चम्बल की घाटियाँ हैं, धूल और धुआँ है तो अग्नि-सरोवर है, विद्युत लता है, ज्वाला पखुरियाँ हैं और जगमगाते तारों का उपनिवेश भी है। यदि ऐसा नहीं होता तो तिमिर के काले कणों में नीली-नीली विद्युत का सघन बसेरा उन्हें नहीं दिखता। प्रकाश उनकी कविता का लक्ष्य है। असमानता, असन्तोष, विवशता, लाचारी, भूख, भय, शोषण, दुख-दारिद्रय के अन्धकार को मिटाने हेतु वे नव प्रकाश का नव वितान चाहते हैं। उनके इस कार्य में मददगार की भूमिका में है—''लाल वलयशाली/अंगार ज्योति के नीचे'' बैठा वह व्यक्ति जो प्रकाश पुंज है, चैतन्य युक्त है, क्रान्तिदर्शी है—क्रान्तिदर्शी कोई/बैठा है पत्थर कुरसी पर आजानु बाहु।'' उसी के चिन्तन दर्शन से प्रभावित, प्रेरित और प्रोत्साहित मुक्तिबोध यह स्वीकार करते हैं कि—

"हो चुका हूँ/विश्व की उन्मेष-ज्वाला-जाल का मैं नम्र बन्दी", और इसी उन्मेष के बल पर वे मेघाच्छन्न व्यूह-भेदन में तत्पर होते हैं—"मैं भी काटता चलता चलूँगा अन्ध मेघ समूह/मानव देश के/सम्पूर्ण तन की शक्ति से/जलती हुई दृढ़ भक्ति से।" इतना ही नहीं उन्हें ह्रासोन्मुख पूँजीवाद का फ्यूज बल्ब निकालने और पावन प्रकाश का प्राण बल्ब लगाने की जल्दी भी है—"मैं स्याह चन्द्र का फ्यूज बल्ब/जल्दी निकाल/पावन प्रकाश का प्राण बल्ब/वह लगा सकूँ।" (रचनावली-2, पृ. 249)। इससे किसी को असहमति नहीं होगी कि मुक्तिबोध की परवर्ती कविताओं में यह तेवर विद्यमान रहा तथा उनकी अंगारी चेतना क्रान्ति पथ का मशाल बनी रही। उनके आचरण और विचार में एकरूपता थी तथा लेखनी में क्रान्ति चेतना के निर्माण और प्रसार की अद्‌भुत शक्ति।

यह कहना न होगा कि मार्क्सवाद व्यक्ति के माध्यम से ही समाजवाद की रूपरेखा प्रस्तुत करता है और मुक्तिबोध व्यक्ति की वास्तविकता के अंकन द्वारा सामाजिक यथार्थ का उद्‌घाटन करते हैं। यही कारण है कि उनका काव्य-नायक वाचक अथवा 'मैं' जो व्यक्तित्वान्तरण द्वारा अपने को वर्गापसरित करता है जिसमें 'मैं' 'मैं' नहीं रहता बल्कि शोषित, उपेक्षित, सर्वहारा, सामान्यजन से उसका तादात्म्य हो जाता है। इस तरह काव्य-नायक (वाचक अर्थात् मैं) व्यक्ति से समाज तक की यात्रा करता है किन्तु स्वयं के विलोपन द्वारा नहीं, बल्कि व्यक्तित्वान्तरण द्वारा—"मैं अपनी अधूरी दीर्घ कविता में/उमगकर/जन्म लेना चाहता फिर से/कि व्यक्तित्वान्तरित होकर/नये सिरे से समझना और जीना/चाहता हूँ सच।" जग की स्याह सड़कों पर भविष्यत-युद्ध में रत सामान्यजन से कवि कैसे तादात्म्य स्थापित करता है—इसका संकेत भी इसी कविता में मौजूद है—"मुझ पर क्षुब्ध बारूदी धुएँ की झार आती है/व उन पर प्यार आता है/कि जिनका तप्त मुख/सँवला रहा है/धूम लहरों में/कि जो मानव भविष्यत युद्ध में रत हैं/जगत की स्याह सड़कों पर।" (चाँद का मुँह टेढ़ा है, पृ. 167)। मुक्तिबोध की एक लम्बी और आत्मकथात्मक कविता है—'जिन्दगी का रास्ता' इसका काव्य-नायक रामू कवि का व्यक्तित्वान्तरित प्रतिरूप है जो घिरी साँझ के सुदूरतम गेरूए किनारे पर मिल के काले धुएँ के बल खाते बादलों को देखता हुआ धूल भरे रास्ते को पार करता अपने काम पर से घर लौटता है। यहाँ यह पहचानना कठिन नहीं है कि मुक्तिबोध ही रामू हैं। पूँजीवादी शोषण व्यवस्था को भंग करती हुई आग की लकीर इस कविता में भी दिखायी देती है—

"आधुनिक सहस्रमुख रावण से द्रोह कर
विद्रोही भूमि के संगर-पुत्रों ने
धुएँ के उभरते हुए बादलों के ठीक बीच
भागती हुई कौंधती-सी-ज्वाला-सी
प्रलम्बित धारा को
आँखों से देखा
अपने ही हाथों से छूटी हुई
(स्टेनगन की ही) वह आग थी
शोषण व्यवस्था को भंग करती हुई
आग की लकीर वह
पृथ्वी पर घूमती।"

(मुक्तिबोध की कविताएँ, पृ. 153)

श्रीकान्त वर्मा ने 'चाँद का मुँह टेढ़ा है' काव्य-संग्रह की भूमिका में लिखा है—"मुक्तिबोध जिन्दगी में एक-एक स्नायु के तनाव को एक बार जीवन में और दूसरी बार अपनी कविताओं में जीते थे।" इससे साफ है कि मुक्तिबोध ने अपने भोगे हुए यथार्थ को, आत्म-जीवन, आत्म-चिन्तन, आत्म-ग्लानि को अपनी कविताओं में प्रकट किया और इस आत्म-संघर्ष की अभिव्यक्ति के लिए फैंटेसी का सहारा लिया। उन्होंने अपनी एक अधूरी कहानी में कहा है—"यह जहालत की दुनिया है। असली दुनिया तो तिलिस्म है जिसमें जान का खतरा है तो राजकुमारी भी है, जिसमें अँधेरा है तो दिल भरी रोशनी भी है।" कहना न होगा कि दिवा-स्वप्न मुक्तिबोध की कविताओं में भी है। बकौल नामवर सिंह—"ऐसे भी लोग हैं जिन्हें अचानक लगता है कि या तो वे स्वयं एकदम बदल गये हैं या फिर एक अजीब सी परिस्थिति में आ गये हैं। यह आकस्मिक बोध ही 'फैंटेसी' को जन्म देता है। जिनकी आँखें अन्धी नहीं हुई है उनके लिए हर घटना या दुर्घटना एक झटका है और हर झटका एक ऐसी दुनिया में फेंक देता है जो सपना मालूम होती है।" मुक्तिबोध अत्यधिक कल्पनाशील कवि माने जाते हैं तो इसलिए कि उनकी कविताओं में स्वप्नजीवी अन्तर्लोक का प्रकटीकरण सर्वाधिक है। उनकी कल्पना फैंटेसी का रूप धारण कर आती है जिसमें जीवन का यथार्थ झलक उठता है। मुक्तिबोध मानते हैं कि, "फैंटेसी एक झीना परदा है जिसमें से जीवन तथ्य झाँक-झाँक उठते हैं। फैंटेसी का ताना-बाना कल्पना बिम्बों में प्रकट होने वाली विविध क्रिया-प्रतिक्रियाओं से ही बना हुआ होता है।"

इसी में वे आगे लिखते हैं कि "फैंटेसी के अन्तर्गत कल्पना का मूल कार्य मन के निगूढ़ तत्त्वों को प्रोद्भाषित करते हुए विभिन्न रंगों में उन्हें अपने समस्त सौन्दर्य के साथ उद्घाटित करना रहता है। मन के ये निगूढ़ तत्त्व अन्तर और बाह्य की परस्पर क्रिया-प्रतिक्रिया द्वारा उपलब्ध, सम्पादित और संशोधित होने वाले वे जीवन सत्य हैं कि जो सत्य आन्तरिक संवेदनाओं और बाह्य तथ्यों को परस्पर समन्वित और एकीभूत करके अपना रूप-स्वरूप विकसित करते रहते हैं।" (कामायनी एक पुनर्विचार, पृ. 7-8) जाहिर है, मुक्तिबोध के अन्तर्मन की विरसता, अभावों का अथाह सागर, जीवन का बेगानापन, उपेक्षा, असन्तोष, संघर्ष, असफलता, भटकाव, अलगाव आदि की सामूहिक अभिव्यक्ति उनकी फैंटेसियों की आधार भूमि है। उनकी फैंटेसी में एक अद्भुत नगरी का चित्र इस भाँति उभरता है—

"इस नगरी में चाँद नहीं है, सूर्य नहीं है, ज्वाल नहीं है
सिर्फ धुएँ के बादल-दल हैं
और धुँआते हुए पुराने हवा, महल हैं
लाख-लाख घूमती चिनगियाँ हैं मुतफन्नी
इस नगरी के प्रहरी पहने हैं धुएँ के लम्बे चोगे
साजिश के कुहरे में डूबी।"

(भूरी भूरी खाक धूल—इस नगरी में, पृ. 145)

'चाँद का मुँह टेढ़ा है' कविता 'नगर के बीचों बीच/आधी रात' से शुरू होती है। 'अँधेरे में' कविता का प्रारम्भ 'जिन्दगी के कमरों में अँधेरे' से होता है। तिलिस्मी खोह का शिलाद्वार वृक्षों के अँधेरे खोह से ढँका हुआ है। अँधेरे में रात का पक्षी चीखता है। रात्रि का जुलूस निस्तब्ध नगर के मध्य रात्रि के अँधेरे में चलता है। अँधेरे में अँधेरा है। अँधियारे में काले सियार से घूम रहे हैं। सागर के तिमिर तले तमाकार पानी है। तिमिर-विवर में अशान्त नागिन पड़ी है। इस तरह फैंटेसी के माध्यम से मुक्तिबोध जिस 'अँधेरे' को बार-बार अभिव्यक्त करते हैं वह जिन्दगी के भीतर और बाहर दोनों ओर का अँधेरा है। यह कभी रूपक और कभी प्रतीक के रूप में व्यक्ति और समाज की दुर्दशा का उद्घाटन करता है तो कभी भयावह वातावरण का। कवि की निजी आभ्यन्तर ग्रन्थियाँ और बहिर्समस्याएँ भी अपने आप प्रकट होती चलती हैं। दुश्चिन्ता की फैंटेसी बनी जिन्दगी में जब व्यर्थता बोध, आत्म-ग्लानि, भय, निराशा और अवसाद का भाव पैदा होगा तब कविता में श्याम रंग की अधिकता होगी ही। मुक्तिबोध जीवन-जगत के यथार्थ को अति श्याम रंग

फैंटेसी के रूप में प्रस्तुत करते हैं—"जहाँ की काली गलियों की/अति श्याम रंग फैंटेसी/अंट-शंट अँधेर, धुँधलका/मैला पानी, गंदी साँस, उबास/सभ्यता की संडास की चोरी और मुचलका/राख, भाग्य का फेर/चौड़े भांड़े, मैले बर्तन पड़े ढेर के ढेर/काले कटाह/भीषण कटाह/मलते पीले मटमैले बालक निःसहाय/जा घुसो उन्हीं में तडित प्रायः/तुम हाथ लगाओ, बर्तन मलो बहुत तेजी से/गलो हृदय में/उनकी स्याह निराशा आँखों में आँजो/बर्तन माँजो/उतर जायें सब मोटे छिलके/घिनी सभ्यता के।" उनकी कविताओं में काजली अथवा श्यामल रंग भारतीय वास्तविकता के रूप में उभरता है—"काजली भीत पर/वक्र असंगत रेखाओं के/चित्र विचित्र भयानक चित्रों सा प्रभीम यह/भारतीय वास्तव है भीषण दुःस्वप्नों सा।" मुक्तिबोध ने यह भी स्पष्ट किया है कि जब संवेदनशील मन निःसहाय अनुभव करता है तब उसका काव्यात्मक रंग श्यामल हो उठता है। 'एक साहित्यिक की डायरी' के 'एक लम्बी कविता का अन्त' शीर्षक लेख में उन्होंने लिखा है कि ऐसी स्थिति में जबकि बाह्य समाज में संजीवनकारी उत्प्रेरक आन्दोलन या ऐसी संगठित शक्ति नहीं है, एक संवेदनशील मन जिसमें अब तक अवसरवादी कौशल और लाभ-लोभ की समझदारी विकसित नहीं हुई है, केवल अपने को निःसहाय अनुभव करता है। यदि वह कवि हुआ तो सहज मानवीय आकांक्षाओं की पूर्ति के सामाजिक वातावरण के अभाव में उसके काव्यात्मक रंग अधिक श्यामल, अधिक बोझिल और अधिक आत्मग्रस्त हो जाते हैं। जाहिर है मुक्तिबोध अपने जिये और भोगे यथार्थ को व्यापक वास्तविकता के साथ प्रकट करते हैं। वे यह मानते हैं कि सही कविता वह है जो यथार्थ तत्त्व और यथार्थ रचना-दृष्टि से जुड़ कर मानव जीवन से अपने को सम्बद्ध करती है।

मुक्तिबोध वृहत्तर जीवन-सन्दर्भों को आत्मसात् करने वाले कवि हैं। उनमें मानवीय जटिलताओं, अन्तर्विरोधों और वस्तुजगत के मूल सम्बन्धों की गहरी परख और पहचान की क्षमता है। उन्हें मानव की दुर्दशा का कारण भी ज्ञात है। वे मानव-जीवन में आयी यान्त्रिकता, स्वार्थपरता, वैमनस्य और भ्रष्टाचार के लिए पूँजीवादी अर्थव्यवस्था को जिम्मेदार ठहराते हैं। आजादी के बाद सरकार द्वारा विदेशी पूँजी का आमन्त्रण उन्हें फूटी आँखों भी नहीं सुहाया, तभी तो उन्होंने 'जमाने का चेहरा' कविता में अपना विरोध दर्ज किया—"साम्राज्यवादियों के/पैसों की संस्कृति/भारतीय आकृति में बँधकर/दिल्ली को/वाशिंगटन व लन्दन का उपनगर/बनाने पर तुली है/भारतीय धनतन्त्री/जनतन्त्री बुद्धिजीवी/स्वेच्छा से उसी का ही कुली है।" आर्थिक उदारीकरण

और घर में घुस आये बाजार के वर्तमान युग में अगर मुक्तिबोध जीवित होते तो उनकी नसों पर कितना बल पड़ता, इसका अन्दाजा सन् साठ में प्रकाशित उनके निबन्ध 'काव्य—एक सांस्कृतिक प्रक्रिया' के इस अंश से लगाया जा सकता है—''आज का कवि एक असाधारण असामान्य युग में रह रहा है। वह एक ऐसे युग में है जहाँ मानव सभ्यता सम्बन्धी प्रश्न महत्त्वपूर्ण हो उठे हैं। समाज भयानक रूप से विषमताग्रस्त हो गया है। चारों ओर नैतिक ह्रास के दृश्य दिखायी दे रहे हैं। शोषण और उत्पीड़न पहले से बहुत अधिक बढ़ गया है। नोच-खसोट, अवसरवाद, भ्रष्टाचार का बाजार गर्म है। कल के मसीहा आज उत्पीड़क हो उठे हैं।'' इसीलिए उनकी कविता में ऐसे बालक हैं जो शोषक वीर्य से जन्म के कारण दो सिर और चार पैर वाले राक्षस के समान लगते हैं, ऐसे आदमी हैं जिनके चेहरे पीले और शरीर पर घाव ही घाव हैं, ऐसी नारियाँ हैं जो गर्भावस्था में भी वजनदार घड़ों को उठाती हैं तथा गृहस्थी चलाने के लिए जी तोड़ परिश्रम करती हैं। कहना न होगा कि पूँजीवाद मूलतः रक्तजीवी व्यवस्था है जिसका महल श्रम की साँसों तथा शोषण की ईंटों से निर्मित होता है। 'चाँद का मुँह टेढ़ा है' कविता में इस व्यवस्था के भीतरघात को बड़ी बारीकी से प्रस्तुत किया गया है। चाँद वस्तुतः पूँजीवाद का प्रतीक है, इसीलिए मुक्तिबोध बहुत सहजता से प्रश्नात्मक कविता की रचना कर देते हैं—'डूबता चाँद कब डूबेगा' क्योंकि इसके डूबे बगैर आम आदमी का कल्याण नहीं है। 'सूखे कठोर नंगे पहाड़' कविता में कवि महाश्रमिक और जनक्रान्ति रूप मजदूर नेता से आग्रह करता है कि वह उन पहाड़ों को अपने बाहुबल से उठाकर इतिहास के समुद्र में फेंक दे, क्योंकि 'सूखे कठोर नंगे पहाड़' पूँजीवादी व्यवस्था के प्रधान तत्त्व शोषण के प्रतीक हैं। इस व्यवस्था में बढ़ती प्रतिस्पर्द्धा 'अलगाव' भावना को जन्म देती है—यह अलगाव बाहर ही नहीं भीतर भी पैदा हो जाता है—''इस सल्तनत में/हर आदमी उचक कर चढ़ जाना चाहता है/धक्का देते हुए बढ़ जाना चाहता है/हर एक को अपनी-अपनी/पड़ी हुई है/चढ़ने की सीढ़ियाँ/सिर पर चढ़ी हुई हैं।''

मनुष्य की महाकाव्यात्मक पीड़ा से परिचित मुक्तिबोध की कविताओं में जीवन का नग्न यथार्थ सविस्तार उपस्थित है। असंगति-बोध, विरोधाभास और खोखलेपन के चित्रण से जीवन में समाहित कृत्रिमता अपने आप उजागर हो गयी है, ''पावडर में सफेद अथवा गुलाबी/छिपे बड़े-बड़े चेचक के दाग मुझे दिखते हैं/सभ्यता के चेहरे पर/संस्कृति के सुवासित आधुनिकतम वस्त्रों के/अन्दर का वासी वह/नग्न अति बर्बर देह/सूखा हुआ रोबीला पंजर मुझे

दिखता है।" कवि की नजर उस सांस्कृतिक विकृति पर भी है जो मनुष्य को संवेदनहीन, बर्बर और बौना बनाने पर तुली है। यह अकारण नहीं है कि उनकी कविता में चाँद की रोशनी ऐयारी है जो पुलों के नीचे बैठकर मछलियाँ फँसाने का काम करती है। कवि आधुनिक सभ्यता की खोल में छिपे शोषण के बाघनख की प्रभावात्मकता जानता है। उसे यह भी मालूम है कि सत्य के स्थान पर अपने को स्थापित करने वाले और तथ्य के स्थान पर अपने रहस्य को प्रतिष्ठित करने वाले लोगों के पास जो बड़े-बड़े नाखून और बाघनख हैं उनका शिकार कोई अभागा, आम आदमी ही होगा—"कैसे सत्य हैं/ढाँक रखना चाहते हैं बड़े-बड़े नाखून/किसके लिए हैं वे बाघनख/कौन अभागा वह।" आदमी के भीतर और बाहर की दुनिया में एकरूपता का न होना मुक्तिबोध को चिन्तित करता है। वे मानते हैं कि आदमी जो दिखता है उसके भीतर एक और आदमी है और वह ठीक वही नहीं है जो सामने है—भय इसी आदमी से है—"भीतर जो शून्य है/उसका एक जबड़ा है/जबड़े में माँस काट कर खाने के दाँत हैं।" 'दिमागी गुहान्धकार का ओराँगउटाँग' कविता में कवि अपने अवचेतन की अन्धी परतों में छिपे जिस पशु से परिचय कराता है वह न केवल नंगा है अपितु विद्रूप असत्य की शक्ति का प्रतिरूप भी है, इसलिए कवि नहीं चाहता कि वह बाहर आये। मनुष्य वनमानुषी संस्कारों से ग्रस्त होकर ही दुख उठाता है। अतः इन संस्कारों से मुक्ति आवश्यक है किन्तु कथनी और करनी में जब तक अभेद नहीं होगा तब तक यह सम्भव नहीं है। मुक्तिबोध को दुख इस बात का है कि आलोचक, विचारक, कविगण, मन्त्री, उद्योगपति, विद्वान आदि के सिद्धान्त और व्यवहार में भी एकरूपता नहीं है। इसलिए दिन में तो वे अच्छे भले, सफेदपोश नजर आते हैं लेकिन रात में वे सब भूत-पिशाच दिखाई देते हैं। कवि उनका असली चेहरा दिखाकर उन्हें नंगा कर देता है—"भीतर का राक्षसी स्वार्थ अब/सड़क पर आया है/छुपे हुए उद्देश्य यहाँ निखर आये हैं।" मनुष्यता के पक्ष में खड़े होने वाले मुक्तिबोध को स्वार्थ, शोषण, आतंक, अत्याचार, भ्रष्टाचार, लूट, हत्या, मिथ्याचरण, असत्य, अपमान आदि मानवता के आँचल पर कालिख सदृश लगते हैं। इन्हीं से भय, सन्त्रास, तनाव और बेगानापन बढ़ता है। मानवीय सम्बन्धों की ऊष्मा छीजती है और अपनत्व, स्नेह-सौख्य में रीतापन आता है।

मुक्तिबोध ने लिखा है, "मानव सम्बन्धों की इस गिरावट के जमाने में मेरी कविता की सारी इमेजरी-बिम्ब-माला विकसित हुई। उसमें घने और

काले, लाल और नीले, जामुनी और बैंगनी रंग हैं। यह इमेजरी कैसे पैदा हुई, यह कहना मुश्किल है। केवल इतना कहना चाहूँगा कि मनुष्य सम्बन्धों की भीषण गिरावट के बीच, मनुष्य दीप्ति के जो प्रकाशमान दृश्य मेरे सामने आये, उन्हीं के सहारे मेरा जीवन आगे बढ़ता रहा।'' (तार सप्तक के दूसरे संस्करण के लिए लिखित किन्तु अप्रकाशित वक्तव्य)। इसमें दो बातें विशेष महत्त्व की हैं—'मनुष्य सम्बन्धों की भीषण गिरावट और मनुष्य दीप्ति के प्रकाशमान दृश्य। इनमें पहली का कारण जिन्दगी और समाज में व्याप्त दुख, अभाव, तनाव, घुटन, स्वार्थ, षड्यन्त्र, अनाचार, कदाचार तथा मिथ्या व्यवहार आदि हैं। इन्हीं की मौजूदगी से मुक्तिबोध की कविता में साँवला रंग उभरता है जो सघन होकर काले स्याह अँधेरे में बदल जाता है। दूसरी प्रकाशोन्मुख आस्था-आकांक्षा की सूचक है जिससे अभिशापित, तापित जिन्दगी और त्रासद स्थितियों से उबरने का रास्ता दिखाई देता है। इस तरह मुक्तिबोध की कविताओं में अँधेरा है तो प्रकाश भी है। काला रंग है तो लाल रंग भी है। समस्याओं का घटाटोप है तो समाधान का मार्ग भी है।

मानव-मुक्ति मुक्तिबोध की काव्य-चेतना का सर्वाधिक अनिवार्य लक्ष्य है। वे मनुष्य की हर तरह से मुक्ति चाहते हैं इसीलिए यह जानने के इच्छुक हैं कि ''मेरे सभ्य नगरों और ग्रामों में/सभी मानव/सुखी, सुन्दर, शोषण मुक्त/कब होंगे'' यह प्रश्न इसलिए कि मुक्ति आसान नहीं है और मुक्ति के रास्ते अकेले में मिलते भी नहीं हैं। इसके लिए हथेली पर विवेक की अग्नि प्रज्वलित करनी पड़ती है तभी जिन्दगी के दलदल से कमल तोड़कर लाना सम्भव हो पाता है। मुक्तिकामी, प्रगतिशील चेतना का वाहक कवि जो कमल तोड़कर लाया है वह सामान्य कमल नहीं अपितु, ज्वलन्त सरसिज है जिसमें विवेक की अग्नि है—''मेरे इस साँवले चेहरे पर कीचड़ के धब्बे हैं, दाग हैं/और इस फैली हुई हथेली पर जलती हुई आग है/अग्नि विवेक की/नहीं नहीं वह तो ज्वलन्त सरसिज/जिन्दगी के दलदल कीचड़ में धँसकर/वक्ष तक पानी में फँसकर/मैं वह कमल तोड़ लाया हूँ।'' मुक्तिबोध की कविताओं में 'चिनगारी', 'स्वर्ण स्फुल्लिंग', 'अंगारी मुस्कराहट', 'जिन्दा बिजली', 'शबनमी चमक' आदि शब्दों की बार-बार आवृत्ति कवि के भीतर की अग्निधर्मिता को प्रकट करती है। उसी के आलोक में वह जिन्दगी की सच्चाइयों का अन्वेषण भी करता है और अँधेरे के नाश के लिए प्रयत्नशील भी होता है। यहाँ यह ध्यातव्य है कि मुक्तिबोध का कवि व्यक्तित्वान्तरण द्वारा सामान्यजन से तादात्म्य स्थापित करता है। इसलिए उसकी अंगारी चेतना आम आदमी के भीतर की

अंगारी चेतना है जो मुक्ति के पथ पर अग्रगामी होकर क्रान्तिकारी बनती है। मुक्ति का कोई भी पक्ष संघर्ष रहित नहीं हो सकता, इसलिए कवि की अंगारी चेतना संघर्ष का रास्ता दिखाती है। उसका आत्म-संघर्ष वर्ग-संघर्ष का रूप ले लेता है। भीतर का संघर्ष बाहर के संघर्ष से सम्बद्ध हो जाता है। तभी तो 'अँधेरे' में' का काव्य-नायक सोचता है—

"चक्र से चक्र लगा हुआ है
जितना ही तीव्र है द्वन्द्व क्रियाओं घटनाओं का
बाहरी दुनिया में
उतनी ही तेजी से भीतरी दुनिया में
चलता है द्वन्द्व कि
फिक्र से फिक्र लगी हुई है।"

(मुक्तिबोध की कविताएँ, पृ. 39)

कोई भी साहित्य स्वयं क्रान्ति नहीं कर सकता लेकिन क्रान्ति की भूमिका तैयार कर सकता है। वह समाज को स्वयं नहीं बदल सकता, किन्तु बदलाव लाने में मददगार बन सकता है। मुक्तिबोध की कविता भी सीधे-सीधे समाज को बदलने का कार्य नहीं करती लेकिन जो है उससे बेहतर की आकांक्षा में पूरी दुनिया साफ करने के लिए मेहतर की माँग अवश्य करती है—"इसलिए कि जो है उससे बेहतर चाहिए/पूरी दुनिया साफ करने के लिए मेहतर चाहिए।" इतना ही नहीं वह शोषणविहीन समाज की स्थापना के लिए प्रतिक्रियावादी ताकतों के खिलाफ जवाबी गदर बनती है। दीन-हीन, तापित-शापित मानव की 'वेदना का स्रोत संगत, पूर्ण निष्कर्षों तलक' पहुँचाने के लिए अपनी प्रतिबद्धता दर्शाती है। मनुष्य को उसके संकट, बेगानगी और विलगाव का बोध कराकर उसकी मुक्ति, परिष्कार और परिमार्जन का मार्ग सुझाती है। 'भूखे चूल्हे के भोले अंगारों' में वह जीवन का 'सच' तलाशती है। कवि जानता है कि 'सत्य' अन्धकार में नहीं प्रकाश में मिलता है और साहित्य में प्रकाश ही प्रकाश है। इसलिए वह सत्य ढूँढ़ने की प्रक्रिया के बारे में लिखता है, "साहित्य मनुष्य के आंशिक साक्षात्कारों के बिम्बों की एक मालिका तैयार करता है... साहित्य में प्रकाश ही प्रकाश है किन्तु हमें प्रकाश में सत्यों को ढूँढ़ना है।" (रचनावली भाग-4, पृ. 72)। सम्भवतः इसलिए 'चाहिए मुझे मेरा असंग बबूलपन' कविता में वह 'गलत के खिलाफ नित सही की तलाश' में इतना उलझ जाता है कि ज़हर नहीं, लिखने की स्याही पीने लगता है तथा सत्य को 'बहुत भव्य रम्य विशाल मृदु' कहकर सम्बोधित करता है।

कवि जिस प्रकाश की बात करता है वह उसके अन्तःसत्य का प्रकाश है और इसकी अभिव्यंजना के लिए वह जिन शब्दों का प्रयोग करता है वे हैं—अग्नि सरोवर, अंगारी धूप, स्वर्ण स्फुल्लिंग, अंगारचंद, चिनगारी, जहरीली आग, रत्न विवर, विद्युन्मय, तेजस, किरण, ज्ञान, ओज आदि। वह प्रकाशयुक्त ज्ञान को मणि कहता है—'दुर्दान्त ज्ञान का मणि अशोक'।

मुक्तिबोध की कविताओं में 'सत्य' शिशु के प्रतीक के रूप में आया है। वे जिस सत्य-शिशु को अपने हृदय से चिपकाये रहे उसके जन्म की घोषणा उन्होंने 'तार सप्तक' में ही कर दी थी—''वह ज्ञान-लिप्सा-क्षितिज-सपना/रे वही तुझमें अनेकों स्वप्न देगा/औ, अनेकों सत्य के शिशु/नव-हृदय के गर्भ में द्रुत/आ चलेंगे।'' (रचनावली भाग-1, पृ. 111)। 'ओ काव्यात्मन फणिधर' कविता में वह शिशु जोर-शोर के साथ रोता हुआ चित्रित है—''किसी ने आत्मज सद्योजात/वहाँ लाकर रक्खा, छोड़ा-त्यागा/शिशु रोता है वह जोर-शोर के साथ।'' कवि को विश्वास है कि, ''श्रम-गरिमा का पी दूध/सत्य नवजात/विकसता जायेगा।'' किसी के अनुसार यह शिशु दायित्व बोध का प्रतीक है तो किसी के अनुसार क्रान्ति का। श्रम-गरिमा का दूध पीने के कारण उसका सम्बन्ध श्रमिक वर्ग से अवश्य जुड़ता है। मुक्तिबोध ने जीवन के आत्मज सत्य को अपना सहचर बनाकर, उसकी आस्थामयी पुकार सुनकर सामान्यजन के उद्धार हेतु जिस क्रान्ति-पथ का वरण किया वह निराला ही क्रान्ति चेतना से कम गौरवशाली नहीं है, बल्कि उनका आक्रोश, विद्रोह और सामाजिक दृष्टि का विस्तार निराला से भी कहीं अधिक दीप्तिमान और प्रखर है। 'डूबता चाँद कब डूबेगा' कविता में मुक्तिबोध ने कबीर को याद किया है, ''बुन रहे मस्त-मौला कबीर/जन-जन के हित नूतन चादर।'' 'भविष्य धारा' कविता में उन्होंने उनकी साखी 'जो घर जाणे आपणा चले हमारे साथ' को नया अर्थ-सन्दर्भ दिया है, ''तुम बाजार में खड़े/स्वयं जलती मशाल/औ' पुकारते/जिसे फूँकना हो अपना घर/चले हमारे साथ।'' इस तरह कबीर को कविताओं में याद करना अकारण नहीं हो सकता बल्कि कहीं-न-कहीं उनकी क्रान्तिदर्शी भास्वरता में कवि की कामना अपनी क्रान्ति-ज्वाला को तीव्र करने की रही होगी।

'काव्य—एक सांस्कृतिक प्रक्रिया' शीर्षक लेख में मुक्तिबोध ने लिखा है, ''नयी कविता में आवेश के पंख काट दिये गये, कल्पना को अपने पिंजरे में पालकर रखा गया।...व्यक्ति-मन की बात करके आत्मा की महान, दुर्दम, विप्लवकारिणी ज्ञानमूलक शक्ति को भुला दिया गया।'' जाहिर है, मुक्तिबोध की कविताओं में विषमतामूलक सामाजिक व्यवस्था और पूँजीवादी शोषण-तन्त्र

के विरुद्ध गहरा क्षोभ है। धनपशुओं की पाशविकता, छल-छद्म तथा षडयन्त्र के प्रति प्रखर आवेश है। जन-जन की छाती पर बैठकर शासन के चाकू से विद्रोहिणी बुद्धि की त्रिकालदर्शी आँखों को काटकर निकाल लेने की आकांक्षा वाली पूँजीवादी शक्तियों के प्रति तीव्र आक्रोश है। शोषण व्यवस्था को उखाड़ फेंकने का आह्वान है, ''शोषण की गहन व्यवस्था के ये हाथ-पैर औ' बुद्धि-उदर/ये लम्बोदर ये स्वार्थशास्त्र की बुद्धि प्रखर/इनको उखाड़/दे उन्हें जोर से फेंक आज/....तोड़ दे द्वार सौ रुद्ध किये/जो खड़ी शिलाएँ हैं अन्धी/हे महाश्रमिक/जनक्रान्ति रूप।'' कहना न होगा कि यही क्षोभ, आवेश, आक्रोश तथा विप्लवकारिणी प्रवृत्ति मुक्तिबोध की कविता को नयी कविता से किंचित अलग पहचान दिलाती है और यह विश्वास भी कि मुक्ति के मन को कोई छल नहीं सकता। भले ही साहित्यिक चुप और कविजन निर्वाक हो जायें, चिन्तक, शिल्पकार, नर्तक मौन साध लें लेकिन जनता के अदम्य साहस और शक्ति के आगे पूँजीवादी शोषण-तन्त्र को झुकना ही होगा—'मुक्तिकामी पैरों की मोच की चीख' कविता का यह सपना इसी बात की गवाही देता है—''सपने से आते हैं कि किसी दिन/पुराने मुहल्ले सब होंगे साफ/भाप होकर काले दाग धरती के सब मिट जायेंगे/मानव धुकधुकी में/सुनहले दिवस का रक्त खिलखिलायेगा।'' इसी उम्मीद में यह लगता भी है कि—''काली पसली शोषक युग की/सत्ता की छाती पर बैठी/गला दबाकर जनता जग की।'' किन्तु यह इतना आसान भी नहीं है। इसके लिए क्रान्ति का ट्रैक्टर चलाना जरूरी है—''ऐतिहासिक टैक्टर ओ/छाती पर चल जाओ/सौ करोड़ एकड़ की/हेकड़ जमीन पर/निज चेतन मृद कठोर फल लाओ/इतिहासिक टैक्टर ओ/परिवर्तन सत्वर हो।''

मुक्तिबोध ने 'हर चीज जब अपनी' शीर्षक कविता में ''बराबरी का हक, बराबरी का दावा/नहीं तो मुठभेड़ और धावा।'' का जो नारा दिया है वही सत्वर परिवर्तन का सबल आधार है। क्रान्ति-पथ का भास्वर पाथेय है। विषम और संतप्त जीवन के लिए दुर्निवार औषधि है, किन्तु इसे लाने के लिए सामूहिकता और एकाग्रता की आवश्यकता है क्योंकि मुक्ति के रास्ते अकेले में नहीं मिलते तथा जीवन मर-मर कर प्राप्त करना होता है। जिन्दगी का गुलाब शरीर की राख पर ही खिलता है—''जमीन में गड़ी हुई देहों की खाक से/शरीर की मिट्टी से, धूल से/खिलेंगे गुलाबी फूल।'' मुक्तिबोध की अंगारी चेतना इसी क्रान्ति-पथ का निर्माण करती है।

त्रिलोचन : देसी परम्परा और नवीन काव्य-सर्जना

महाकवि तुलसीदास को अपना भाषा-गुरु मानकर "तुलसी बाबा, भाषा मैंने तुमसे सीखी/मेरी सजग चेतना में तुम रमे हुए हो" तथा महाप्राण निराला को अपनी आँखों में बसाकर "अपनी राह चला, आँखों में रहे निराला" त्रिलोचन ने जो इंगित करना चाहा है उसका ध्वन्यार्थ यह है कि वे कमोबेश तुलसी-निराला की ही काव्य-परम्परा के वाहक हैं। भारतीय संस्कृति और परम्परा की जो सरिता उन दोनों की कविताओं में प्रवाहित है वह हिन्दी ही नहीं, बल्कि सम्पूर्ण भारतीय साहित्य के लिए एक अमूल्य निधि है। उसमें अवगाहन करने के साथ ही त्रिलोचन अगर अपनी काव्य-धारा को उसी प्रवाह से जोड़ने की कोशिश करते हैं तो यह उनके लिए और हिन्दी जगत के लिए भी अत्यन्त गौरव की बात है। मनुष्यता की जितनी पक्षधरता उन महाकवियों की कविता में है उससे कम त्रिलोचन के यहाँ भी नहीं है। वस्तु विन्यास और कहन में भिन्नता भले ही है, लेकिन चिन्तन और दृष्टि में बहुत कुछ समानता है। भारतीय चिन्तन-धारा में 'सत्यम्, शिवम् और सुन्दरम्' की खोज तथा प्रतिष्ठा का जो प्रयत्न है उसे अगर त्रिलोचन भी खोजना-देखना चाहते हैं, "किन्तु मेरे अन्तर-निवासी ने मुझसे कहा/लिखाकर, तेरा आत्म-विश्लेषण क्या जाने तुझे/एक साथ सत्य, शिव, सुन्दर को दिखा जाये।" तो वे उसको अग्रगामी बनाने का प्रयास ही करते हैं। इसी सन्दर्भ में वे अपनी जड़ों से जुड़े होने को संकेतित करते चलते हैं।

त्रिलोचन की कविता भारतीयता की कविता है। उसमें देसीयता का ठाठ इतना है कि कवि सही अर्थों में 'धरती' का कवि लगता है। यह बात अलग है कि 'दिगन्त' के पाठक के रूप में मलयज उन्हें 'औसत भारतीयता' का कवि मानते हैं। वे अपनी डायरी में लिखते हैं, "मुझे यह साफ दीख पड़ रहा है कि आज त्रिलोचन, केदारनाथ अग्रवाल और नागार्जुन की भारतीयता को लेकर हम नहीं चल सकते, इनकी भारतीयता में बौद्धिक ऊर्जा की कमी है।

नितान्त कमी है। ये हद से हद लिरिकल किस्म के भारतीय हैं। इनमें टकराहट नहीं है। ये बस अपने को सुरक्षित रखे हुए हैं, अपनी अस्मिता बचाये हुए हैं, बह नहीं गये हैं। एक जमीन इनके पास है, उस पर बस टिके हुए हैं। हमें रामचन्द्र शुक्ल की भारतीयता चाहिए, प्रेमचन्द की भारतीयता चाहिए, गाँधी जी की भारतीयता चाहिए जिनमें एक ओर अपनी जमीन का विवेक था तो दूसरी तरफ पश्चिम से टकराने की अदम्य बौद्धिक ऊर्जा और ललकार और उससे टकराने का खुलापन। त्रिलोचन की भारतीयता जैसा बँधा-बँधापन उनमें न था, एक जगह टिके रहने की भारतीयता उनमें न थी।'' मलयज जिस बौद्धिक ऊर्जा, ललकार और टकराहट का त्रिलोचन में अभाव पाते हैं उस पर पुनर्विचार की जरूरत है। त्रिलोचन में न तो बौद्धिक ऊर्जा की कमी है और न ही संघर्ष तथा प्रतिरोध की। उसे देखने की अपनी-अपनी दृष्टि है। भारतीयता के सन्दर्भ में मलयज जब आचार्य रामचन्द्र शुक्ल का उल्लेख करते हैं तब यह विस्मृत कर जाते हैं कि उनकी लोकमंगल की सिद्धावस्था तुलसीदास में समाहित है। त्रिलोचन की सजग चेतना तुलसीदास में ही रमी हुई है। फिर दोनों की भारतीयता में समान तत्त्व कहीं-न-कहीं अवश्य होंगे। जहाँ तक प्रेमचन्द की बात है तो वे जिस जमीन से जुड़े हैं लगभग वही जमीन त्रिलोचन की भी है। दुख, दारिद्रय, अभाव, अशिक्षा, किसान-समस्या प्रेमचन्द के वर्ण्य-विषय हैं तो त्रिलोचन की कविता में भी इन्हीं पर विचार हुआ है। उनके यहाँ होरी, धनिया, सिलिया, गंगी, मातादीन आदि हैं तो चम्पा, नगयी महरा, सुकनी बुढ़िया, रामचन्द्र दूबे, भोरई केवट, सिवटहल चाचा, इन्दो, श्यामा जैसे चरित्र त्रिलोचन के यहाँ हैं। प्रेमचन्द किसान-जीवन के कथाकार हैं तो त्रिलोचन भी किसान-जीवन के कवि हैं। त्रिलोचन की कविता संघर्षशील समाज, कर्मरत समाज के लिए अपनी प्रतिबद्धता भी व्यक्त करती है—''लड़ता हुआ समाज, नयी भाषा अभिलाषा/नये चित्र के साथ नयी देता हूँ भाषा।'' किसान-जीवन का संस्कार है—हाड़ तोड़ मेहनत। कर्म ही उसकी पूँजी है। वही उसके जीवन का सौन्दर्य है। कर्म की लय में ही जीवन-राग गुँजरित होता है। इसीलिए कर्म त्रिलोचन की काव्य-चेतना का प्रमुख अंग है। उनकी सलाह है—''साथ चाँदी है, न सोना/कर्म के ही बीज बोना।'' कर्म का सन्देश गीता में है। सम्पूर्ण भारतीय चिन्तन में कर्म की महत्ता रेखांकित है।

त्रिलोचन जिस जनपद के कवि हैं उसमें दुख, अभाव, गरीबी के बावजूद गाँव अपनी पूरी भारतीयता के साथ उपस्थित है। गाँव गाँधीजी की ताकत था। ब्रिटिश साम्राज्य से लड़ने तथा पश्चिमी सभ्यता के प्रदूषण से बचने

की ताकत उन्हें गाँव में ही दिखी थी। काले-काले अच्छर नहीं चीन्हने वाली चम्पा जब कहती है, ''मैं अपने बालम को संग-साथ रखूँगी। कलकत्ता मैं कभी न जाने दूँगी/कलकत्ते पर बजर गिरे।'' तब वह मात्र अपना आक्रोश ही नहीं प्रकट करती बल्कि महानगरीय सभ्यता की बदसूरती, विसंगति और विडम्बना के साथ-साथ आधुनिकता के तर्कों को खारिज करने का साहस भी दिखाती है। कागद गोदने को बैठे ठाले का काम मानती है। उसे मालूम है कि गाँधीजी कर्म करने पर प्रसन्न होते हैं लेकिन जब कवि कहता है कि वे चाहते हैं कि सब जन पढ़ना-लिखना सीखें, तब उसका भोलापन बालिका शिक्षा की विसंगतियों के साथ-साथ किसान और कामगार परिवारों की समस्याओं को उभारकर रख देता है—''मैं तो नहीं पढ़ूँगी/तुम तो कहते थे गाँधी बाबा अच्छे हैं/वे पढ़ने-लिखने की कैसी बात कहेंगे।'' अपने इसी भोलेपन से वह कवि को झूठा भी कहती है, ''तुम कितने झूठे हो, देखा/हाय राम, तुम पढ़-लिखकर इतने झूठे हो।'' चम्पा की नजर में पढ़ा-लिखा झूठा है। इसका ध्वन्यार्थ कहीं यह तो नहीं कि सभ्यता का प्रदूषण शिक्षित लोगों के द्वारा ही फैल रहा है। छल-प्रपंच, कृत्रिम आचरण, मिथ्या सम्भाषण आदि उन्हीं की देन हैं। महानगरों में उन्हीं की आबादी है और इसीलिए वह अपने पति को कभी भी कलकत्ता नहीं भेजेगी—''कलकत्ते पर बजर गिरे''। शहर की एक विडम्बना यह भी है जिसे त्रिलोचन ने 'रैन बसेरा' शीर्षक कविता में प्रस्तुत किया है—''कमरा एक और रहने वाले तीन/पत्नी, बच्चा और मैं/चौथे की गुंजाइश यहाँ नहीं/मेरी अनकही चिन्ता/मेरी बिथा बना की।'' गाँव भले ही गरीबी, अभाव और विपन्नता से त्रस्त हों लेकिन वहाँ चौथे के लिए जगह बन ही जाती है। 'अतिथि देवो भवः' की कल्पना को साकारता गाँव में ही मिलती रही है। उसके लिए गँवई मानुष ऋण लेने से भी परहेज नहीं करता है। प्रेमचन्द की कहानियों में ऐसे कई प्रसंग हैं। त्रिलोचन की 'नगई महरा' कविता में गाँव की पूरी संस्कृति मूर्तिमान हो उठी है। ऐसे में त्रिलोचन की भारतीयता पर सवाल उठाना उचित नहीं लगता।

सामान्यजन, उनकी दिनचर्या, सोच, रीति-रिवाज, परम्पराएँ, संघर्ष-प्रतिरोध, संस्कृति-संस्कार का साझा स्वरूप भारतीयता की अवधारणा को सम्पुष्ट करता है। त्रिलोचन की कविता में भारतीय मनुष्य अपनी सम्पूर्ण आभा के साथ उपस्थित है। उसका सामान्य जीवन, उसकी सामान्य दिनचर्या, उसका प्रेम, उसकी हँसी-खुशी, उसका दुख-अभाव, संघर्ष—सबकुछ। लू, वर्षा, जाड़ा, धाम में कुदाल, खुरपी या हल लेकर काम में जुटा आदमी कविता में क्षेत्रीय होकर

भी अपनी व्यापकता में भारतीय किसान है जिसके लिए कर्म ही पूजा है। कर्म ही भगवान है। कर्मरत-मन न तो भाग्य में विश्वास करता है, न जीवन के संकटों से घबराकर भागता है बल्कि हर परिस्थितियों से डटकर मुकाबला करता है—"हाथ और पाँव जिसका चलता है। आया संकट भी आप टलता है।" त्रिलोचन की कविता में दुख, अभाव, विपन्नता और संघर्षशीलता तो बहुत है लेकिन कुण्ठा नहीं है। वहाँ अवसाद के बरबस मौन है। कर्म का बल है जिसके कारण विषम परिस्थितियों में भी अट्टहास का स्वर गुंजित होता है—उस स्वर-निनाद में दुख-दर्द तिरोहित हो जाते हैं—

"अट्टहास कर, अट्टहास कर, अट्टहास में
मन को गड़ने वाले दर्द, डूब जाते हैं
संज्ञा प्लावी क्षण जीवन में जब आते हैं
तब सब कुछ बह जाता है केवल उजास में।"

त्रिलोचन की कविता में कर्म और प्रेम का एकाकार अद्भुत है। प्रेम अक्सर एकान्तिक और समाज-संसार से काटकर ही वर्ण्य रहा है। लेकिन त्रिलोचन के यहाँ अविराम कर्म के साथ नयनों का अनुराग देखते ही बनता है—"जब तक वे बातें करते/साँसों को संयत रखते/अविराम काम ही करते/पल दो पल नयन मिलाते/बल की परिभाषा करते/मिलकर वे दोनों प्राणी/दे रहे खेत में पानी।" यहाँ निठल्लापन, आह तथा कराह के लिए कोई स्थान नहीं है, बल्कि उसमें कर्म-पथ पर बढ़ने का जोश और उत्साह है। नैराश्य और दुर्बलता हरने का भाव है—

"मेरी दुर्बलता को हरकर, नयी शक्ति नव साहस भरकर
तुमने फिर उत्साह दिलाया, कर्म क्षेत्र में बढ़ूँ सँभलकर
तबसे मैं अविरल बढ़ता हूँ, बल देता है प्यार तुम्हारा।"

भारतीय समाज में प्रेम की उच्छृंखलता कभी स्वीकार्य नहीं रही है। प्रेम शिष्टता, शालीनता और मर्यादा के भीतर ही जीवन का उल्लास बनकर आता है। अगर जीवन की कृत्रिम वर्जनाओं को तोड़कर वह फटता भी है तो उसमें लज्जा का समावेश रहता है—"तुमको अगर सदेह चाहता हूँ तो कहते/कहते आकर शब्द लाज से रुक जाते हैं।" दिल का दिल से कहना, श्वासों का श्वासों से कहना प्रेम की आदर्शमयी व्यंजना है। शब्द चुक जाते हैं। त्रिलोचन को भी शब्द की सीमा मालूम है। इसीलिए उनके यहाँ श्वास ही सबकुछ कहने में समर्थ है—

"और, थोड़ा और, आओ पास
मत कहो अपना कठिन इतिहास
मत सुनो अवरोध, बस चुप रहो
कहेंगे सबकुछ तुम्हारे श्वास।"

श्रम-सौन्दर्य के अंकन में त्रिलोचन सिद्धहस्त हैं। श्रम की परिणति में ही जीवन का मंगल-विधान ढूँढ़ने वाले उनके पात्रों के सामने कभी-कभी प्रेम भी महत्त्वहीन हो जाता है। श्रम के दौरान प्रिया की याद तक नहीं आती—"सचमुच इधर तुम्हारी याद तो नहीं आयी/झूठ क्या कहूँ? पूरे दिन मशीन पर खटना/बासे पर आकर पड़ जाना और कमाई/का हिसाब जोड़ना, बराबर चित्त उचटना।" यह श्रमिक वर्ग है जो जीवन की आवश्यक-आवश्यकताओं की पूर्ति के लिए हाड़-तोड़ परिश्रम करता है। गृहस्थी की गाड़ी खींचने के लिए एक-एक पैसा जोड़ने के प्रयास में रहता है। ऐसे में उसे अपनी प्रिया की याद भी आये तो कैसे? लेकिन इसका अर्थ यह कदापि नहीं है कि उसे परदेश में अकेलापन सालता नहीं है, "सुख-दुख एक भी अकेला सहा नहीं जाता/आज मैं अकेला हूँ, अकेला रहा नहीं जाता।" अकेलापन तभी कटेगा जब प्रिया साथ हो लेकिन वह तो गाँव में है। विरह व्यथित-प्रियतम के वापस आने की आस लगाये। उधर परदेसी बाबू इस उम्मीद में कठिन से कठिनतर श्रम करने में जुटा है कि पास में कुछ पैसे हो जाये। बिना पैसे के गाँव जाने की कोई सार्थकता नहीं है। वह अपनी प्रिया को सान्त्वना देता है—धीरज बँधाता है—"धीरज धरो, आज कल करते तब आऊँगा/जब देखूँगा अपने पर कुछ कर पाऊँगा।" यह अनायास नहीं है कि पूर्वी उत्तर प्रदेश और बिहार के कुछ भागों में प्राप्त लोकगीतों में विरह की आग लगाने के लिए पैसे को ही जिम्मेदार ठहराया गया है—"रेलिया न बैरी, जहजिया न बैरी, पइसवा बैरी हो/सइयाँ के ले गै बिदेसवा, इ पइसवा बैरी हो।" काले-काले अच्छर नहीं चीन्हने वाली चम्पा इसीलिए कहती है—'कलकत्ते पर बजर गिरे'। लोकगीतों में कलकत्ता बहुत बार आया है। किसी-किसी में यह भी वर्णित है कि जो कलकत्ता कमाने के उद्देश्य से जाता है—वह वापस नहीं लौटता। वहाँ की जादूगरनियाँ उसे तोता बनाकर पिंजड़े में रख लेती हैं। ऐसे में चम्पा तो यही मनायेगी कि कलकत्ते पर वज्रपात हो जाये ताकि उसके पति को वहाँ जाना न पड़े। इस कविता के बारे में डॉ. नामवर सिंह का कहना है, "कथ्य में चोट भी अन्ततः उस कलकत्ता शहर पर है जो गाँव के रहने वालों को बेघर बनाकर हजम किये जा रहा है। कविता हर तरह से ग़ैर-आधुनिक है,

बल्कि प्रति-आधुनिक, आधुनिकता-विरोधी। शहर के विरुद्ध गाँव, पैसे के खिलाफ इनसानी रिश्ता। किन्तु उस दौर की आधुनिकतावादी कविताओं के साथ इसे रखकर देखें तो प्रयोग और प्रगति के नाम पर लिखी जाने वाली कविताओं से कितनी अलग। हर तरह की अंग्रेजियत के खिलाफ। भाव में भी और भाषा में भी। यह है ठेठ हिन्दी की कविता। हिन्दी की नयी कविता–हिन्दी की अपनी परम्परा से निकली हुई। आधुनिक लेकिन भारतीय। न पश्चिम से आयातित न आतंकित।'' जाहिर है समाज में उठने वाली ध्वनियों को पकड़ने की क्षमता रखने वाला औसत भारतीयता का कवि नहीं हो सकता।

त्रिलोचन की एक कविता है–'परदेसी के नाम पत्र'। इसमें पत्र-लेखन की पारम्परिक शैली और शब्दावली अपनायी गयी है–''सोसती सिरी सर्व उपमा जोग बाबू रामदास को...।'' तथा 'थोड़ा लिखना समझना बहुत'। पत्नी द्वारा परदेशी पति को लिखे गये पत्र में तीन सूचनाएँ हैं–पहली सूचना है–''अमोला बड़ा हो गया है, ऐसा ही रहा तो फल अच्छे आयेंगे'' दूसरी है–''बछिया कोराती है, देखो कब ब्याती है।'' और तीसरी सूचना है–''मन्नू बाबा की भैंस ब्यायी है''। सामान्य-सी लगने वाली इन सूचनाओं में निहित संकेत को 'थोड़ा लिखना समझना बहुत' के द्वारा संकेतित कर दिया गया है। यही है त्रिलोचन का वैशिष्ट्य सहज-सामान्य से लगने वाले कथनों से विशिष्ट अर्थ का द्योतन। परम्परागत ताने-बाने में नवीन व्यंजना। देसी परम्परा में नवीन काव्य-सृजन।

'ताप के ताए हुए दिन' की एक महत्त्वपूर्ण कविता है–'नगई महरा'। चम्पा वाली कविता से लगभग तीन दशक बाद लिखी हुई त्रिलोचन की काव्य-यात्रा की सर्वाधिक प्रौढ़ रचना। कई अर्थों में विशिष्ट, सशक्त और जीवन्त। डॉ. नामवर सिंह इस कविता की प्रशंसा में लिखते हैं, ''भाषा में लोक-बोली का पुट कहीं गहरा। कहीं-कहीं अवधी शब्दों का आग्रह अतिरिक्त। गद्यात्मकता पर भी जोर ज्यादा। सायास/किन्तु बातचीत का लहजा और भी स्वाभाविक। लय भी सुरक्षित, सन्तुलित। विषय एक परम्परित रिवाज के सहज नैतिक बोध का प्रकाशन। नगयी जाति का कहार। घरनी सेन्दुर से नहीं मिली थी। घरौवा कर लिया था। पति रिश्ते में अपनी घरनी का दामाद। बिरादरी की पंचायत बैठी और जात गंगा ने उसे पावन कर दिया। धन्य हुआ और फिर भोज हुआ। नाच और नाटक हुए। अपने को ऊँची जाति का समझने वालों के लिए जो काम अनैतिक था उसे छोटी कही जाने वाली जाति के लोगों ने नैतिकता की सहज ही मर्यादा दे दी।'' इस कविता की संरचना के

कई अर्थ-सन्दर्भ हैं। परम्परा-पालन और परम्पराभंजन। तथाकथित ऊँची जाति के लोगों के उच्चता-बोध पर प्रहार भी—"अपनी ओर ही निगाह करो।" नगई का रामायण-वाचन उसे साधारण से असाधारण बनाता है—"अच्छा बाँच लेते हो रामायन/तुम्हारे बाबू कहते थे जैसे/अब कोई क्या कहेगा/उनकी भीतर की आँख खुली थी/सुर भी क्या कण्ठ से निकलता था।" श्रम-सौन्दर्य तथा गार्हस्थ्य जीवन का जीवन्त-चित्र प्रस्तुत करने वाली यह कविता भारतीय परम्परा को ही आगे बढ़ाती है।

त्रिलोचन के अधिकांश चरित्र गाँव के हैं। उनमें किसान हैं, चरवाहे हैं, श्रमिक और मजदूर हैं। धान बैठाने वाली मजदूरिनें हैं जिनका उल्लास वर्षा ऋतु में देखने लायक होता है—"धान बैठाने वाला/दल मजूरिनों का प्रसन्नता से कुछ चंचल हुआ/झुकी कटि सीधी सी/ओठों पर मंगल ठहर गया।" खेत-खलिहानों की हरियाली से लेकर चाँद-तारों की उजली हँसी तक प्रकृति की बहुवर्णी छवि त्रिलोचन की कविता में विद्यमान है। बादलों का बरसना, सूर्य का निकलना, फूलों का खिलना, भौंरों का गुनगुनाना, चिड़ियों की चहचह, कोयल का कूकना आदि प्रकृति के गत्वर चित्रों को उभारने में त्रिलोचन की विशेष अभिरुचि है। इसी अभिलाषा से वे पवन की बाँसुरी की धुन सुन भी पाते हैं, "पवन/शाम बीतने पर/बँसवारी में/छिपकर आता है/रुक-रुक कर/बाँसुरी बजाता है।" पवन का उद्धत स्वभाव प्रिया के संग घूमने का आमन्त्रण देता हुआ प्रतीत होता है, "पवन आज उद्धत है/वृक्ष-लता-तृण वीरुध नाचते हैं/चौपाए कुलेल करते हैं/और चिड़ियाएँ बोलती हैं/आओ श्यामा थोड़ा और घूमें।" सूर्योदय के समय खिलता कमल साहित्य का प्रिय विषय रहा है। त्रिलोचन के यहाँ यह दृश्य तिमिरनाशक के रूप में आया है—"खिला यह दिन का कमल/सुन्दर सहस्र दल/अन्धकार-कारा के दृग छूटे/दृश्य देश विचरण को खुले टूटे।" निराला भारतवासियों को जगाने के लिए 'जागो फिर एक बार' लिखते हैं। त्रिलोचन किसानों को उठाना-जगाना चाहते हैं—

"उठ किसान ओ, उठ किसान ओ
बादल घिर आये हैं
तेरे हरे-भरे सावन के
साथी ये आये हैं।"

सॉनेटों के माध्यम से ठेठ भारतीय जीवन की छवि प्रस्तुत करने में त्रिलोचन को अद्‌भुत सफलता मिली है। उनके सॉनेट शब्द-संवेदना और जीवन-विवेक के सहज परिचायक हैं। जाड़े की धूप पर ढेरों कविताएँ

हिन्दी साहित्य में मौजूद हैं लेकिन त्रिलोचन के यहाँ धूप के बहाने एक समस्त जीवन-व्यापार व्यंजित हो उठा है—

"प्रिय लगती है बहुत, घमौनी, घाम देखकर
लोग कहीं जमते हैं, गायें और बकरियाँ
खड़ी धूप में मौज लिया करती हैं, सर्दी
इसी तरह जाती है, घर से मीन-मेख कर
आती हैं महिलाएँ, आती हैं सुन्दरियाँ
कुत्ते करते रहते हैं आवारागर्दी
वहीं धूप पेड़ों के पत्तों की हरियाली
ओप रही है, कितने रंग निखार रही है
रंग-रंग के फूलों में उड़ती चिड़ियों के
रोएँ, डैने चमकाती है जो, खुशहाली
चौपायों में है उठकर ललकार रही है
सुस्ती को, जब तक दिख गये पवन के झोंके।"

नागार्जुन सॉनेट को विजातीय छन्द मानते हैं तथा त्रिलोचन के लिए उसमें बहुत सम्भावनाएँ नहीं देखते। इसके विपरीत केदारनाथ सिंह का मानना है—"सॉनेट जैसे विजातीय काव्य रूप को हिन्दी भाषा की सहज लय और संगीत में ढालकर त्रिलोचन ने एक ऐसी नयी काव्य-विधा का आविष्कार किया है जो लगभग हिन्दी की अपनी विरासत बन गयी है।" सॉनेट जैसे यूरोपीय काव्य रूप में देसी गद्य का विधान विरोधाभास भले लगे लेकिन यह त्रिलोचन की काव्य-क्षमता का पर्याय है। 'महाकुम्भ के सॉनेट' में उनका काव्य-व्यक्तित्व सम्पूर्णता के साथ उभरा है। सतुआ-पिसान बाँधकर कुम्भ नहाने आये नर-नारी के अपार जन-समूह को कवि मानव-कानन के रूप में देखता है, "महाकुम्भ में देखा मैंने मानव-कानन/मानचित्र था भारत का रेखांकित आनन।" इसमें जनता 'सहस्त्र शीर्ष पुरुष' की तरह अवतरित हुई है। कवि ने 'देखा शीश झुकाया' और यह मत भी प्रकट किया—"आने दो, यदि महाकुंभ में जन आता है/कुछ तो अपने मन का परिवर्तन पाता है।" लेकिन यह उत्सव शोक-सागर में तब परिणत हो जाता है जब हजारों तीर्थयात्री मर जाते हैं—"लाशों पर चढ़कर मानव आता है"। एक तरफ मरण का भयावह दृश्य दूरी तरफ राष्ट्रपति की शाही सवारी का निकलना कवि को भीतर तक उद्वेलित कर देता है—"लाशों की चर्चा थी, अथवा सन्नाटा था/राज्यपाल ने दावत दी थी, हा-हा-ही-ही।" महाकुम्भ के सॉनेटों में जहाँ एक ओर भारतीय

संस्कृति और परम्परा है तो दूसरी ओर व्यवस्था की वीभत्स विकृति भी है। चिन्ता यह है कि "कब स्वतन्त्र होगी यह जनता टूटी हारी।" त्रिलोचन ने परम्परा की अन्तःसमीक्षा का सबसे प्रखर रूप अगर कहीं प्रकट किया है तो वे महाकुम्भ सम्बन्धी 25 सॉनेट हैं। परम्परा और आधुनिक व्यवस्था के वर्तमान सम्बन्ध पर टिप्पणी की दृष्टि से भी ये प्रशंसनीय हैं।

मानव-हित और सामाजिक प्रतिबद्धता को कविता का मूल्य और आदर्श मानने वाले त्रिलोचन आम आदमी के कवि हैं तो इसलिए कि उनमें सामान्य जन के सुख-दुख के प्रति गहरी पीड़ा और संवेदना है। वे मानव-मुक्ति के आकांक्षी हैं। ऐसी भारतीय परम्परा के ध्वजवाहक हैं जिसका उद्देश्य मनुष्य और मनुष्यता को बचाये रखना है।

गिरिजाकुमार माथुर : देह का रस-राग तथा आत्मा का संगीत

उत्तर छायावादी संस्कारों से अपनी काव्य-यात्रा प्रारम्भ करने वाले गिरिजाकुमार माथुर को अगर 'अपनी ही बनाई हुई रचना-परिधियों को तोड़कर नयी अनुभव-भूमियों की तलाश में बाहर आना' ('मैं वक्त के हूँ सामने' का वक्तव्य) अच्छा लगा तो इसलिए कि उन्हें किसी साँचे में ढलना अथवा बने-बनाये मार्ग पर चलना कदापि स्वीकार्य नहीं था। जिस सूक्ष्म, जटिल, द्वन्द्वात्मक प्रक्रिया की टकराहट से कविता का सृजन होता है, वही उनकी नित नवीन भाव-भूमियों की तलाश की पीठिका बनी। सम्भवतः इसीलिए वे सुमित्रानन्दन पन्त की भाँति अपनी काव्य-साधना के पाँच दशकों में उभरने वाले विभिन्न काव्य-आन्दोलनों में सक्रिय रहकर भी अपनी भूमिकाएँ बदलते रहे। रूपवाद, कलावाद, अस्तित्ववाद के तर्क-जाल से मुक्त रहकर उनकी कविता प्रगतिवाद, प्रयोगवाद, नयी कविता तथा नयी गीत-धारा के साथ जुड़ी अवश्य, लेकिन समय के साथ वह बदलती भी रही। उनका यह आत्म-स्वीकार—"जीवन के सुन्दर, मधुर-मांसल, ऊष्म, कमनीय तथा प्रगाढ़ ऐन्द्रिय अनुभवों को व्यक्त करने के लिए मैंने अपनी कविता में अपने समूचे संवेदनात्मक व्यक्तित्व को मुक्त रूप से उड़ेल दिया है। मैंने जीवन की आसक्ति और जीवन का उजास पूरा मुक्त जिया है।" (मुझे और अभी कहना है, पृ. 30)। उसी उन्मुक्तता की ओर संकेत करता है, जहाँ किसी प्रकार का बन्धन स्वीकार्य नहीं होता। चूँकि वे किसी वाद या बन्धन से बँधकर नहीं चले, इसीलिए उन्हें 'आधुनिक युग का वाद मुक्त कवि' कहा जाता है।

गिरिजाकुमार माथुर प्रेम, सौन्दर्य, माधुर्य तथा जीवन-जगत के सरोकारों, विसंगतियों और विडम्बनाओं के कवि हैं, जो उनकी काव्य-यात्रा के विकास के साथ अनिवार्य रूप से जुड़ते चले गये हैं, लेकिन जब उन्हें मात्र देह-रस का कवि कहा गया तो इसका उन्होंने प्रतिवाद किया—"मेरी कविताओं के

बारे में एक बात बार-बार कही जाती है कि मैं मूलतः प्रेम, माधुर्य और सौन्दर्य या रंग, रस, रोमांस और देह-रस का कवि हूँ। लेकिन प्रेम और माधुर्य, संघर्ष और यथार्थ की पहचान मुझे समान रूप से सहज रही है।'' (वही)। उन्होंने यह भी कहा—''मेरी प्रेम और सौन्दर्य सम्बन्धी कविता में रीतिकालीन श्रृंगारिकता, रूप-रसकलशता, रुग्ण विलासिता या मात्र देह-रस नहीं है उसमें परिवार, प्रेम, प्रणय, ममता और स्वस्थ ऊष्मा की अभिव्यक्ति हुई है, जो मनुष्य को शक्ति एवं सामर्थ्य देता है'' (वही)। इससे यह निष्कर्ष निकालना कठिन नहीं है कि गिरिजाकुमार माथुर की कविता दो राहों पर गतिमान रही है। पहला पथ प्रेम, सौन्दर्य, माधुर्य यानी देह-रस और राग का है तो दूसरा पथ जीवन-जगत सम्बन्धी विभिन्न सरोकारों का है। एक में जहाँ निजता और व्यक्तिनिष्ठता का समावेश है तो दूसरे में जन-जीवन और सामाजिकता का। जहाँ उन्होंने अपने ढंग से स्वाधीन जीवन जिया, वहीं जगत को उसकी समग्रता में पहचानने की कोशिश की। यही कारण है कि उनकी कविता में ग्रामीण जीवन से लेकर आधुनिकता और वैज्ञानिकता के बीच एक व्यापक विश्व-दृष्टि का परिष्कृत भाव-बोध मिलता है। आत्म-साक्षात्कार और आत्मान्वेषण की प्रवृत्ति मिलती है। काल-बोध की जटिलता को समझने का प्रयास मिलता है। व्यक्तिगत आनन्द या सन्ताप को स्वर देने के साथ ही सामयिक जीवन की धड़कनों की अभिव्यक्ति का संकल्प मिलता है। जीवन और मृत्यु के बीच झूलते आसन्न मृत्यु के अनुभवों की अन्तर्भूमि मिलती है। कहने का अभिप्राय यह है कि जीवन-जगत का हर क्षेत्र उनकी लेखनी का स्पर्श पाकर दीप्तिमान हो उठा है। गिरिजाकुमार माथुर ने यह माना भी है—''जीवन का छोटे से छोटा पक्ष, साधारण से साधारण विषय अब काव्य की गरिमा के अयोग्य नहीं रहा। सधे जमे और एक परिचित दायरे में घूमने वाले प्रतीक उपमानों के स्थान पर वस्तु-जगत के समस्त क्रियाकलापों को उसने अपनी वर्द्धमान उँगलियों से छूकर उन्हें ग्रहण किया है। मानसिक जगत की अनेक सूक्ष्म प्रक्रियाओं के परदे उठाये हैं।'' (धूप के धान, निवेदनम)। यह कहने की आवश्यकता नहीं है कि माथुर जी ने कथ्य की अपेक्षा कथन पर अधिक ध्यान दिया और इसीलिए उनका ध्यान रंगों, ध्वनियों और नये प्रयोगों की ओर अधिक रहा है। उन्होंने अनुभूति की प्रामाणिकता और बौद्धिक साक्षात्कार को कवि कर्म के लिए आवश्यक माना। उनका यह भी कहना था कि यदि लेखक किन्हीं साहित्येतर दबावों में आकर स्वानुभव साक्ष्य-विहीन सत्य को स्वीकार करता है तो वह कविता नहीं है।

'आधुनिकता को वैज्ञानिक प्रक्रिया से उद्भूत मूल्य दृष्टि' मानने वाले गिरिजाकुमार माथुर की काव्य-चेतना का प्रसार मानवीयता, सामाजिक न्याय और जीवन भविष्य की आस्था तक देखा जा सकता है। उन्होंने मनुष्यता के अनन्त आयामों को उद्घाटित कर कविता को संवेदनीय बनाने की आवश्यकता पर जोर दिया है। मनुष्यता क्या है और इसे किस प्रकार सुरक्षित/संरक्षित रखा जा सकता है, इस पर उन्होंने विस्तार से विचार किया है। उन्हें इस बात का दुख रहा है–"आज हमें चारों ओर मानवता की आवाज उठती सुनाई देती है। प्रत्येक मतवाद मानवता की बात करता दिखाई पड़ता है। मानवीयता और मानवीय मूल्यों की तरह-तरह की परिभाषाएँ दी गयी हैं और दी जा रही हैं। इन परिभाषाओं में एक-दूसरे से कोई साम्य नहीं है। प्रत्येक पक्ष मानवता की एक विभिन्न और विचित्र कसौटी बतलाता है...आज मानवता के कल्याण के नाम पर विग्रह, रक्तपात, शीतयुद्ध और महायुद्ध रचाये जाते हैं और अणुयुद्ध की भीषण तैयारियाँ की जाती हैं। पहले ईश्वर की अमूर्त भावना के नाम पर मानवता का खून बहाया जाता था, आज मानवता के रहस्यपूर्ण नाम पर मानवता का खून बहाया जाता है।" (धूप के धान, निवेदनम)। इसलिए वे जुल्म के संसार से लड़ने के लिए काफी व्यग्र हैं, क्योंकि, "जब जगत को चाहिए फुलवारियाँ/हो रहीं तब युद्ध की तैयारियाँ। फिर धरा-सीता सताई जा रही/फिर असुर संस्कृति जमाई जा रही।" (वही, पृ. 86) किन्तु अन्याय, अत्याचार, कुटिलता, धूर्तता और त्रास के क्षणों में उन्हें सत्य और शिव पर जो विश्वास उभरता है, उससे जनकल्याण की आशा बँधती है–

"विश्व में जब कुटिलता है, त्रास है
सत्य शिव का तब हमें विश्वास है
और है विश्वास जन कल्याण का
रंग, रस का, त्याग का, बलिदान का।"

(वही, पृ. 87)

मानवीय-संवेदना, स्वाधीन चेतना, अकुण्ठ रागात्मकता, प्रकृति के प्रति सहृदयता, सौन्दर्य की कमनीयता, देह-रस, जिजीविषा, शोषितों, वंचितों के साथ सहानुभूति, विसंगति और विडम्बना का उद्घाटन आदि अनेक भाव-भूमियों पर सृजन रत गिरिजाकुमार माथुर की कविता के विविध-रंगों में सर्वाधिक चटख रंग प्रेम सौन्दर्य तथा देह-रस का है। आत्म-संघर्ष, आत्म-साक्षात्कार और मशीनी युग की वेदना में सिसकती मानवता की त्रासद गाथा के क्षणों में भी कवि ने प्रेम और सौन्दर्य के प्रति अपनी ललक कहीं कम नहीं होने

दी है काव्य-जगत में उनका प्रवेश ही छायावादी सुकुमारता, भाव-प्रवणता कोमल कल्पना तथा रोमानी, सहृदयता के साथ हुआ। उनका प्रथम काव्य-संग्रह 'मंजीर' रागात्मक संवेदना का ही काव्य है। यहाँ प्रेम और सौन्दर्य को देखने की दृष्टि में नवीनता और ताजगी है तो अभिव्यंजना में सहजता और सम्प्रेषणीयता। अन्तरंग अनुभूतियों की रंगीन योजना है तो बिम्बों का टटकापन है। मार्मिकता और संवेदनीयता है तो प्रतीकों की सुष्ठु प्रयोगशीलता भी है। इन्हीं विशेषताओं को लक्षित करते हुए डॉ. नगेन्द्र का कहना है, "इन कविताओं की आधारभूत अनुभूतियाँ अत्यन्त सूक्ष्म और परिष्कृत होते हुए भी मूर्त और मांसल हैं। उनमें एक ओर छायावाद की अतीन्द्रिय शृंगार भावना का अभाव है और दूसरी ओर प्रगतिवाद की अनगढ़ स्थूलता भी नहीं है। रूप और रस के मांसल स्पर्श परिष्कृत कल्पना के संसर्ग से अत्यन्त रमणीय बन गये हैं। यह शृंगार न तो भूखे तन और न भूखे मन का आहार है और न किसी अदृश्य आलम्बन के साथ कल्पना विहार है। कवि ने जीवन की मधुर भावना को बड़े ही हल्के हाथों से, किन्तु पूरी गहराई के साथ बिम्बित करने का सफल प्रयत्न किया है।" (आधुनिक हिन्दी कविता की मुख्य प्रवृत्तियाँ, पृ. 134)। इस बात की पुष्टि माथुर जी की इन काव्य पंक्तियों–'अभी तो झूम रही है रात', 'रानी तुम बनकर आयी थीं/प्रथम दूज मेरे जीवन की', 'बड़ा काजल आँजा है आज/भरी आँखों में हल्की लाज', 'प्यार भरे पंछी से बैठे/गाल से गाल मिलाये', 'प्यार भी डूबेगा गोरी सी बाँहों में', 'प्यार बड़ा निष्ठुर था मेरा', 'विदा समय क्यों भरे नयन हैं', 'पूनो निकल गयी सूनी', से होती है। उनमें प्रेम और सौन्दर्य की सूक्ष्म तथा मांसल संवेदनाओं को खुलकर प्रकट होने का अवसर मिला है। इनमें सतरंगे स्वप्न हैं, इन्द्रियजन्य सौन्दर्य है, यौन आकर्षण और आसक्ति है। इसीलिए मधुर मिलन के लिए लालायित कवि का सूना-सा जीवन गीत बनकर बिखर जाने के लिए उत्सुक है–

"प्राणों की वंशी के ऊपर
है मूक पड़ी सोती गुंजन
प्रिय इसको छेड़ जगाने में
बीतेगा यह छोटा जीवन
मेरी सूनी-सी लघु पुकार
चिर रूप-राशि का आवाहन
करुणा की कम्पित सरगम पर
बसता मेरा उन्मन गायन

तुम चिर मधुरस की चितवन
बन भावों में आज बरस जाना।''

(मंजीर, पृ. 5)

कविता की विकास-यात्रा का साक्षी बनकर माथुर का 'धूप के धान' काव्य-संग्रह जब आया था तब उसमें प्रौढ़ रागात्मकता के दर्शन हुए थे। वहाँ प्रेम जीवन की अनिवार्यता बनकर अधिक भावनात्मक हो उठा है। मांसलता में कमी नहीं आयी है, लेकिन उसकी दृष्टि में बदलाव आया है। आनन्द, उन्माद और मस्ती से थोड़ा ऊपर उठकर वह जीवन-संघर्ष का पाथेय बना है। शक्ति का स्रोत बनकर उभरा है। यही कारण है कि यहाँ आकर कवि अपनी प्रेयसी से उस शक्ति की माँग करने लगा है जिससे वह अन्याय, अत्याचार तथा जीवन की कटु-तिक्त अनुभूतियों से लड़ सके।

''साँस लेने मैं रुकूँ तुम प्यार दो
मन, नयन, तन, अधर की रसधार दो
शक्ति दो मुझको, सलोनी, प्यार से
लड़ सकूँ मैं जुल्म के संसार से।''

(धूप के धान, पृ. 85)

गिरिजाकुमार माथुर की कविताओं में प्रेम की मादकता का अपना एक अलग वैशिष्ट्य है। उसमें अल्हड़पन है। कोमल किशोर भावुकता है। प्रिय से बहुत कुछ पाने की लालसा है। इसीलिए वह अपनी प्रेयसी से कँटीली दृष्टि का रंजित प्यार माँगता है। उसके तन की रसीली ऊष्म-छुवन से ऊर्जा चाहता है। उसकी प्रेयसी कभी आँखों के नीले उपवन में आ विराजती है और कभी जीवन की प्रथम दूज बनकर मूक मिलन की तस्वीरें खींचती है। 'सुन्दर वक्ष का कम्पन' उसे स्पर्श पुलकित करता है तो कभी उसकी देह मदिरा और संजीवनी समान लगती है—

''तुम्हें नहीं मालूम
तुम्हारी देह का कुहकता स्वाद
जो तुम मन के भीतर से उँड़ेल कर
अब तक किसी को दे नहीं पायी
उसमें कितनी शराब है
कितनी ज्यादा संजीवनी
जिसे पाकर उम्र वापस मिल जाती है।''

प्रेम की मांसलता तथा प्रणय की रंगीनी माथुर की कविता में बहुतायत है। प्रणय की मांसल अनुभूति और रात्रि की मधुर स्मृतियों का बड़ा ही सजीव और सप्राण चित्रण उनकी कई कविताओं में हुआ है। आधी रात में प्रणय-क्रीड़ा का मधुर दृश्य 'रेडियम की छाया' कविता में अंकित है—

"उन्हीं रेडियम के अंकों की लघु छाया पर
दो छाँहों का वह चुपचाप मिलन था
उसी रेडियम की हल्की छाया में
चुपके का वह रुका हुआ चुम्बन अंकित था।"

(नाश और निर्माण, पृ. 47)

कवि को उसकी प्रिया 'हृदय के स्वप्निल गगन में' चाँदनी सदृश लगती है। 'प्रिय की एक धुँधली-सी ज्योतिष छाँह' उसे मौन प्रेरणा देती है। सुधि की यामिनी उसे 'नशीले जग' में ले जाती है। 'कोरों की लज्जित चितवन' यादें बनकर उसे सालती हैं। कहने का अभिप्राय यह कि माथुर के यहाँ संयोग और मिलन के चित्र जितनी मधुरता के साथ अंकित हैं, उतनी ही टीस और वेदना उनके वियोग वर्णनों में विद्यमान है। विरहानुभूति के क्षणों में रोमानी ऋतुएँ भी अग्निगर्भा बन जाती हैं। प्रिया का वियोग 'अंगारों की जलन' पैदा करता है। 'सावन की रात' रूप-रंग की प्यास बढ़ाती है। 'भीगा दिन' नींद भरे आलिंगन में चूड़ी खिसकने की याद दिला जाता है। 'गीतों का तरलित मेला' मेहँदी रंजित गोरे हाथ की मादक स्मृति जगाता है। उनकी प्रसिद्ध कविता 'चूड़ी का टुकड़ा' मधुर स्मृतियों को सजीव करने के लिए ही जाना जाता है—

"दूज कोर उस टुकड़े पर
तिरने लगीं तुम्हारी सब लज्जित तस्वीरें
सेज सुनहली/कसे हुए बन्धन में चूड़ी का झर जाना
निकल गयी सपने जैसी वे मीठी रातें,
याद दिलाने रहा/यही छोटा सा टुकड़ा।"

(नाश और निर्माण, पृ. 47)

गिरिजाकुमार माथुर की कविताओं में जहाँ आशा, आकांक्षा, मनोरम-कल्पना, सुमधुर स्वप्न और सुन्दर जीवन के चित्र हैं वहीं उसमें उदासी, थकान, निराशा और अवसरवादी स्थितियाँ भी हैं। उन्होंने निराशा की उस स्थिति का भी वर्णन किया है जिसमें एक योद्धा जिसने कि कभी हार की कल्पना तक नहीं की, उसे हार का मुँह देखने के कारण जीवन में आस्था और विश्वास के प्रति कोई विश्वास ही नहीं रह गया है—"कुछ न पाया जिन्दगी में/

रही साँझ अनाथ/लौट आये युद्ध से हम/हाय खाली हाथ/आज तक मानी नहीं/वह आज मानी हार/एक था विश्वास/वह भी छोड़ता है साथ।'' (एक उठा हुआ हाथ, पृ. 48)। 'नाश और निर्माण' काव्य-संग्रह में थकान, उदासी तथा विगत प्यार की स्मृतियों को सजीव-साकार करने वाली कई कविताएँ हैं। गीतों के राही के पास अब केवल सुधियों का ही पाथेय है—

''बीत गया संगीत प्यार का/रूठ गयी कविता भी मन की
वंशी में अब नींद भरी है/स्वर पर पीत साँझ उतरी है
बुझती जाती गूँज आखिरी/इस उदास वन-पथ के ऊपर
पतझर की छाया गहरी है।''

(नाश और निर्माण, पृ. 44)

साहित्य में प्रेम तरह-तरह से परिभाषित है। कहीं वह 'तलवार की धार पे धावनो है, तो कहीं 'आग के दरिया में डूब कर जाना है।' कहीं उसका मार्ग 'अति सूधो है' तो कहीं उसका 'मार्ग अत्यन्त संकरा है' लेकिन उसके बावजूद भी वह सबके लिए प्राप्तव्य और स्वर्गिक है। गिरिजाकुमार माथुर के लिए प्रेम की तलाश जीवन के सत्य के निकट पहुँचना है। उसका आलोक जीना आसान करता है तथा उसकी सुरभि दिग-दिगन्त व्यापिनी है। कवि इस प्रेम की छाँव में जीवन बिताने के लिए आतुर और उत्सुक है। प्रिया पर छाया बसन्त उसे ताजगी देता है और इसीलिए उसे सम्बोधित कर वह कहता है—''मेरे युवा-आम में नया बौर आया है। खुशबू बहुत है क्योंकि तुमने लगाया है। (छाया मत छूना मन, पृ. 71)। रूप, रस और आनन्द की कल्पना में आकण्ठ डूबा कवि ही यह कह सकता है—

''तुम्हें नहीं मालूम
कि प्यार के लिए कोई उम्र नहीं होती
कोई वक्त, कोई जगह
कोई रोक-टोक नहीं होती।''

तार सप्तक में प्रकाशित गिरिजाकुमार माथुर की 'आज है केसर रंग रँगे वन', 'रुक कर जाती हुई रात', 'चूड़ी का टुकड़ा', 'रेडियम की छाया', 'कुतुब का खँडहर', 'पानी भरे हुए बादल', 'क्वार की दुपहरी', 'भीगा दिन', 'एसोसिएशन विजयदशमी', 'अधूरा गीत', 'बुद्धि', 'नया कवि', 'देह की दूरियाँ', 'बरकुल चिलिका झील', 'दो पाटों की दुनिया', 'असिद्ध की व्यथा', 'छाया मत छूना मन', कविताओं पर रोमानी भाव-बोध तथा छायावादी संस्कारों की छाप होने को लेकर इतना कुछ कहा गया था कि उसकी सफाई माथुर जी

आजीवन देते रहे। उन्होंने बार-बार यह कहा कि इनमें नूतन भाव-बोध, लोक-संवेदना तथा लोक-लय की प्रयोग भंगिमा है। उनकी ये कविताएँ 'मंजीर' तथा 'नाश और निर्माण' काव्य-संग्रहों में संकलित हैं। 'मंजीर' में उस युग की काव्यानुभूतियों का संकेत है। इसमें कहीं अवसाद है, वेदना है, नारी देह की प्यास है, चाँदनी की तड़प है, जौहर की ज्वाला है और कहीं आत्मवेदना का निवेदन है। कहने का अभिप्राय यह कि इसमें जग और जीवन दोनों की अनुभूतियों को प्रकट होने का अवसर मिला है, लेकिन देह रस और राग की अनुभूतियाँ कहीं अधिक हैं। कवि नयन में जीवन के मधुर स्वप्न हैं, नारी देह की चाह है, फूल, चाँदनी, चिड़िया, झुरमुट, वीणा-सितार आदि का नारीमय जगत है। नारी की देह-लय में रंजित प्राचीन राग-रागिनियाँ हैं। कहना न होगा कि छायावाद में नारी को नित नवीन छवियों में अंकित करने की होड़ लगी थी, किन्तु वहाँ अमांसलता और अतीन्द्रियता थी। गिरिजाकुमार माथुर की कविता में मांसलता और ऐन्द्रियता है—

"बड़ा काजल आँजा है आज
भरी आँखों में हल्की लाज
तुम्हारे ही महलों में प्राण
जला क्या दीपक सारी रात
निशा का सा पलकों पर चिह्न
जागती नींद नयन में प्रात।"

सौन्दर्य, प्रेम का आधार है और इसीलिए काव्य में उसे बहुत महत्त्व के साथ उपस्थित किया जाता है। जो क्षण-क्षण नवीनता उत्पन्न करे, वही रूप रमणीय माना गया है। गिरिजाकुमार माथुर के सौन्दर्य-विधान में इसी नवीनता के दर्शन होते हैं। रूप-रंग के स्थूल और सूक्ष्म दोनों विधाओं को अपनी प्रतिभा के सर्वोत्तम से अंकित करने में उनकी कोई बराबरी नहीं है। लोक-प्रचलित उपमानों ने उनके सौन्दर्य-बोध को और अधिक मांसल बना दिया है—

"देह कुसुमित मृणाल
जैसे गेहूँ की बाल
जैसे उचकौहें बौरों से
रोमिल रसाल
किशमिशी चन्द्र लट
कसमसे उर प्रियाल।"

(शिला पंख चमकीले, पृ. 53)

प्रेम और सौन्दर्य के मांसल चित्र माथुर जी की कविताओं में बहुतायत हैं। युवा ग्राम्या तथा नागर-नारी के रूपाकर्षण पर मुग्ध कवि ने जिस बिम्बधर्मिता को अभिव्यक्ति का साधन बनाया है, उस पर कहीं निराला तो कहीं कालिदास का प्रभाव दृष्टिगत होता है। गठीले बदन वाली आधुनिका का यह गत्यात्मक बिम्ब अपनी मनोहरता में बहुत कुछ कहता है—"ये नयी उम्र वाले गठीले बदन/ये नयी काट के अंगवेधी वसन/हर सड़क पर/चटक रंग की बाढ़/बेफिक्र चलती हुई/देहधारी शिखाएँ गरम/फूल की नोक चुभती निकलती हुई"। 'सावन के बादल' शीर्षक गीत में लोक-लय और लोक-संवेदना का चमत्कार अद्भुत है। उपमानों की नवीनता सौन्दर्य छटा बिखेरने में सहायक ही नहीं बल्कि सजीव और साकार करने में भी मददगार है—"काले अगरू-से उठे आज बादल/ये मिट्टी की गन्ध से सौंधी हवाएँ/ये जामुन के रंग-सी नीली घटाएँ/उड़ी आ रही हैं लहर सी फुहारें/उमगते उरज मेघमाती भुजायें/खुली फूल बाहें हटे लाज आँचल/काले अगरू से उठे आज बादल/नहाकर वनस्पति हुई ऋतुमती-सी/नितम्बिनि धरा ज्यों कुँवरि रसवती-सी/नवोढ़ा नदी ने नवल अंग खोले/सजी दीपतन की मिलन आरती-सी।" (धूप के धान, पृ. 37)। 'भीतरी नदी की यात्रा' काव्य-संग्रह की ये पंक्तियाँ 'देखने' और 'छूने' क्रिया की प्रभावाभिव्यंजना में अनुपम हैं—"देखा तुम्हें/मेरी मिट्टी में उठे हरे ज्वार/छुआ तुम्हें/छू गये सब बिजली के खुले तार।" कहना न होगा कि गिरिजाकुमार माथुर देह-राग के कवि हैं। देह को छूना, टटोलना, मसलना और भोगना क्रिया की आवृत्ति उनकी कविताओं में कई जगह है। इसी आधार पर उन्हें 'भागने' नहीं 'भोगने' का कवि भी कहा जाता है। यह अनायास नहीं है कि प्रिया के आने पर कमरे का रंग और आईने का चेहरा बदलता है—

"तुम्हारे आते ही
मेरे कमरे का रंग गोरा हो जाता है
हर आईने का चेहरा
प्यारा हो जाता है
हर चीज पर पड़ता अक्स
तेज हो जाता है
हर मामूली शब्द
मुस्कुराहट बन जाता है।"

जीवन में जिये-भोगे प्यार की काव्यात्मक अनुभूति गिरिजाकुमार माथुर के यहाँ काफी सघन है। कई कविताओं में गदराई गोरी और गठीली देह

की प्यास कवि-मन की बेचैनी का कारण है तो कई कविताओं में प्यार के हर सिंगार के खिले फूल का उल्लास भी है। कहीं हवा में उड़ते रंगीनदार चोबी फेन वाले सपने हैं तो कहीं रंगों से नहाई हुई सीपियों में धुली-नहाई देह की ताजी दमक है। कहीं स्लीवलेस ब्लाउज पहने चाँदनी है तो कहीं नशीले सेक्स रचे नखरे हैं। गोरे कपोल, गोरी चाँदनी, गोरी बाँहें, गोरी हवा, गोरी सुबह-श्याम, गोरी कलाइयाँ उनकी कविताओं में बहुतायत में हैं। जिनसे कवि-मन का गोरे रंग पर फिदा होना सूचित होता है। गोरी कलाइयों में लिपटने की ललक तथा नयनों की नीलिमा में विश्राम करने की तड़प से देह की प्यास ही व्यंजित होती है। माथुर जी की सौन्दर्य-चेतना में देह बहुत बार आती है। नारी-देह के भीतर ताल देती लय को सुनना जीवन को एक नये अर्थ से आपूरित करना है। इसी सन्दर्भ में जीवन की बगिया में फूल खिलते हैं। प्यार की रिमझिमी शाम कौंधती है। याद आती है—जाल के चँदोवे, साड़ी कसी, नीची तंग-सी बाँहों भरी देह और फिर वर्षा धार-धार। विदेश में कवि की स्मृति से उपजा यह गीत भीतर तक भिगोता है—

"फिर घुमड़े वही मेघ, फिर आया याद प्यार
तुम ताजी नयी घटा नील-मोर रंग की
जाल के चँदोवे, साड़ी-कसी, नीची तंग-सी
बाँहों भरी देह थी, पेट्रा की सुगन्ध-सी
नसों की नदियों में घूमी जल तरंग-सी
पहिले रुकी., झिझकीं तुम
फिर टूटे सब कगार
पहले तुम फुहार बनी, फिर वर्षा धार-धार।"

गिरिजाकुमार माथुर की काव्यानुभूति में प्रकृति का एक बड़ा हिस्सा है। उन्होंने वर्ड्सवर्थ की भाँति प्रकृति से संवाद के स्तर तक जुड़ने की कोशिश की है। इसीलिए उनकी कविताओं में प्रकृति के उद्दीपन से लेकर मानवीकरण तथा परिवेश-निरूपण तक के चित्र हैं। 'सावन के बादल', 'शाम की धूप', 'न्यूयॉर्क की एक शाम', 'न्यूयॉर्क में फाल', 'नये साल की साँझ', 'हेमन्ती पूनो', 'चाँदनी गरबा', 'सिन्धु तट की रात' आदि कविताओं में प्रकृति सुन्दरी देह-राग गाती लगती है। लोक-जीवन के साथ प्राकृतिक सौन्दर्य का निरूपण 'ढाकवनी' कविता में हुआ है। यह भवानी प्रसाद मिश्र की 'सतपुड़ा के घने जंगल' की याद दिलाती है। 'धूप का ऊन' रचना में मांसल सौन्दर्य है। 'वसन्त की पहली शाम' में फूले हुए नींबू और रातरानी की महक है।

चाँदनी बासमती चावल की देह के रूप में बिखरी हुई है। वसन्त रस, गन्ध, स्पर्श और स्वर का सर्जक है। गिरिजाकुमार माथुर ने उसे 'पृथ्वी प्रियतम' कहा है। जब वह रंगोत्सव रचाता हुआ सरसों के पीले खेतों पर आता है तब धरती का उत्तरीय मलय पवन सा उड़ने लगता है। कवि 'शरद निहारिका का देह-स्वप्न देखते हुए भी अघाता नहीं है। रात हेमन्त की कविता में देह का रस-राग ही मुखरित हुआ है। हेमन्त की रात का अपने प्रियतम की सेज ऊष्म रखने के लिए कामिनी सी लिपटकर सोने तथा नुकीले वक्ष की छुवन, उकसन, चुभन से उसकी मादकता की तीव्रता अभिव्यंजित है–"कामिनी सी अब लिपट कर सो गयी है/रात यह हेमन्त की/दीप-तन बन ऊष्म करने/सेज अपने कंत की/नयन लालिमा स्नेह दीपित/भुज मिलन तन गन्ध सुरभित/उस नुकीले वक्ष की/वह छुवन, उकसन, चुभन अलसित।" (धूप के धान, पृ. 49)। गिरिजाकुमार माथुर की बिम्बधर्मिता की यह विशेषता है कि कथ्य सहज भाव से प्रकट हो जाता है। खजुराहो पर आधारित कविता का यह बिम्ब इसी बात की पुष्टि करता है–"अनडूबी चाँदनी वाले/अटूट/लय वृत्तों में/तैरती है बोध पार/सन्दली देहें/खुला गोरा देहरस/और एक फूल/एक शिशु/एक कविता/एक और जन्म/अक्षुण्ण अमरता का।" अमरता की यह कल्पना माथुर जी की आत्मा का संगीत बनकर उभरा है।

गिरिजाकुमार माथुर कविता की परती जमीन तोड़कर उस पर नयी काव्य-फसल उगाने वाले कवि हैं। रूप, रस, गन्ध उनकी कविता के प्राणतत्त्व हैं। इनकी अभिव्यक्ति के लिए उनके पास सधी हुई काव्य-भाषा है। लोकलय के साथ नवीन उपमान विधान है। देह का रस-राग है तथा आत्मा का संगीत है।

नरेश मेहता : मानवीय औदात्य का आलोक पर्व

स्थायी महत्त्व की रचना देने में वही सफल होता है, जिसकी चेतना उदात्त हो तथा जिसमें विचारों की भव्यता और भावों की उत्कृष्टता का समावेश हो। कहना न होगा कि नरेश मेहता इसी कोटि के कवि हैं। उनकी काव्य-चेतना मानव जीवन की उदात्तता, विराटता, भव्यता, सौन्दर्यवादिता और चिरानन्द को अपना लक्ष्य बनाकर निरन्तर ऊर्ध्व पथ पर अग्रसर होती रही है। ऊर्ध्व की आरोहण यात्रा में उसे वैष्णवी उत्सवता का अनुभव भी होता रहा है, लेकिन इस प्रक्रिया में उसे कहाँ-कहाँ से होकर गुजरना पड़ा है, इसकी झलक 'आविर्भाव' शीर्षक कविता में देखी जा सकती है—"कविता की अभिव्यक्ति के लिए देखने के स्तर पर फूल, सुनने के स्तर पर वाद्य, स्पर्श के क्षितिज पर देह, स्वाद की पहुँच पर एक फल, घ्राण के व्यास पर एक सुगन्ध और स्मरणाकाश पर कुछ बीते पल, न जाने कहाँ-कहाँ भटकना पड़ता है और इस भटकन के उपरान्त कविता का आविर्भाव होता है—अर्थात् काव्य के आविर्भाव के लिए कवि को मनुष्य की उन सारी इन्द्रियों की उदात्तताओं से जाना पड़ता है, जहाँ उसे एक पावनता और विराटता के दर्शन होते हैं।" इसी जमीन पर खड़ा होकर नरेश मेहता यह मानते हैं कि—"काव्य मानवीय औदात्य की अभिव्यक्ति है। कैसा ही काव्य हो, वह अनिवार्यतः मानव की महिमा का बोध कराता है।" (काव्य का वैष्णव व्यक्तित्व, पृ. 19)। उनकी दृष्टि में यही काव्य का प्रयोजन भी है—"काव्य का अन्तिम प्रयोजन अनिवार्यतः मानवीय मुक्तता या उदात्तता की प्रतीति ही होगा। चाहे वह रचना मन्त्र, श्लोक, स्रोत, प्रार्थना, कीर्तन, बानी, गीत या महाकाव्य कुछ भी क्यों न हो। चाहे वह रचना आदर्शात्मक हो—रामायण की भाँति या यथार्थवादी हो महाभारत की भाँति, अगत्या उदात्त की पीठिका पर ही प्रस्थापित होती है।" (वही) कहना न होगा कि इसी उदात्तता को जगाये रखने का संकल्प लेकर नरेश मेहता काव्य-सृजन में प्रवृत्त हुए हैं, तभी तो उन्होंने राम के मुख से

यह कहलवाया है—"मानव में श्रेष्ठ जो बिराजा है/उसको ही/हाँ उसको ही जगाना चाहता रहा हूँ बन्धु।" (संशय की एक रात, पृ. 88)। इतना ही नहीं, उनके युधिष्ठिर राम से भी आगे निकलकर मनुष्य में अन्तर्निहित देवत्व के जाग्रत होने तक प्रतीक्षा करने की कामना ही कर डालते हैं—"मुझे मनुष्य में बिराजे देवता में/सदा विश्वास रहा है/इस देवता के जाग्रत होने की प्रतीक्षा में/मैं अनन्तकाल तक प्रतीक्षा कर सकता हूँ भीम।" (महाप्रस्थान, पृ. 82)। जाहिर है, चिन्तन की यह विराटता न केवल मनुष्य को मनुष्य बनायेगी बल्कि कविता को भी श्रेष्ठता से अभिमंडित करेगी और इस तरह औदात्य का जो आलोक पर्व सृजित होगा, उसमें मानव महिमा का जयघोष ही सुनाई पड़ेगा—

"किसी भी मन्त्र को सूँघो
किसी भी स्रोत को छुओ
मानुष की गन्ध और जयकार दिखाई देगी।
मनुष्य होने का अर्थ ही है
एक उत्सव
एक रास का आरात्रिक सम्पन्न होना।"

(उत्सवा, पृ. 55)

नयी कविता के आन्दोलन काल में मानव व्यक्तित्व की प्रतिष्ठा का प्रश्न सर्वाधिक मुखरित रहा। उसमें 'नया मनुष्य' (डॉ. जगदीश गुप्त) बनाम 'लघु मानव' (लक्ष्मीकान्त वर्मा) की प्रतिष्ठा को लेकर काफी वाद-विवाद चला। तीखी प्रतिक्रियाओं का घटाटोप भी रहा, लेकिन उसी काल में सृजनरत नरेश मेहता ने मानव को एक अलग ही भूमि पर प्रतिष्ठित करने का प्रयत्न किया। उन्होंने उसे जो महिमा और गरिमा प्रदान की वह नयी काव्य-धारा के कवियों की परिकल्पना से काफी दूर की कौड़ी थी। एक अलग पथ पर गतिशील मेहता जी में मनुष्य की साधारणता में विराटता को खोजने और पाने की उत्सुकता और संकल्प का भाव अधिक प्रबल था। उनकी काव्य-यात्रा की दिशा लघुता से महानता की ओर ही नहीं मनुष्य से देवत्व की ओर रही है। उनका मानना है कि—"मिट्टी प्रतिभा बनती ही तब है/जब वह धरती पर आकाश का प्रतिनिधित्व करती है/मनुष्य देवता बनता ही तब है/जब वह व्यक्ति का नहीं वैराट्य का प्रतीक होता है।" (अरण्या, पृ. 39) चूँकि कवि मनुष्य में देवत्व की प्रतिष्ठा का आग्रही है। राम में रामत्व की कल्पना की साकारता का पक्षधर है। इसलिए वह उन सम्भावनाओं की तलाश करता है, जिससे मनुष्य मनुष्यत्व का मूर्तिमान छन्द बन सकता है। उसे सर्वाधिक सम्भावना कविता में दिखाई देती है।

कविता से बड़ी कोई आश्वस्ति होती भी नहीं, इसीलिए वह छन्द व्यक्तित्व के भद्र के अवतरण का आग्रह करता है—"ओ छन्द व्यक्तित्व के भद्र! अवतरित होओ/यह काव्य-वेदी ही तुम्हारे विश्वात्मन् को वहन करेगी/और सृष्टि को आश्वस्ति देगी/क्योंकि काव्य से बड़ी कोई आश्वस्ति नहीं होती।" (वही, पृ. 45)। कविता सृष्टि की भाषा है। वह आग्रहों, पोस्टरों और नारों से मुक्त होती है। स्वत्व और वैष्णवता से युक्त कविता मनुष्य मात्र को चैत्य पुरुष बनाती है, विराट बनाती है। वह मन्त्र बनकर देवत्व की स्पृहा जगाती है। इसीलिए वह कवि को साधारण जन की रामायण लगती है—"कविता ज़ब प्रार्थना हो जाती है/कविता जब मनुष्य हो जाती है/तब वह/इस पृथिवी की/साधारण जन की रामायण हो जाती है।" (वही, पृ. 60)। वैसे तो 'इतिहास का अन्त' और 'कविता की मृत्यु' की घोषणा करने वालों को कविता की वापसी संदेहास्पद है लेकिन नरेश मेहता को लगता है कि भागमभाग-आपाधापी, अत्याचार-अनाचार, नृशंसता-अमानवीयता, क्रूरता, हृदयहीनता, कृत्रिम और भयसंकुल वातावरण में कविता ही एक मात्र सहायिका है। संत्रस्त, कुंठित, विडम्बनापूर्ण और असन्तुलित जीवन के लिए कविता ही शब्दास्त्र है। वह इतिहास और राजनीति से दग्ध मनुष्य में पावनता, शीतलता और तेजस्विता का संचार करने की क्षमता से पूर्ण है—इसीलिए मनुष्य की नजर कविता पर है—इतिहास कवि कविता के माध्यम से मनुष्य को मन्त्र देवता बना देना चाहता है—

"इसी प्रकार हम भी तुम्हें
प्रकाश, सुगन्ध और भास्वर वाणी के
अंगराग और अंग वस्त्रों से भूषित कर
मन्त्र देवता बना देना चाहते हैं।"

(वही, पृ. 39)

अनासक्त सर्जना पर मुग्ध नरेश मेहता साधारण से साधारण मनुष्य में भी ऋषित्व देखते हैं। वे उसे अपेक्षित मानने के पक्ष में तो हैं, लेकिन सर्वहारा नहीं क्योंकि असम्पृक्त और अनात्म रचनाकार जिस आनन्द का भोक्ता होता है, वह केवल ऋषि व्यक्तित्व में ही सम्भव है। 'ऋषि व्यक्तित्व' मनुष्यत्व की चरम सम्भावना है। वह प्रकृति से तदाकृत हो नगण्य से नगण्य सत्ता में अंकुरण, प्रस्फुरण और चेतन भाव देख सकता है। धरती पर धन-धान्य का महाकाव्य रचने वाली ऋषि दृष्टि भला सर्वहारा कैसे हो सकती है? मेहता जी 'नहीं है, वह सर्वहारा' शीर्षक कविता में इसी ऋषि व्यक्तित्व का आख्यान प्रस्तुत करते हैं—

"धरती को जो भोजपत्र की गरिमा दे दे
और उस पर सीता-रेखाएँ खींच
विभिन्न बीजाक्षरों में
कहीं गेहूँ की गायत्री
कहीं यव के अनुष्टुप और
कहीं ईख के स्तोत्र लिख
धन धान्य का महाकाव्य रच दे
और तब भी
कहीं रचयिता होने की कोई प्रतीति ही न हो
ऐसा असम्पृक्त
सर्वहारा नहीं हो सकता
हाँ उपेक्षित हो सकता है
पर ऐसी अनात्मता केवल ऋषि में ही सम्भव है।"

(अरण्या, पृ. 21)

व्यक्ति-अस्मिता की प्रतिष्ठा और जीवन की सकल सम्भवा क्षमता का समाकलन तथा निदर्शन मेहता जी का लक्ष्य है। उनका मानना है कि व्यक्ति अपने भीतर की समस्त सम्भावनाओं को तलाशकर तथा उसे अपने अन्तःआलोक से आलोकित कर महान लक्ष्य को प्राप्त कर सकता है। मानव मन का संकल्प, उसकी मेधा, उसकी निष्ठा, उसकी अविचल कर्मशक्ति सब कुछ को सम्भव बना सकती है। कवि का 'शबरी' चरित्र इसका अप्रतिम उदाहरण है। अपने आचरण, व्यवहार, ज्ञान और कर्म साधना से उसने जो ऊर्ध्व आरोहण किया है, जिस उदात्त भूमि पर वह प्रतिष्ठित है, उसे देखकर राम को यह कहना पड़ता है—"शबरी अन्त्यज है तो क्या/वह शक्ति रूप है शूद्रा/है तेज रूप वह केवल/शिव शक्ति रूप है शूद्रा/" इतना ही नहीं वह यह भी प्रमाणित करती है कि जीवन में कुछ भी असम्भव नहीं है—"शूद्रा से शक्ति बनी वह/सम्भव सब कुछ जीवन में।" आज के स्त्री और दलित विमर्श के अतिवादी नारों के बीच शबरी का यह उदात्त चरित्र क्या प्रेरणादायक नहीं है। क्या उसमें स्त्री सशक्तीकरण का सन्देश नहीं है? कवि की मानें तो सामाजिक मूढ़ता, परिवेशगत जड़ता तथा अपने युग के साथ संलापहीनता की स्थिति में व्यक्ति केवल अपने को ही जाग्रत कर सकता है। इसी संघर्ष के माध्यम से 'स्व' 'पर' हो सकता है, व्यक्ति समाज बन सकता है। व्यक्ति-अस्मिता की प्रतिष्ठा का सबसे बड़ा उदाहरण है—

'शबरी' का चरित्र। नगण्य सत्ता दूर्वा की जिजीविषा, तन्मयता, ऊर्ध्वता भी कवि को आकर्षित करती है। वह उसकी पुरुषार्थ-यात्रा, ऊर्ध्वाकुलता तथा प्रतिस्पर्द्धी भावना पर मुग्ध होता हुआ यह सोचने के लिए विवश होता है कि दूर्वा कभी लोटी, पड़ी नहीं होती, सतत ऊर्ध्वमुखी होती है तो आखिर किसलिए! वह कौन-सी अदम्य पिपासा है, जिसके लिए वह वहाँ तक चढ़ती चली जाती है, जहाँ तक धरती का आरोह है–

''पृथिवी के अन्तर को चीरती हुई दूर्वाएँ
प्रकाश-पिपीलिकाओं सी
आदिम अँधेरों और विशाल पेड़ों की
आयुजित जड़ों सी होड़ लेती
ऊपर की ओर
किस उत्कटता से भागी चली जा रही होती हैं।''

(अरण्या, पृ. 30)

'उत्सवा' संग्रह के 'महाभाव' कविता में कवि फिर पूछता है–''पशुप्रिया दुर्वाओं के/ये हरिद्र अंकुर। क्या मात्र पत्तियाँ ही हैं?/क्या इन अपेक्षित घासों को/किसी ऋषि की करुणा ने/कोई अनुष्टुप नहीं सौंपा?/इनमें किसी देवता का वास नहीं लगता?'' (पृ. 42) कवि का आग्रह है–''इन अन्त्यज माटी-मन्त्रों को/एक कवि की दृष्टि से देखो।'' (वही)। यहाँ यह प्रश्न उठना स्वाभाविक है कि कवि-दृष्टि क्या है? कवि क्या दिखाना चाहता है? इसका उत्तर कवि की काव्य प्रयोजनीयता से सम्बद्ध है। कवि-दृष्टि में काव्य का प्रयोजन मानवीय उदात्तता है, जड़ता से ऊर्ध्वत्व की ओर की यात्रा है। कवि यह सन्देश देना चाहता है कि नगण्य सत्ता होकर भी दूर्वादल वाली सारी वानस्पतिकताएँ ऊर्ध्वमुखी होती हैं और उनका ऊर्ध्वआरोहण वैष्णवी उत्सवता लिए होता है। कवि के अनुसार ''व्यक्ति-समर्पण की निष्णात् प्रतिश्रुति वैष्णवता है अर्थात् अनात्म के द्वारा सब कुछ का परित्याग।'' (उत्सवा, पृ. 19) यह अकारण नहीं है कि कवि को नदियाँ मेघों की लिखित गायत्रियों-सी लगती हैं तो दूर्वा कीर्तन पंक्तियों-सी नजर आती है और वृक्ष अपने पुष्पों को अर्पित करता हुआ प्रार्थना गीत लिखता प्रतीत होता है बल्कि यह सृष्टि की त्यागमयी उदारता है–वैष्णवता है–जिसे उनकी अपनी ही चेतना ठीक-ठीक जानती और समझती है।

''अपने में से फूल को जन्म देना
कितना उदात्त होता है

यह केवल वृक्ष जानता है
और फल
वह तो जन्म जन्मान्तरों के पुण्यों का फल है।"

(उत्सवा, पृ. 29)

नरेश मेहता की कवि-दृष्टि प्रकृति के उदात्त रूप पर सर्वाधिक सम्मोहित रही है तो इसलिए कि वहाँ सौन्दर्य है, उल्लास है, निःस्पृह त्याग और अविभाजित दान है। जो जहाँ भी है जिस रूप में है वह सत्य को समर्पित है। समर्पण में लीन है—"पक्षी वनस्पतियों को अपना कलरव राग सौंपते होते हैं, वनस्पतियाँ अपनी सुगन्ध झरनों में प्रवाहित करती हैं, झरने अपने जल की आभा और प्रवाह समस्त जैविकता को दे रहे होते हैं और यह जैविकता, अपनी निगूढ़ सम्पदा का अक्षय कोष घास की उस अनाम पत्ती को सौंप रही होती है, जो गायत्री मन्त्र में प्रकम्पित है।" (उत्सवा, पृ. 25) इसीलिए कवि भी स्वयं को समर्पित करना चाहता है, ताकि वह सार्थकता पा सके, जीवन की धन्यता पा सके—

"मैं अपनी आयु की वानस्पतिक गन्ध
फूल को सौंप देना चाहता हूँ
ताकि वह
मेरे पुण्यों की मयूरपंखी उत्सवता बन
सूर्य के धूप मुकुट की जयकार बने।
इसमें फूल या सूर्य की नहीं
मेरी सार्थकता है—
क्योंकि
फूल मेरी पृथिवी
और सूर्य मेरा आकाश है।"

(उत्सवा, पृ. 44)

फूल कवि की चेतना का एक विविधवर्णी प्रतीक है। कभी वह सावित्री सिद्ध ऋषि की भूमिका में आता है तो कभी मन्त्र बन जाता है और कभी वह एक शब्द नहीं बल्कि सम्पूर्ण भाषा होता है। फूल का खिलना उसकी उत्सव वैष्णवता है तो वही कवि की पूर्णता का द्योतक भी है—"जब भी फूल खिलता है/मुझे पूर्ण करता है।" (उत्सवा, पृ. 52)। फूल पूजा का उपकरण नहीं वह मनुष्य की पूर्णता है। उदारमना वनस्पति ने मनुष्य को पूर्णत्व ही प्रदान किया है। उसने दिया भर है—लिया कुछ नहीं। कवि की दृष्टि में

प्रकृति न केवल प्रकृति है और न मनुष्य केवल मनुष्य बल्कि दोनों में एक प्रकार का तादात्म्य है–दोनों एक दूसरे में प्रतिच्छवित हैं तभी तो कवि जब भी फूल, नदी या आकाश पर कविता लिखता है तो उसे वह मानवीय प्रकरण ही लगता है। अपनी बात को प्रमाणित करने के उद्देश्य से वह कहता है कि "जब भी मनुष्य की आँखों में आँसू होते हैं/मैंने फूल, नदी, आकाश को रोते देखा है।" (अरण्या, पृ. 46) जाहिर है, सर्व चैतन्य प्रकृति में जो हैं वही मानव चेतना में भी है, किन्तु कष्ट इस बात का है कि बौद्धिक व्यापार में व्यस्त मनुष्य प्रकृति के विराट, मधुर, आलोकमय, तरल, विशाल, कोमल, करुण, छन्दमय स्पन्दन का अनुभावन नहीं कर पाता, बल्कि उससे प्रतिद्वन्द्विता करने लग जाता है। प्राकृतिक समरसता और सन्तुलन को नष्ट करने पर उतारू हो जाता है। दोहन और दूषण से वह न केवल प्राकृतिक चैतन्य को क्षति पहुँचाता है बल्कि आत्महन्ता भी बनता है। कवि इस प्रवृत्ति को सृष्टि विरोधी मानकर अपनी जो प्रतिक्रिया व्यक्त करता है, वह उदात्तता की भूमि पर प्रतिष्ठित पर्यावरण संरक्षण की अद्‌भुत कविता का रूप धारण कर लेती है–

"जब भी कोई फूल
पैरों के नीचे आ जाता है
लगता है कोई मन्त्र दब गया है।
चींटी के आहत होते ही
संहिता की हत्या सा लगता है।
मेरे लिए यह पृथिवी
दिशाओं पर जाकर समाप्त हो जाने वाली
मात्र धरती ही नहीं है
वरन् जीव मात्र की कवच
नारायणी है।"

(उत्सवा, पृ. 64)।

इसी भाव भूमि की 'मृत्तिका' कविता में अनन्तरूपा धरती का आख्यान मानव जीवन के लिए प्रेरणास्रोत बनकर प्रस्तुत हुआ है। वह केवल मिट्टी नहीं है, मृत्यु की राख का प्रतीक भर नहीं है, वह जीवनरूपा है। निर्माण में लीन रचना स्वरूपा है। मातृरूपा, प्रियारूपा, प्रजारूपा, आराध्यरूपा आदि नाना रूपों में वह मानव जीवन की चरितार्थता का मांगलिक पर्व है। उसे मनुष्य का पुरुषार्थ प्रिय है, क्योंकि उसी के बल पर वह अपनी सृजनात्मकता को

आकार देती है–संस्कार देती है। मनुष्य जब उसे रौंदता है तब वह मातृरूपा होकर अपना दायित्व निर्वाह करती है–"जब तुम/मुझे पैरों से रौंदते हो/तथा हल के फाल से विदीर्ण करते हो/तब मैं/धन-धान्य बनकर मातृरूपा हो जाती हूँ।" (अरण्या, पृ. 43)। इसी तरह वह पुरुष के हाथों का स्पर्श पाकर, चाक पर चढ़कर, कुम्भ-कलश बनकर जल लाती अन्तरंग प्रिया हो जाती है। पुरुषार्थ पराजित हो जाने पर भी अगर मनुष्य उसे पुकारता है तो वह उसके लिए चिन्मयी शक्ति बन जाती है। मनुष्य का पुरुषार्थ उसे देवत्व समान लगता है–तभी तो वह कह उठती है–

"विश्वास करो
यह सबसे बड़ा देवत्व है कि
तुम पुरुषार्थ करते मनुष्य हो
और मैं स्वरूप पाती मृत्तिका।"

(वही, पृ. 44)

पुरुषार्थ कर्माश्रित होता है। कर्म से व्यक्ति पुरुषार्थी बनता है। गीता में कृष्ण ने अर्जुन को कर्म की ही शिक्षा दी है। कर्म मनुष्य को कीर्तिवान, धनवान तथा वसुन्धरा का भोक्ता बनाता है। 'संशय की एक रात' में युद्ध के प्रति अनासक्त और संशयग्रस्त राम को दशरथ की छाया कर्म के लिए प्रेरित करती है... "पुत्र मेरे/संशय या शंका नहीं/कर्म ही उत्तर है/यश जिसकी छाया है/उस कर्म को करो।" (पृ. 54) वह छाया राम से यह भी कहती है–"कीर्ति, यश, धरा, नारी/जय, लक्ष्मी/ये नहीं हैं कृपा/या अनुदान/मेरे पुत्र/भिक्षा से नहीं/वर्चस्व से अर्जित हुए ये आज तक।" (पृ. 46) 'पार्थिव भी पृथ्वी भी' कविता में नरेश मेहता कर्म करते समय धरती को पृथ्वी और पूजा के समय पार्थिव रूप में देखते हैं–"अब कर्म के समय मेरे लिए/यह धरती पृथ्वी है/और पूजा के समय पार्थिव।" इसे 'कर्म ही पूजा' कहा जा सकता है। यह मेहता जी की विराट दृष्टि है, जो इस भूमि को गायत्री रूप में देखती है। वे यह भी कहते हैं कि धरती को कहीं से छुओ तो एक ऋचा की प्रतीति होती है। पेड़ मात्र पेड़ नहीं है बल्कि वह एक वानस्पतिक श्लोक है। श्लोक ही क्यों वह एक सम्पूर्ण उपनिषद है। प्रार्थना विनय पत्रिका है, जो अनाम से अनाम व्यक्ति और घर के भोज-पत्र पर मन्त्र समान अंकित हो जाती है। मन्त्र कर्म-शुद्धि के साधन हैं। मन्त्र केवल ग्रन्थों में ही नहीं होते–फूल भी मन्त्र होता है। वृक्ष जब प्रार्थना करता है तब एक फूल का जन्म होता है–"अपने में से फूल कों जन्म देना/कितना उदात्त होता है/

यह केवल वृक्ष जानता है।" फल वनस्पति की स्वाहावाणी है—उसी तरह जैसे मनुष्य की प्रार्थना/वानस्पतिक वैष्णव गाथाओं का यह पाठ अहोरात्र चलता रहता है। कवि प्रश्न करता है—"प्रार्थना की इस अनुग्रहता/मन्त्र की इस शक्तिमत्ता को/कभी अपने में अनुभव किया है?/प्रतिदिन के इस नित्य रास का भी साक्षात् नहीं किया होगा-/घास की अनाम से अनाम पत्ती को छूकर देखा है/क्या वह स्पर्श/चरण स्पर्श सा नहीं लगता? धूप में छन्द लिखती सी उड़ती चिड़िया/याद करो किसके प्रसन्न नेत्रों सी लगती है?/केले के पत्ते पर गिरी हुई बूँद/पंचामृत का स्मरण कराती है या नहीं?" (उत्सवा, पृ. 91-92) कवि का मानना है कि प्रभु के वन-विहार में निरन्तर अनुष्ठान चल रहा है जिसे पृथ्वी ही अर्थ और सन्दर्भ देती है। वनस्पतिवस्त्रा पृथ्वी के भागवत पृष्ठों पर लिखे जाने वाले फूलों के मन्त्र से देवता—पुरुष होते हैं और पुरुष, मन्त्र-पुरुष बनते हैं, इसीलिए कवि का आग्रह है—

"किसी दिन
अपने में एक प्रार्थना को जन्म देकर देखो
लगेगा कि
तुम एक राजसूय-यज्ञ सम्पन्न कर रहे हो
और सम्पूर्ण सृष्टि उपहार लिए उपस्थित है।
जिस दिन
तुम्हें पृथ्वी पर प्रार्थना करना आ जायेगा
उस दिन तुम मन्त्र
मन्त्र ही नहीं मन्त्र देवता
मन्त्र देवता ही नहीं मन्त्र पुरुष हो जाओगे।"

(उत्सवा, पृ. 92)।

कविता-कवि-संस्कार की वाहिका होती है। अतः कवि का मानसिक धरातल जितना समुन्नत होगा, उसकी रचना भी उतनी ही उदात्त होगी। धरती को गायत्री, फूल को मन्त्र, वनस्पतियों को उदारमना तथा पेड़ों को वानस्पतिक श्लोक कहने वाली नरेश मेहता की कवि-दृष्टि कितनी व्यापक और विशाल है—इसका अनुमान लगाना कठिन नहीं है। उनकी यह दृष्टि उदात्त मानसिकता की उपज है, जो मनुष्य को वैष्णवी और औपनिषदिक भावभूमि पर विराजमान देखना चाहती है। इसके लिए वह प्रकृति और मनुष्य के बीच सन्तुलन-सामरस्य तथा कृतज्ञता का भाव जरूरी समझती है, किन्तु मनुष्य है कि उससे शत्रुता किये बैठा है। कवि पूछता है—"यह कैसी शाश्वत

शत्रुता है तुम्हारी/इस दैवीय सम्पदा के साथ?/इस प्रकृति के साथ? और क्यों?'' (उत्सवा, पृ. 62) इसका उत्तर वह संवेदनहीन अतिशय भौतिकवादी घटाटोप के भीतर पाता है, जहाँ वैयक्तिकता और अमूल्य एकान्तिकता चौराहे की चीज बना दी गयी है। विज्ञापन और सार्वजनिकता उसके आयाम हैं। अर्थलोलुपता तथा भोगनीयता उसके नियामक हैं। ऐसे में कविता, करुणा और उदात्तता का अर्थहीन हो जाना स्वाभाविक है—फिर तो आँखों में हिंसा चमकेगी ही—''काव्य या करुणा/या किसी भी उदात्तता का/तुम्हारे लिए शायद अब कोई अर्थ नहीं रह गया है/प्रत्येक में पदार्थ देखने वाली/तुम्हारी आँखों में/इसीलिए हिंस्रता चमक रही है।'' (वही, पृ. 60) इसका परिणाम यह हुआ कि फूल, हवाएँ और पक्षियों के झुण्ड मनुष्य की आँखों से ओझल हो जाना चाहते हैं, देवदारू और भोज-पत्र मनुष्य के हाथों के स्पर्श से वधिक भाव का अनुभव करते हैं, विवस्त्र होने के भय से नदियाँ जलों के पीताम्बर लिए भागी जा रही हैं, चमकदार पत्थरों के लिए पृथ्वी क्षत-विक्षत और विदीर्ण हो रही है। यही चिन्ता आज के पर्यावरणविदों की भी है, लेकिन उनके विचारों में संवेदना की वह कोमलता नहीं है, जो नरेश मेहता के काव्य चिन्तन में है। कवि अपनी उदात्त चेतना में वन के व्यक्तित्व की आभा पर मुग्ध होता है, उसकी गन्ध को महसूस करता है और इसीलिए लोगों को सावधान करता हुआ कहता है—

''धूप में
यह अनुष्टुप सा खड़ा
फूल नहीं
सावित्री-सिद्ध एक ऋषि है
जो सूर्य की प्रशंसा में
सुगन्ध के मन्त्रों का साक्षात् कर रहा है।''

(उत्सवा, पृ. 90)

भारतीय चिन्तन का केन्द्रीय पक्ष उसकी उदात्तता है, जिसे नरेश मेहता ने प्रकृति के वातायन से देखने, पहचानने का प्रयत्न किया है। हमारे यहाँ सम्पूर्ण प्रकृति देवी-देवता के रूप में समादृत है तो इसलिए कि उसकी दानशीलता के प्रति हमारे मन में कृतज्ञता का भाव रहा है, नाते-रिश्ते के शब्दों से हमने उसे सम्बोधित किया है तो इसलिए कि उसके घनिष्ठ स्नेह के प्रति धन्यवाद का इससे बड़ा कोई विकल्प हमारे पास नहीं रहा है। कृष्ण वैराट्य का संसार-वृक्ष अश्वत्थ मानवीय भाषा का उदात्त सम्बोधन ही तो है। मानवीय स्वत्व ही कल्पतरु बनता है—

"जब हमारे स्वत्व का चन्दन-वृक्ष
पीपल पत्रों सा प्रार्थनामय हो जाता है
तब कोई और नहीं
यह मानवीय स्वत्व ही कल्पतरु होता है।"

(उत्सवा, पृ. 87)

मानवीय स्वत्व में भी समरसता की अपेक्षा रहती है। इसके बिना स्वत्व अहंकार बन जाता है। रचना के लिए स्वत्व अथवा अहं जरूरी होता है, लेकिन अहंकार नहीं। अहं का विलयन रचनात्मकता की अनिवार्य शर्त है, इसीलिए कवि का परामर्श है–

"कभी अपनी वैयक्तिकता को
इतनी विशाल स्वर लिपि में बजने दो बन्धु!
और देखो इस पृथ्वी को स्वर्ग बनाने के लिए
कैसा अनुष्ठान सम्पन्न हो रहा है।"

(उत्सवा, पृ. 58)

भारतीय संस्कृति में सामरस्य की महिमा का गान मिलता है। नरेश मेहता सांस्कृतिक चेतना के कवि हैं। भारतीय संस्कृति के अप्रतिम प्रवक्ता हैं, इसलिए उनके यहाँ व्यक्ति मनस् और समष्टि मनस् में समरसता की सर्वाधिक जोरदार वकालत की गयी है–"चीड़ की परम ऊर्ध्वता के ठीक पदतल में अनाम घास का जो वृक्ष होगा, वह संयोगवशात् नहीं होगा। एक निश्चित प्रयोजन है–सन्तुलन का समरसता का। विपुल की अत्यल्प से, विराट की लघुता से, प्रकाश के अन्धकार से, कठोर की कोमलता से पग-पग पर चूल बैठायी गयी है।...मरुस्थलों में बालुओं की अपार राशि को निरन्तर समतल बनाये रखने का उत्कट कार्य किसी अन्य को न सौंपकर पारदर्शी हवाओं को क्या संयोग से दिया गया है? सृष्टि में मानवीय सभ्यता की औपचारिकता या आडम्बर या मिथ्या भाषा का व्यवहार कहीं नहीं मिलेगा और न कोई असन्तोष। प्रकृति में, सृष्टि में सामरस्य है, प्रतिद्वन्द्विता नहीं।" (उत्सवा-अथातो काव्य जिज्ञासा, पृ. 15)। जड़ चेतन, व्यक्ति-समाज, राजा-प्रजा के बीच समरसता का आयोजन जब कम होने लगता है, तभी विघटन और अव्यवस्था का जन्म होता है। 'महाप्रस्थान' में नरेश मेहता ने व्यक्ति की सत्ता पर समाज और समाज के नाम पर राज्य के वर्चस्व को समरसहीनता का कारण मानते हुए इसे मानवीय स्वत्व और गरिमा के लिए खतरे की घण्टी माना है–

"राज्य के अकूत शक्ति सम्पन्न होने का अर्थ ही है
व्यक्ति का स्वत्वहीन होना!
राज्य की गरिमा को
व्यक्ति की गरिमा को पर्याय होने दो
किसी भी व्यवस्था का व्यक्ति से बड़े हो जाने का अर्थ होगा
अमानवीय तन्त्र।"

(महाप्रस्थान, पृ. 44)

समरस चिन्तन के अभाव में सत्ता के गोमुख पर विराजमान व्यक्ति शक्ति के सम्पूर्ण जल को स्वयं के अभिषेक के लिए संचित और सुरक्षित रखना चाहता है। ऐसी स्थिति में सामान्य मनुष्य का क्या होगा? मानवीयता के लिए समर्पित राम की सबसे बड़ी चिन्ता यही है—"सत्ता के गोमुख पर बैठकर/उसके सारे शक्ति जलों को अपने ही अभिषेक के लिए/सुरक्षित रखना/यह कौनसा दर्शन है लक्ष्मण।" (संशय की एक रात)। इससे असमानता का विस्तार होगा। एक अमीर होगा—दूसरा गरीब। एक राजा होगा—दूसरा प्रजा। एक शोषक होगा—दूसरा शोषित। एक सुखी होगा—दूसरा दुखी। नरेश मेहता मानवीय दुखों के मूल में राज्य और राज्यव्यवस्था को ही जिम्मेदार ठहराते हैं—"सारे मानवीय दुखों का आधार/यह राज्य है/राज्य व्यवस्था है/और राज्य व्यवस्था का दर्शन है" (महाप्रस्थान)। युधिष्ठिर अर्जुन से यह भी कहते हैं कि जब मानवीय स्वत्व अपहृत होता है तब साम्राज्य दीप्तिमान होता है—"विचारहारा साधारण जनों के बारे में सोचो/जो सदा अपमानित होते रहे हैं/जिनके स्वत्व का अपहरण ही/हमारे ये दीप्तित साम्राज्य हैं।" युधिष्ठिर यह भी मानते हैं कि दुर्योधन ही अकेला अहंकारी और अविनयी नहीं था बल्कि व्यवस्था का मुकुट धारण करते ही कोई भी अपने मनुष्यत्व से रहित हो जाता है—"अकेला दुर्योधन ही/दुर्विनीत नहीं था अर्जुन/व्यवस्था का मुकुट धारण करते ही/किसी भी व्यक्ति का/मनुष्यत्व नष्ट हो जाता है।" (महाप्रस्थान, पृ. 123)। मानवीय मूल्यों को पददलित और धूलधूसरित करने के लिए राज्य और राज्य व्यवस्था की निरंकुशता ही काफी है, किन्तु उसमें कठोरता तथा क्रूरता का और समावेश हो जाये तब मानवीयता की क्या दशा होगी—इसकी चिन्ता भी युधिष्ठिर को व्यथित करती है—"आज नहीं तो कल/राजा से अधिक कठोर हो जायेंगे/ये राज्य/और सुदूर भविष्य में/राज्य से भी अधिक अमानवीय हो जायेंगी/ये राज्य व्यवस्थाएँ।" (महाप्रस्थान, पृ. 108) प्रज्ञावान युधिष्ठिर का मानव के भाल पर कलंक कालिमा की भाँति

स्थापित हो रही अमानवीयता के प्रति चिन्तित और विचलित होना स्वाभाविक है। मानवता का रथ जिस अन्धे मार्ग पर बढ़ रहा है—उससे भयावह संकट की स्थिति पैदा हो गयी है। यह संकट युद्ध का है, आतंक और उन्माद का है। मानवीय संस्कृति के लिए इससे बड़ा खतरा और कुछ भी नहीं है। मूल्यान्वेषी युधिष्ठिर यह मानते हैं कि जब सारी मर्यादाएँ नष्ट हो जाती हैं, समाधान के रास्ते बन्द हो जाते हैं, मूल्यों का पतन हो जाता है तब युद्ध होता है—"मूल्य और मानवीय उदात्तताएँ/जब सार्वजनिक जीवन में/हो जाती हैं शेष/तभी होता है युद्ध।" भीषण नर-संहार, अपार जन-धन की क्षति, चीख और चीत्कार के अलावा युद्ध से मिलता क्या है? यह प्रश्न युधिष्ठिर को चिन्तित और विचलित करता है, राम को और कवि नरेश मेहता को भी व्यथित और दुखी करता है। इसीलिए कवि ने राम के मुँह से यह कहलवाया है कि—"मैं सत्य चाहता हूँ/युद्ध से नहीं/खड्ग से भी नहीं/मानव का मानव से सत्य चाहता हूँ।"

नरेश मेहता की रचनाधर्मिता का केन्द्रीय भाव मनुष्य का उत्कर्ष है। उन्हें आशा है कि मानवीय औदात्य का आलोक पर्व अवश्य जगमगायेगा तभी तो उन्होंने कहा है—

"एक दिन मनुष्य सूर्य बनेगा
क्योंकि वह आकाश में पृथिवी का
और पृथिवी पर आकाश का प्रतिनिधि होगा।"

सर्वेश्वर दयाल सक्सेना : सार्थक जिन्दगी की तलाश

एक समर्थ सच्ची आवाज सुनने के आकांक्षी सर्वेश्वर दयाल सक्सेना को लीक पर चलना पसन्द नहीं है तो इसलिए कि उनके चरण न दुर्बल हैं और न हारे हैं बल्कि उन्हें कविता के अनिर्मित पन्थ प्यारे हैं। जाहिर है कविता के अनिर्मित पन्थ का यात्री होने के लिए साहस और संकल्प के साथ नित नवीन दृष्टि का होना अनिवार्य है। पराजय को विजय में बदलने की क्षमता का होना जरूरी है। पैरों तले जमीन न होने पर भी संघर्ष के विष-शृंग चढ़ने का दम-खम होना आवश्यक है। सत्य की चोट की गहराई का अनुमापन और उसे बाँटने का सामर्थ्य वांछित है। कहना न होगा कि सर्वेश्वर दयाल सक्सेना जब अपने को 'नया कवि' के रूप में प्रस्तावित और प्रचारित करते हैं तब वे इन्हीं भूमिकाओं में जी रहे होते हैं—इस उद्देश्य के साथ कि रचना सार्थक जिन्दगी की तलाश है—"जिन्दगी की खोज, जो रचना है/रचना—जो सार्थक करती है।" इसीलिए उनका कवि मर्म सहलाकर व्यथा सुलाने तथा झूठी मुस्कानें बेचने का कार्य नहीं करता, बल्कि जीवन की वास्तविकता को नयी संवेदनशीलता के साथ उजागर करता है। इसके लिए उसके पास लोक की थाती है और आधुनिकता की दृष्टि। इसी बल पर वह कविता का नया मुहावरा गढ़ता है, जहाँ एक खास किस्म की सहजता और लोकभाषा तथा लोकलय का विशिष्ट आकर्षण है। सर्वेश्वर की जनपक्षधरता की मुखरता का एक प्रमुख कारण यह भी है। सामाजिक चेतना और आत्मसंघर्ष के बीच एक तनाव भरा सन्तुलन विकसित करने में भी यह सहायक है। ग्रामीण जीवन से लेकर महानगरीय जीवन और प्राकृतिक वैभव तक के विविध सन्दर्भों में व्यापक जीवन-दर्शन की खोज का माध्यम भी यही है। लोकोन्मुख काव्य भाषा तथा लोक चेतना के अन्तःसम्बन्ध से उपजे और विकसित काव्यानुभवों तथा सामाजिक ईमानदारी को कवि ने जिस प्रकार पाठकों तक पहुँचाया है, उसके आधार पर उसका व्यक्तित्व नयी कविता के कवियों से थोड़ा अलग झलकता है।

जाहिर है नयी कविता पर अति बौद्धिकता तथा जटिलता के कारण सम्प्रेषणहीनता का आरोप लगता रहा है, लेकिन सर्वेश्वर की कविता अपनी सम्प्रेषणीयता के कारण ही अलग से पहचानी जाती है। जन चेतना का पाथेय लेकर अनिर्मित पन्थ पर संकल्प और विश्वास के साथ चलते हुए सर्वेश्वर सार्थक जिन्दगी की तलाश करना चाहते हैं। इसी परिप्रेक्ष्य में उनकी कविता साम्यवाद और पूँजीवाद के शोषण-तन्त्र में पिसती ग्रामीण जनता के जीवन-संघर्ष के ब्योरे के रूप में आती है, किन्तु उसमें गजब की आक्रामकता है—

"साम्यवाद या पूँजीवाद
मैं दोनों पर थूकता हूँ
और पूछता हूँ
जिसके पैर में तुम जूते नहीं दे सकते
उसके हाथ में तुम्हें
बन्दूक देने का क्या अधिकार है?"

सर्वेश्वर की वैचारिकता पर मार्क्स और लोहिया का प्रभाव है, फिर भी वे न तो पूर्णतः मार्क्सवादी हैं और न ही लोहियावादी। उन्हें 'वाद' की पगडंडी पसन्द नहीं है लेकिन ऐसी कोई भी विचारधारा उन्हें स्वीकार्य है जो मानव-हित का पोषण करने वाली हो। स्वतन्त्रता, समानता, सौहार्द, जिजीविषा और मानव मूल्यों के प्रति आस्था तथा विश्वास जगाने वाली हो। यहाँ तक कि रूमानी भाव-बोध से मुक्त हुए बिना भी युग-सन्दर्भों तथा सामयिक जीवन से जुड़ने वाली हो। इस तरह सर्वेश्वर वाद से जुड़कर भी वाद विहीनता के कवि हैं। उनके यहाँ विचारों का संकुचन नहीं, उन्मुक्तता है, लेकिन उसके साथ एक अनिवार्य शर्त यह है कि वह मानव के विरुद्ध कुछ भी स्वीकार करने के लिए तैयार नहीं हैं। उसमें मानव और मानवता के लिए ही जगह है। समाज, धर्म, राजनीति का उद्देश्य अगर मनुष्य का हित-साधन नहीं तो वह कवि के व्यंग्य-विनोद और आक्रोश का कारण है। सर्वेश्वर एक संवेदनशील सचेत कवि हैं और उनकी मूल्य-दृष्टि बहुत गहरी है। मूल्यहीन स्थितियों में नये मूल्यों की प्रतिष्ठा का संकल्प उनकी रचनाधर्मिता का आधार है। अनास्था, पराजय, निराशा और घुटन के स्थान पर आशा, उत्साह, कर्मण्य और सार्थक जीवन जीने की ललक है। संघर्ष के मोर्चे पर भले ही अकेले जूझना पड़े, किन्तु कवि उससे विमुख नहीं होना चाहता। वह उस लड़ाई में शामिल होना चाहता है—"मैं जिन्दा रहना चाहता हूँ।/इसीलिए हर समय/किसी न किसी लड़ाई में शरीक हूँ/लेकिन अपने हर मोर्चे पर अकेला/दूसरों के लिए अधिक

समर्थ/और अपने लिए अधिक सार्थक बनता हुआ।" रवीन्द्रनाथ टैगोर की तरह 'एकला चलो' में विश्वास रखने वाला कभी किसी मोर्चे पर असफल नहीं होता। शुभ-अशुभ, सुन्दर-असुन्दर दोनों रूपों में जीने के प्रति उसकी आस्था उसकी दृष्टि को आधुनिक बनाती है। यही आधुनिक दृष्टि सर्वेश्वर को सबका भार उठाने के लिए कन्धे चौड़े करने का साहस देती है–

"अब मैं सूरज को नहीं डूबने दूँगा
देखो मैंने कन्धे चौड़े कर लिए हैं
मुट्ठियाँ मजबूत कर ली हैं
और ढलान पर एड़ियाँ जमाकर
खड़ा होना मैंने सीख लिया है।"

खड़े होने और लड़ने की सामर्थ्य जिस कवि में होगी वह निश्चित ही व्यवस्था परिवर्तन का आकांक्षी होगा। उसमें हुंकार भरने और ललकारने की ताकत होगी। 'समझौतावाद' शब्द उसके कोश में नहीं होगा। परिस्थितियों का यथातथ्य कथन उसकी कविता की स्वाभाविक विशेषता नहीं होगी। संघर्षशील और जुझारू व्यक्तित्व उसकी कविता की शोभा बनेगा। भूख के खिलाफ मोर्चा खोलने वाला उसकी संवेदनशीलता का प्रथम अधिकारी होगा। सर्वेश्वर की दृष्टि में–"जब भी/भूख से लड़ने/कोई खड़ा हो जाता है/सुन्दर दिखने लगता है।" यहाँ यह ध्यातव्य है कि सर्वेश्वर हिंसा विरोधी हैं किन्तु भूख के खिलाफ गरीबी, अन्याय, अत्याचार और शोषण के खिलाफ लड़ाई आवश्यक ही नहीं मानते, बल्कि उसके प्रति अपनी सम्पूर्ण सहानुभूति और संवेदना के साथ खड़े दिखते हैं। वे उस युद्ध से घृणा करते हैं जो मानव-मानव में विभेद उत्पन्न करता है। भेद-भाव की दीवारों को दृढ़ करती है तथा हृदय को संकुचित और बौद्धिकता के रेगिस्तान को विस्तार देती है–"मैं घृणा करता हूँ उस युद्ध से/जो बेड़ियाँ खोलने की जगह/बेड़ियाँ पहनाता है/दीवारें ढहाने की जगह/दीवारें उठाता है/आदमी के दिल को/मैदानों को छोटा करता है/रेगिस्तानों को बढ़ाता है/" जीवन-सन्दर्भों का व्यापक ग्रहण सर्वेश्वर की काव्य चेतना का अनिवार्य हिस्सा है, लेकिन जीवन जब सीधा सपाट न होकर कृत्रिमता और छल छद्मों से भरा हो तब कवि की बेचैनी देखी जा सकती है। आचरण-विचार की भ्रष्टता, आदर्श-मर्यादा का विखण्डन, कथनी-करनी में अन्तर, साम्प्रदायिकता का जहर, धार्मिक आडम्बर, राजनीतिक षडयन्त्र, सौमनस्य-सौहार्द आदि का विलोप, टूटन, विघटन का व्यापक गहरा बोध तथा उससे मुक्ति की चिन्ता 'मृत नगर' कविता में द्रष्टव्य है–

"आस्था के नाम पर मूर्खता
विवेक के नाम पर कायरता
सफलता के नाम पर नीचता
मुहर की तरह हर व्यक्ति पर लगी हुई है
और एक लाश दूसरी लाश को
इन्हीं साँचों में ढालती जाती है
इस मृत नगर में... ।"

आधुनिकता की चेतना यथार्थ-बोध पर आधारित है। प्रगतिवाद यथार्थ बोध की ही उपज था, लेकिन प्रगतिवादी उस बोध को रचनात्मक स्तर तक ले जाने में असफल रहे। नयी कविता का यथार्थ बोध जीवन-जगत का व्यापक परिप्रेक्ष्य समाहित किये हुए है। अधिक मनुष्य होने का बोध उसे आधुनिक बनाता है। सर्वेश्वर ने अपनी कविताओं में यथार्थ की पहचान को मनुष्य से ही जोड़ा है। जाहिर है "यथार्थ जीवन की वह आस्थामय अनुभूति है जो मानती है कि जीवन निस्सार नहीं, जीने के लिए है, उसे जिया जा सकता है, भोगा जा सकता है और उसके साथ मनुष्य होकर मनुष्य के स्तर पर अनुभूतियों को ग्रहण किया जा सकता है और उनसे ओतप्रोत होकर जीवन की व्यापकता में सौन्दर्य, रस, आनन्द, बोध, अनुबोध के स्तरों को ग्रहण किया जा सकता है। यही नहीं, उन्हें स्वीकार भी किया जा सकता है" (नयी कविता के प्रतिमान, लक्ष्मीकान्त वर्मा, पृ. 103)। सर्वेश्वर ने बोध के स्तर पर उन सभी को अपनी कविता का विषय बनाया है, जो जीवन से किसी न किसी प्रकार जुड़े हुए हो सकते हैं। काव्य-चेतना की यह व्यापकता आलोचना का कारण भी बनी है। वामपन्थी आलोचक नन्दकिशोर नवल ने लिखा है—"जब जीवन के यथार्थ से कवि का गहरा सम्बन्ध नहीं रह जाता तो उसे कविता के लिए विषय नहीं मिलते। अभी सर्वेश्वर ने कोट, स्वेटर, मोजा, दस्ताना, जूता आदि पर कविताएँ लिखी हैं। हम आशा करते हैं कि उनके अगले संग्रहों में हमें छूटे हुए विषयों जैसे पैंट, मफलर, पजामा, टोपी, छड़ी आदि पर भी कविताएँ मिलेंगी।" (शब्द जहाँ सक्रिय हैं, पृ. 144)। काश! नवल जी कवि की उस प्रतिभा को देख पाये होते, जिसमें हर छोटी-बड़ी वस्तु अथवा घटना को कविता में ढाल लेने की सामर्थ्य है। कवि की उस चिन्ता से अपने को जोड़ पाये होते, जिसमें जीवन और समाज को उत्कर्ष पर ले जाने के लिए हर छोटी- बड़ी चीजों को कविता के दायरे में लाये बिना कविता अधूरी है। यह सर्वेश्वर की विशिष्टता ही है, जो उन्होंने अपने को

पाठकीय संवेदना का हिस्सा बनाने के लिए अनेक नवीन बिम्बों का प्रयोग किया है। कोट, दस्ताने, मोजे, स्वेटर, जूता आदि को युग की चुनौतियों का सामना करने के लिए विरोध, विद्रोह तथा क्रान्ति से जोड़कर नवीन बिम्बमाला प्रस्तुत की है। 'खूँटियों पर टँगे लोग' काव्य-संग्रह का शीर्षक जिस कविता से लिया गया है–वह है 'कोट'। कविता का प्रारम्भ ही इस सवाल से होता है–"खूँटी पर कोट की तरह/एक अरसे से मैं टँगा हूँ/कहाँ चला गया/मुझे पहनकर सार्थक करने वाला।" अपनी सीमा और विवशता का संकेत करने के लिए कवि 'मोजे' को भी अपनी कविता का विषय बनाता है–"मोजे की तरह/एक जूते में पड़ा हूँ।" सर्वेश्वर की 'जूता' शीर्षक चार कविताएँ हैं–उनमें भी विवशता का प्रत्यक्ष-परोक्ष बयान है–"तारकोल और बजरी से सना/सड़क पर पड़ा है/एक ऐंठा दुमड़ा बेडौल/जूता।" 'दस्ताने' शीर्षक कविता में हाथों के साथ दस्ताने भी विद्रोह करते हैं–

"हाथ और दस्ताने का
रिश्ता ही ऐसा है
अलग-अलग करके नहीं देख सकते
दोनों ने एक जैसी तकलीफ झेल ली है
उँगलियों के साथ वह भी जला है
कुचला और घायल हुआ है।
तुम सोचते होगे
वह तो सहने के लिए ही बना है
बेजान है, उसकी रगो में खून नहीं है।
लेकिन फिर याद रखो–
अन्याय और यातना की सीमा
जब पार हो जाती है
तो बेजान में ही सबसे पहले जान आती है।"

'गोबरैले' पर कविता लिखने की सामर्थ्य सर्वेश्वर में ही है। गोबरैले की काली चमकदार पीठ और देश के सत्ताधारी बुद्धिजीवी, जननायक, कलाकार सभी की पीठ एक जैसी हो गयी है और ये सभी इस देश में अपना-अपना गोल-मटोल संसार रच रहे हैं–"गोबरैले/काली चमकदार पीठ लिए/गन्दगी से अपनी-अपनी दुनिया रचते/ढकेलते आगे बढ़ रहे हैं/कितने आत्मविश्वास के साथ/जितनी विष्ठा/उतनी निष्ठा।" और इसका परिणाम यह है कि–"गोबरैले चढ़ रहे हैं/गोबरैले बढ़ रहे हैं/और हम सब/गलीज इश्तहारों से लदी/दीवार

की तरह निर्लज्ज खड़े हैं।" युगबोध और सामयिक सन्दर्भ समेटकर सर्वेश्वर किसी पर भी कविता लिख सकते हैं। उस पर हँस सकते हैं और व्यंग्य का प्रहार कर सकते हैं। वे दिलों के अँधेरों को रूपायित करने के लिए काली बकरियों का चित्र उभार सकते हैं—"दिलों का अँधेरा सिकुड़ता-सिकुड़ता/काली बकरियों में बदल गया है/जिनकी पीली आँखों में थिर हैं विराम/जो मौत के पहले मिमियाने को आजाद हैं/और जिनका खून/मन्दिर में रेंगकर कचहरी के अहाते तक/निरन्तर बह आता है और एक बेफरियाद कत्ल की हुई लाश/सँकरी गली में खड़े साँड़ के मुख की खामोशी में/हर बार एक उम्र के लिए जुगाली करती रह जाती है।" ढोंगी, पाखण्डी, चतुर तथा पाशविक सत्ताधारी के आगे आम आदमी का गुस्सा व्यर्थ है क्योंकि उसके पास धन, जन, छल और बुद्धि बल में से कुछ नहीं है। ऐसे में उसका गुस्सा जंगली सूअर का गुस्सा बनकर रह जाता है—"हमारा, तुम्हारा और सबका गुस्सा/जंगली सूअर की तरह तेजी से/सीधे दौड़ता हुआ निकल जायेगा। और उस शिकार का कुछ नहीं बिगाड़ पायेगा/जो पैंतरा बदल लेता है।"

सर्वेश्वर के संवेदन-संसार में यथार्थ अपने वास्तविक रूप में दृश्यमान है। उसमें समसामयिकता का स्पन्दन है। विसंगतियों और विडम्बनाओं का मन्थन है। परिवेश की मूल्यहीनता से उपजा पीड़ा-बोध है। सन्त्रास है, भय है, और आशंका-आक्रोश है। यह ग्रामीण जीवन से लेकर महानगरीय परिवेश तक व्याप्त है। सर्वेश्वर की दो कविताएँ 'इस अपरिचित नगर में तथा इस मृत नगर में' महानगरीय जीवन बोध की कविताएँ हैं, जो नगरीय सभ्यता की चकाचौंध के पीछे का अन्धकार तथा कालीन के नीचे की गर्द-गुबार का अवलोकन कराती हैं। उस सन्त्रास को चित्रित करती हैं, जिसमें रास्ते डायनामाइट से उड़ते दिखाई देते हैं, वातावरण में बारूद की गन्ध मिली होती है। न कोई अपना है न कोई पराया। न कोई विश्वसनीय है न कोई वफादार। इस संवेदनहीन वातावरण में व्यक्ति है कि हँसने, गाने, रोने, चीखने, प्यार करने, गालियाँ देने के बाद हर स्थिति में अपने को पहले जैसा ही पाता है। इस नगर की एक ही विशेषता है—मृत्यु। "यहाँ चलना मृत्यु है/न चलना मृत्यु है/विश्वास मृत्यु है/अविश्वास मृत्यु है/समर्पण मृत्यु है/विद्रोह मृत्यु है/प्यार मृत्यु है/घृणा मृत्यु है/जीना मृत्यु है/न जीना मृत्यु है/इस मृत नगर में।" सर्वेश्वर ने भाव-बोध के अन्य स्तरों के साथ ही साथ अनुभूति की प्रामाणिकता को भी स्वीकार किया है। अभी तक कविता में नैतिक मूल्यों के बचाव के प्रयास में या तो आदर्शों का मुलम्मा चढ़ाकर सृजन कार्य किया जाता रहा है या अनुभूति को

नकली बनाकर। इससे रचना की विश्वसनीयता का संकट उत्पन्न होता रहा है। भोगे हुए यथार्थ के बिना कोई रचना किसी कारणवश भले ही उत्कृष्टता का प्रमाण-पत्र हासिल कर ले, लेकिन उसमें आन्तरिक ताप की कमी रहती है। सर्वेश्वर के यहाँ ऐसा नहीं है। वे देखे-सुने तथा भोगे हुए को ही अपनी कविता का विषय बनाते हैं, जिसमें युगीन समस्याओं की अनदेखी करने का कोई विकल्प नहीं होता। ये विषयवस्तु की निरपेक्षता तोड़ते भी हैं तथा उन सभी छोटी-बड़ी घटनाओं अथवा वस्तुओं को अपनी संवेदना का आकार देते हैं जो अन्य रचनाकारों की दृष्टि में कविता का विषय बनने की पात्रता से वंचित है। 'कुआनो नदी' का निम्नलिखित अंश अपनी सामान्यता में भी एक विशिष्ट कविता का उदाहरण है। यह यथार्थ के ढाँचे में ढलकर जिस संवेदना की प्रतीति कराता है, उस पर कविता लिखना अन्य के लिए शायद ही उपयुक्त विषय साबित हो–

"धूप में शहर की गन्दगी
यहाँ साफ होती है
धोबी कपड़े धोते हैं
आवारा औरतें सिगरेट पीती
गुनगुनाती-लिपटती
अपने ग्राहकों के साथ घूमती हैं।
रात में अक्सर कत्ल होते हैं
लाशें कई-कई दिनों की पायी जाती हैं।
किसी स्त्री का फेंका हुआ
नया जन्मा बच्चा
कभी जिन्दा कभी मरा मिल जाता है।"

मानवीय चेतना को ऊर्जा और ऊष्मा देना कवि-कर्म की जागरूकता और सफलता का प्रमाण है। सर्वेश्वर की वैचारिक बेचैनी इसी की उपज है। उन्हें 'जनता के गूँगेपन की आवाज' बनना पसन्द है तो उसका आधार भी यही है। आक्रोश-विद्रोह और आक्रामकता का कविता में आना उनकी इसी मनोवृत्ति का परिणाम है। यदि उन्हें 'वैचारिक उत्तेजना और प्रतिक्रियाओं का कवि' कहा जाता है अथवा 'समसामयिकता का धनी' बताया जाता है या 'लोक सम्पृक्ति का कवि' अथवा 'व्यंग्यधर्मी रचनाकार' कहा जाता है तो इसके पीछे उनकी वह दृष्टि है, जिसमें मानवीय चेतना को ऊर्जस्वित करने का संकल्प और सन्धान तथा विधान है। इस सन्दर्भ में डॉ. कान्ति कुमार

का यह कथन द्रष्टव्य है–"लोक सम्पृक्ति का आज के सन्दर्भ में अर्थ होता है–प्रजातन्त्र एवं प्रजातन्त्र की सारी विडम्बनाओं का साक्षात्कार। सर्वेश्वर प्रजातन्त्र के सामान्य व्यक्ति की सामान्य चिन्ताओं के कवि हैं। ये चिन्ताएँ कवि को कातर नहीं बनातीं अपितु उसे व्यंग्य करने के लिए बाध्य करती हैं। विशेष उल्लेखनीय बात यह है कि रघुवीर सहाय की भाँति उनका व्यंग्य राजनीतिक नहीं होता न ही भवानी प्रसाद मिश्र की भाँति वह नैतिक होता है। उनके व्यंग्य का आधार शुद्ध मानवीय है।" (नयी कविता, पृ. 109)। जाहिर है मानवीयता की रक्षा में जहाँ कहीं अवरोध है–वहाँ सर्वेश्वर की पैनी दृष्टि सतर्क और सावधान होकर स्थितियों का निरीक्षण-परीक्षण करती है तथा नियन्ताओं और मठाधीशों को लताड़ने की कोई अवसर नहीं छोड़ती है। आज का मनुष्य कृत्रिमता में जी रहा है। उसके आचरण और व्यवहार में समानता का अभाव है। 'परोक्षे कार्यहन्तारं प्रत्यक्षे प्रियवादिनम' उसका स्वभाव बन गया है। सामने मुँह देखी और पीछे भीतरघात करने वाली मनोवृत्ति पर सर्वेश्वर का यह व्यंग्य द्रष्टव्य है–

"व्यंग्य मत बोलो
काटता है जूता तो क्या हुआ
पैर में न सही
सिर पर रख डोलो

भीतर कौन देखता है
बाहर रहो चिकने
यह मत भूलो
यह बाजार है
सभी आये हैं बिकने
राम-राम कहो
और माखन-मिश्री घोलो
व्यंग्य मत बोलो।"

राजनीतिक-सामाजिक व्यथा मूलतः मानवीय दुख-दर्द की भूमिका के रूप में संवेदना बनकर जब आती है तब सर्वेश्वर वहाँ तटस्थ नहीं रहते बल्कि उसमें शामिल होकर अपने पर भी हँसते और व्यंग्य करते हैं–"एक थे हाँ-हाँ/एक थे नहीं-नहीं। जहाँ-जहाँ गया मैं/मिले मुझे वहीं-वहीं।" उन्हें ऐसा करने के लिए जो भाव उकसाता है–वह आत्मनिरीक्षण और आत्मपरीक्षण की दुनिया

से आता है। आत्म परिष्कार उसका मूल उद्देश्य होता है। स्वयं को कठघरे में खड़ा किये बगैर दूसरे को घेरना न उचित होता है और न प्रभावकारी। रोमानी भाव-बोध का कवि जब युग-बोध का साक्षात्कार करता है तब उसकी कविताओं में व्यंग्य की धार और अधिक पैनी हो जाती है। उस व्यंग्य में गुदगुदाने की अपेक्षा चिकोटी काटने और तिलमिला देने की क्षमता होती है। आजादी के बाद की अपरिवर्तित सामाजिक-आर्थिक दशा पर कवि ने काफी कुछ लिखा है। आजादी के इतने वर्ष बीत जाने के बावजूद न गरीबों की हालत सुधरी और न ही सत्ताधारियों/पूँजीपतियों का शोषण रुका। हाशिये का आदमी निरन्तर गरीब हो रहा है तो दूसरी ओर अमीर निरन्तर अमीर। दोनों के बीच की खाई पहले की अपेक्षा और अधिक चौड़ी हुई है। सर्वेश्वर अनुभव करते हैं कि देश की जनता आजादी को पाने और भोगने के बजाय उसे ढो रही है—"लोकतन्त्र को जूते की तरह/लाठी में लटकाये/भागे जा रहे हैं सभी/ सीना फुलाये।" कवि को यह भी लगता है कि लोकतन्त्र अभी शिशु सदृश पालने में है, जबकि जंगली जानवर खून के प्यासे हो रहे हैं—"लोकतन्त्र अभी पालने में है/और लकड़बग्घे अँधेरे जंगलों और बर्फीली घाटियों से/गर्म खून की तलाश में निकल आये हैं।" दहशत और आतंक का साम्राज्य सूचित करने के लिए कवि ने जंगल और जांगलिकता को अनेक कविताओं में चित्रित किया है। उसका मानना है कि "एक तेंदुआ/सारे जंगल को/काले तेंदुए में बदल रहा है।" सर्वेश्वर के यहाँ 'भेड़िया' का प्रतीक अपनी सार्थकता में शोषण, भय और आतंक की कहानी कहता है। मशाल जलाकर भेड़िए को खदेड़े जाने के बावजूद कवि को आशंका है कि "भेड़िये फिर आयेंगे/अचानक/तुममें से ही कोई एक दिन/भेड़िया बन जायेगा/उसका वंश बढ़ने लगेगा।" वंश-वृद्धि की यह चिन्ता कवि के भविष्यद्रष्टा होने की सूचक है। लकड़बग्घा, भेड़िया, सियार, तेंदुआ, बाघ आदि की आवृत्ति जितनी सर्वेश्वर की कविताओं में है, उतनी नयी कविता के अन्य किसी कवि में नहीं है। विसंगति-विडम्बना, तनाव, घुटन-टूटन आदि तो नयी कविता के प्रतिमानों की सिद्धि के आयाम बनकर उभरे हैं, लेकिन जंगल और जानवरों के माध्यम से सर्वेश्वर जो कहना चाहते हैं, उनकी समाई क्या इनमें सम्भव है? और क्या इन औजारों से सर्वेश्वर की कविता सध सकेगी? सत्य तो यह है कि अपने नये प्रयोगों और बिल्कुल टटके उपमानों से सर्वेश्वर की कविता बिल्कुल अलग झलकती है। हिंसक जानवरों के अलावा उनके यहाँ बाज और चील आदि पक्षियों की भी आवृत्ति है—जिनके माध्यम से व्यक्ति के सीधे होने को कोसा गया है—

"फिर एक चील ने मुझ पर
झपट्टा मारा है
मेरा गुनाह इतना है
कि मुझमें गोश्त है
यदि मैं लकड़ी का कुन्दा होता
तो यही चील
आसमान में थक जाने के बाद
मुझ पर बैठ अपने पंख रगड़ती
और उड़ जाती।"

व्यवस्था की लापरवाही तथा समसामयिक राजनीतिक अकर्मण्यता का बिम्ब उनकी 'गरीबी हटाओ' कविता में इस प्रकार उभरा है—"गरीबी हटाओ सुनते ही/वे कब्रिस्तानों की ओर लपके/और मुर्दों पर पड़ी चादरें उतारने लगे/जो गन्दी और पुरानी थीं/फिर वे नयी चादरें लेने चले गये/जब लौटकर आये तो/मुर्दों की जगह गिद्ध बैठे थे।" सर्वेश्वर की कविताओं के मुख्य विषय आम आदमी की पीड़ा और कष्ट ही हैं। इन कविताओं का चरित्र वैचारिक अन्तर्वस्तु को मनोवैज्ञानिक ढंग से प्रस्तुत करता है। 'धीरे-धीरे' 'यह खिड़की', 'स्थिति यही है', 'लोहिया के न रहने पर', 'छीनने आये हैं वे', 'पंचधातु', 'बुद्धिजीवी' आदि कविताओं की सशक्त संवेदना पाठकों को झकझोरती है। हमारे देश में चाहे समाजवाद हो अथवा साम्यवाद अथवा कोई भी वाद आम जनता का भला होने वाला नहीं है। समाजवाद एक भुलावा है। जनता के साथ छल है। कवि उसका पर्दाफाश करता है—"जो भी आयेगा/समाजवाद और समानता के नाम की/ईंटें पकायेगा/मनमाने बेडौल साँचों में/ढालेगा कच्ची मिट्टी/पर बुझा पड़ा रहेगा आँवा/नाम गुलबिया चूत्तर झाँवा।" सर्वेश्वर समाज और जनता से जुड़े हुए कवि हैं, इसलिए उन्हें उनकी हर तकलीफ की जानकारी है। भूखे-नंगे लोगों की दयनीयता और विवशता उन्हें आहत करती है। उन्हें यह मालूम है कि देश की आधी से अधिक आबादी को भोजन और कपड़ा नसीब नहीं है, लेकिन हमारे देश के कर्णधार/नेता झाँकियाँ निकालने में व्यस्त हैं। कवि को यह ढोंग और विश्वासघात लगता है। मरी हुई बात की बदबू से पूरे परिवेश की व्याकुलता तथा सड़ाँध जनित बेचैनी का आभास होता है—"जहाँ मैं खड़ा हूँ/पचास करोड़ आदमी खाली पेट बजाते/ठठरियाँ खड़खड़ाते/हर क्षण मेरे सामने से गुजर जाते हैं/झाँकियाँ निकलती हैं/ढोंग की, विश्वासघात की/बदबू आती है हरबार/एक मरी हुई बात की/"

व्यवस्था परिवर्तन से ही गरीबों की दीनता-हीनता में बदलाव आ सकता है। आडम्बर और ढोंग ढकोसलों का अन्त हो सकता है। अभाव और दुख-दैन्य का नाश हो सकता है, इसीलिए कवि आम आदमी का आह्वान करता है—"एक चिनगारी और/जो खाक कर दे/दुर्नीति को, ढोंगी व्यवस्था को/कायर गति को/मूढ़ मति को/जो मिटा दे दैन्य, शोक, व्याधि।" अंग्रेजों की दासता से मुक्ति के बाद के भारत की जो कल्पना की गयी थी, जो सपना देखा गया था, उसका किला ध्वस्त होना प्रजातन्त्र की असफलता से जुड़ा मामला है। प्रजातन्त्रीय व्यवस्था में चुनाव का विशेष महत्त्व है लेकिन जब वही चुनाव यथास्थितिवाद का पोषण करता हो, बाहुबल तथा धनबल पर हारजीत का समीकरण बनाता हो तब कवि का यह आक्रोश देखने लायक है—"चुन लो/गधे को/या फिर दरियाई घोड़े को/सुअर को/या शृंगालों के जोड़े को/सभी से जंगल आबाद है/आदमी बर्बाद है।" सर्वेश्वर की कविताओं में 'जंगल' शब्द कई बार आया है, जो आम आदमी के सपनों का शत्रु है। उसकी बर्बादी का कारण है। निर्धनता और असहायता का जनक है। 'कुआनो नदी' के किनारे के गाँवों की गरीबी का यह चित्र कितना मार्मिक और कारुणिक है—

"आज भी इसके किनारे के गाँवों में
सिंघाड़ों के तालों में
बड़े-बड़े मटके औंधाये
मैं खटिकों को नंग धडंग पानी में घुसे
सिंघाड़े तोड़ते देखता हूँ
और खटकिनों को तार-तार-कपड़ों में
अपना पुष्ट युवा शरीर लिए
घर-घर हँसी और सिंघाड़े बेचते हुए।"

सर्वेश्वर लोक संवेदना के कवि हैं। 'प्रकृति' और 'लोक' उनकी रचना के सबसे आकर्षक पक्ष हैं। शहराती जीवन की व्यस्तताओं तथा भागमभाग के बीच अगर कहीं लोक अदृश्य होता नजर आता है तो वे यह पूछ बैठते हैं—"सुनो, सुनो/यहीं कहीं एक कच्ची सड़क थी/जो मेरे गाँव को जाती थी/नीम की निबौलियाँ उछालती/आम के टिकोरे झारती/महुआ, इमली और जामुन बीनती।" यह कच्ची सड़क कविमन की सहज-सरल लोक चेतना का प्रतिबिम्बन करती है, जिसे वह ढूँढ़ता-फिरता है किन्तु अब उसके स्थान पर पक्की, विदेशी तारकोल की सड़क बन गयी है। उसके किनारे-किनारे कंक्रीट के जंगल उग आये हैं। यह शहर का गाँव में प्रवेश है जिससे कवि

दुखी और बेचैन है। 'बनजारे का गीत', 'झूले का गीत', 'युग जागरण का गीत', 'सिपाहियों का गीत', 'चुपाई मारौ दुलहिन', 'सावन का गीत' 'आयो महन्त बसन्त', 'जाड़े की धूप', 'मेघ आये' 'गीत' आदि में प्रकृति-संवेदना के सहारे लोकजीवन अपनी सम्पूर्णता के साथ उभरा है, जिसके आधार पर यह कहा जा सकता है कि ग्राम्य-जीवन और संस्कृति का इतना विशद और विश्वसनीय चित्रण कविता में अन्यत्र बहुत कम मिलेगा। 'कुआनो नदी' कविता तो लोकतत्त्व और लोक संस्कृति का खजाना ही है। 'भुजैनियाँ का पोखरा', 'बाँसगाव' 'गरीबी का गीत' आदि कविताएँ भी कवि की लोक संपृक्ति और गहन लोक चिन्तन का प्रमाण हैं। सर्वेश्वर लोक के नाम पर केवल प्रकृति चित्रण भर नहीं करते बल्कि वे लोक में धँस कर उन विशेषताओं को बाहर निकालते हैं जो लोक की थाती हैं। वे लोक-हृदय में गहरे समाये प्रेम, शृंगार, सहज आस्था एवं संघर्ष के भावों को ऊष्मा, ताजगी तथा स्फूर्ति के साथ प्रकट करते हैं। दुखों तथा अभावों से लड़ने वाले ग्रामीणों में साहस और आत्मविश्वास भरते हैं। "तुम धूल हो/जिन्दगी की सीलन से जन्म लो/दीमक बनो, आगे बढ़ो/एक बार रास्ता पहचान लेने पर/तुम्हें/कोई खत्म नहीं कर सकता।" अदम्य जिजीविषा के कवि सर्वेश्वर गरीबी और भुखमरी के विरुद्ध अपनी आवाज बुलन्द करते हुए यहाँ तक कहते हैं कि "दुख तुम्हें क्या तोड़ेगा/तुम दुख को तोड़ दो/केवल अपनी आँखें/औरों के सपनों से जोड़ दो।"

सर्वेश्वर के यहाँ विषय-वस्तु का दुहराव बहुत होने के बावजूद उसका कलात्मक संयोजन उसे नवीन बनाता है। जिन्दगी को केन्द्र में रखकर कई कविताएँ लिखी जाने पर भी हर कविता का टटकापन आस्वादनशीलता में वृद्धि करता है। ऐसा इसलिए सम्भव हो सका है कि सर्वेश्वर जिन्दगी को कल्पना लोक की महिमा से रहित यथार्थ की आँखों से देखने के पक्षपाती हैं। निरीक्षण-परीक्षण की इस प्रक्रिया में जिन्दगी का वैचित्र्य झलक जाना अस्वाभाविक भी नहीं है—"कैसी विचित्र है ये जिन्दगी/जिसे मैं जीता हूँ/एक सड़ा कपड़ा जो फटता जाता है/ज्यूँ ज्यूँ सीता हूँ/जब भी काढ़ने चलता हूँ/कोई सुन्दर फूल/एक पैबन्द लगता हूँ।" कहना न होगा कि जिन्दगी के कपड़े पर सुन्दर फूल काढ़ने की आकांक्षा सर्वेश्वर की काव्य चेतना का महत्त्वपूर्ण हिस्सा है और वही रचनात्मकता को सार्थक करने का आयाम भी है।

महेन्द्र भटनागर : जिजीविषा और जयबोध

अपनी रचनाधर्मिता से प्रगतिशील काव्य-क्षितिज को व्यापकता और विस्तार प्रदान करने वाले महेन्द्र भटनागर संवेदनात्मक चिन्तन और चिन्तनात्मक संवेदना के कवि हैं। इसी प्रवृत्ति ने उनकी कविता को विरोध और संघर्ष तथा जिजीविषा और जयबोध से अनुप्राणित कर एक ऐसे भव्य आलोक का निर्माण किया है, जिसकी आभा काल-प्रवाह में भी धूमिल होने वाली नहीं है। ऐसा इसलिए कि महेन्द्र भटनागर वायवीय पथगामिता के कवि नहीं हैं और न ही कल्पना के पंखों पर नभचारी होने में उनका कोई विश्वास है। जाहिर है जमीन के आधार के बिना रचना में कालजयता का अभाव रहता है। जीवन-जगत से निरपेक्ष रहकर कोई बड़ी रचना न सम्भव होती है और न ही उसका कोई भविष्य होता है। महेन्द्र भटनागर की कविता के पैर जमीन पर हैं और दृष्टि जीवन-जगत के विविध आयामों पर टिकी है। इसीलिए उसमें पाठकों को सहज भाव से आकर्षित करने की क्षमता है। उसमें अनास्था, भय, आतंक और अनाचार के विरुद्ध खड़े होकर आस्था, उल्लास, आशा और विश्वास पैदा करने की सामर्थ्य है। उसका संसार पाठक-मन का संसार है जिसमें वह अपने समस्त सुख-दुख, जय-पराजय, आशा-निराशा, स्वप्न और यथार्थ को उपस्थित पाता है। इसी अर्थ में वह जनता के निकट की कविता है। यहाँ यह ध्यातव्य है कि महेन्द्र भटनागर की कविता यथास्थिति बोध कराकर अपने कर्तव्य की पूर्णता नहीं मान लेती बल्कि साहस, संकल्प, संघर्ष और विरोध के जागरण-भाव से युग-परिवर्तन तथा नव-निर्माण का विधान भी रचती है। यही उनका काव्य-प्रयोजन भी है जिसका उद्‌घोष उन्होंने अपनी 'लेखनी से' शीर्षक कविता में किया है—"लेखनी मेरी!/समय-पट पर चलो/ऐसी कि जिससे/त्रस्त जर्जर विश्व का/फिर से नया निर्माण हो/क्षत, अस्थि-पंजर पस्त-हिम्मत/मनुज की सूखी शिराओं में/रुधिर उत्साह का संचार हो।" उन्होंने लगभग इसी भाव-भूमि पर 'सार्थकता' शीर्षक कविता का प्रणयन भी किया है

जो प्रकारान्तर से कविता की सार्थकता-सिद्धि का प्रयास है–"मुरझाये रोते चेहरों को/मुस्कानें बाँटें/उनके जीवन-पथ पर छितराया/कुहरा छाँटें/रंग दें घनघोर अँधेरे को/जगमग तीव्र उजालों से/त्रासों और अभावों को/निर्मम मारों से/हारों को, लाचारों कों/ढक दें/लद-लद पीले-लाल गुलाबों की/जयमालों से।" (सृजन-यात्रा–पृ. 16)। कहना न होगा कि महेन्द्र भटनागर की छह दशक की अनवरत सृजन यात्रा का यही पाथेय है, जो उन्हें जनधर्मी तथा जीवनधर्मी कवि के रूप में प्रतिष्ठित करता है। परिवर्तन की आकांक्षा का कवि घोषित करता है।

विभिन्न काव्यान्दोलनों के काल में सृजन-रत रहकर भी महेन्द्र भटनागर की उन काव्य-प्रवृत्तियों से निरपेक्षता कविता में उनकी जनपक्षधरता और जीवन धर्मिता को ही पुष्ट करती है। उन्होंने जीवन-जगत को सदैव अपनी काव्य-संवेदना के केन्द्र में रखकर यह प्रमाणित कर दिया कि एक ही पक्ष पर चलकर भी शब्द-साधना को उत्कर्ष तक पहुँचाया जा सकता है। जीवन-जगत के गूढ़ार्थ को जाना जा सकता है–"अर्थ/जीवन का–जगत का/गूढ़ था जो आज तक/अब हम/उसे अच्छी तरह से/हाँ, बहुत अच्छी तरह से/जानते हैं।" (सृजन-यात्रा, पृ. 110)। यह इसलिए सम्भव हुआ कि कवि-मन में जीवन को बहुत नजदीक से देखने की ललक है। उसे विभिन्न कोणों से परखने तथा व्याख्यायित करने की आकांक्षा है। इसी परिप्रेक्ष्य में उसे जिन्दगी कभी एक बेतरतीब सूने बन्द कमरे की तरह लगती है तो कभी धूमकेतु सी अवांछित और जानकी सी त्रस्त–लांछित प्रतीत होती है। वह कभी धूल की परतें लपेटे बदरंग कैनवस महसूस होती है तो कभी हरी पुष्पित वाटिका सदृश लगने लगती है। 'निष्कर्ष' कविता में महेन्द्र भटनागर ने जिन्दगी के यथार्थ को अनेक रूपों में देखा है–

"ज़िन्दगी–वीरान मरघट-सी
ज़िन्दगी–अभिशप्त बोझिल और एकाकी महावट-सी
ज़िन्दगी–जन्मान्तरों के अशुभ पापों का दुखद परिणाम
ज़िन्दगी–दोपहर की चिलचिलाती धूप का अहसास
ज़िन्दगी–कण्ठ-चुभती सूचियों का बोध, तीखी प्यास
ज़िन्दगी–ठहराव, साधनहीन, रिसता घाव
ज़िन्दगी–अनचाहा संन्यास, मात्र तनाव।"

(सृजन यात्रा, पृ. 109)

कवि को जीवन इतना त्रासद और विसंगतिपूर्ण क्यों लगता है? इसका उत्तर जीवन-जगत के नाना व्यापारों, घात-प्रतिघातों, स्वार्थों-संकीर्णताओं, तुच्छता और न्यूनताओं में छिपा है। जीवन-मूल्यों का अधःपतन, नैतिकता का ह्रास, अर्थलोलुपता, कामान्धता, स्वच्छन्दता, समलैंगिकता, नग्नता, फूहड़ता, भ्रष्टाचार, कदाचार, अन्याय, अमानवीयता, साम्प्रदायिकता, बिखरन, भटकाव, आतंक, वैमनस्य, चरित्रहीनता, पौरुषहीनता, नारी की वस्त्रविहीनता आदि का वर्तमान यथार्थ किसी भी संवेदनशील हृदय को दुखी और विचलित करने के लिए पर्याप्त है। महेन्द्र भटनागर का कवि स्वस्थ व्यक्ति और स्वस्थ समाज का आकांक्षी है, लेकिन उसे चारों ओर निराशा, हताशा, अमानवीयता, नृशंसता, क्रूरता, कृत्रिमता एवं अशुचिता दिखाई देती है। कटुता और वैमनस्य दिखाई देता है। स्नेह सौख्य और सौहार्द का अभाव परिलक्षित होता है। आदमी के भीतर की आदमियत का विलोप, लेकिन अभिमान और अहंकार की मौजूदगी दिखाई देती है–

"किन्तु अचरज
आदमी है आदमी से आज सर्वाधिक अरक्षित,
आदमी के मनोविज्ञान से बिल्कुल अपरिचित
भयभीत घातों से परस्पर।
रक्ताक्ष आहत
क्रुद्ध जहरी व्यंग्य बातों से परस्पर
टूट जाता आदमी–
आदमी के क्रूर मर्मान्तक प्रहारों से,
लूट लेता आदमी
आदमी को छल-भरे भावों-विचारों से
आदमी-आदमी से आज कोसों दूर है
आत्मीयता से हीन
बजता खोखला हर कदम सिर्फ गुरूर है।"

(आदमी, खण्ड 3, पृ. 204-205)

महेन्द्र भटनागर की कई कविताएँ मनुष्य के पशु होते जाने की त्रासदी का आख्यान हैं। स्वार्थवृत्ति मनुष्य को पशु बनाती है–(पशु प्रवृत्ति है यही जो आप आप ही चरे/है वही मनुष्य जो मनुष्य के लिए मरे–मैथिलीशरण गुप्त) भूमण्डलीकरण और बाजारवाद के युग में मानव-जीवन शान्तिमय नहीं है। आपाधापी और भागमभाग में मनुष्य के पास सम्बन्धों की उष्णता महसूस करने

के लिए भी समय नहीं रह गया है। आत्मीयता, बन्धुता, स्नेह, मर्यादा, आदर्श और सम्बन्धों की उष्णता पर गाज गिराने में इसने कोई कसर नहीं छोड़ी है। पिता-पुत्र, भाई-बन्धु, पति-पत्नी के सम्बन्धों में बढ़ती दरारें इसका प्रमाण हैं। स्वच्छन्द आचरण सांस्कृतिक और नैतिक मूल्यों की धज्जियाँ उड़ा रहा है। नारी स्वतन्त्रता के नाम पर नग्नता का फूहड़ प्रदर्शन हो रहा है। वृद्धाश्रमों की संख्या में निरन्तर वृद्धि हो रही है। सामूहिकता की जगह एकाकीपन ने ले ली है। ऐसा सामाजिक परिवेश अगर महेन्द्र भटनागर को जंगल सदृश लगता है तो कोई आश्चर्य नहीं है–"मैं/एक वीरान बीहड़ जंगल में रहता हूँ। अहर्निश निपट एकाकीपन की/असह्य पीड़ा सहता हूँ।" (सृजन-यात्रा, पृ. 113) कवि को इस बात का कष्ट और अधिक है कि उसने स्वेच्छया जंगलेदार कठघरे का चुनाव नहीं किया है बल्कि यह सामाजिक परिस्थितियों की उपज है, जिससे जीवन अर्थहीन हो गया है–"मैंने यह यन्त्रणा-गृह/कोई स्वेच्छा से नहीं वरा/मैंने कभी नहीं चाहा/निर्लिप्त निस्संग/जीवन का यह/जंगलेदार कठघरा/जिसमें शंकाओं से भरा/सन्नाटा जगता है/जीना/अर्थहीन अकारण सा लगता है।" (वही)। पशुता अराजक होती है। उसे व्यवस्था से कुछ लेना-देना नहीं होता। वह शुद्ध जांगलिक संस्कृति की पोषिका है। उसमें सहिष्णुता और सह-अस्तित्व के लिए कोई स्थान नहीं रहता। वह मनुष्यता विरोधी संस्कृति है। इसी से यह प्रयत्न होना चाहिए कि मनुष्य पशु न होने पाये। महेन्द्र भटनागर का आग्रह है–

"आदमी को
मत करो मजबूर
इतना कि
बेइन्साफियों को झेलते
वह जानवर बन जाये।"

(सृजन-यात्रा, पृ. 97)

वर्तमान समय में बढ़ती संवेदनहीनता से उपजी अनास्था ने मानव-जीवन के आपसी सम्बन्धों के बीच गहरी खाई खोदने का कार्य किया है। परस्पर भय और आशंका की वृद्धि से आत्मीय सम्बन्धों में गिरावट आ जाना असम्भव नहीं है। कवि को लगता है–"हमारे पारस्परिक सम्बन्धों को/बरसों के पनपते बढ़ते रिश्तों को/निकटता और आत्मीयता को/गलतफहमी/अक्सर पुरजोर झकझोर देती है। तोड़ देती है।" (गलतफहमियों का बोझ, खण्ड-3, पृ. 154)। जहाँ कटुता हो, परस्पर संघर्ष हो, वैमनस्य हो, स्नेह-सौख्य तथा साहार्द्र का अभाव हो, वहाँ जिन्दगी एक अभिशाप बन जाती है–

"जिन्दगी ललक थी, किन्तु भारी जुआ बन गयी
जिन्दगी फलक थी, किन्तु अन्धा कुआँ बन गयी
कल्पनाओं रची, भावनाओं भरी, रूप-श्री
जिन्दगी ग़ज़ल थी, बिफर कर बद्दुआ बन गयी।"

महेन्द्र भटनागर की कविताओं का एक प्रमुख स्वर आशावाद का है, जो जीवन की विसंगतियों/विडम्बनाओं तथा कठिन क्षणों में प्राणवायु का संचार करता है। उनका मानना है कि जीवन में अगर असफलता और हार है तो सफलता और जीत की भी प्रबल सम्भावनाएँ हैं। कंटकाकीर्ण मार्गों की कठिनाइयाँ हैं तो पुष्प सुलभ मृदु पथ की सुकुमारताएँ भी हैं। उनकी कविताएँ बार-बार जिस अँधेरे का त्रासद आख्यान रचती हैं, वही परोसना कवि का उद्देश्य नहीं है। वह अँधेरे से प्रकाश की यात्रा का कवि है। उसका उद्देश्य प्रकाश पर्व का सृजन है, आलोकवाद बनकर सभी को ज्योतित करना है लेकिन प्रकाश अँधेरे के बाद ही अपनी जगमग दुनिया सजाता है। यही कारण है कि महेन्द्र भटनागर की कविताओं में गरीबी है, जहालत है, बेबसी और लाचारी है, हताशा और निराशा है, असफलता और हार है। कविता में इनकी बार-बार आवृत्ति सुन्दर और सुखद जीवन की कल्पना की साकारता की पृष्ठभूमि है। कवि को प्रकाश पर्व की आकांक्षा में अँधेरे की भयावहता का उल्लेख जरूरी लगता है और यही कारण है कि उनके यहाँ दुखों का पहाड़ है, अभावों का मरुस्थल है, द्वन्द्वों का सागर है तथा वीरानियों का जंगल है, लेकिन इनकी आवृत्ति ठीक उसी तरह है जैसे सूर्योदय के पहले की सघन अमावस रात। दुख है तो सुख होगा, यह भारतीय चिन्तन का एक महत्त्वपूर्ण आयाम है। महेन्द्र भटनागर की कविता का यह विश्वास भाव—'जिन्दगी न टूटेगी न बिखरेगी' उसी चिन्तन की उपज है। अँधेरे को ललकारने तथा चुनौती देने का साहस और ऊर्जा कवि को उसी आशावाद से प्राप्त हुआ है। तभी तो वह कहता है—"मनुष्य के भविष्य-पन्थ पर/अपार अन्धकार है/प्रगाढ़ अन्धकार है/न चाँद है, न सूर्य।" इसीलिए "मनुष्य के भविष्य पन्थ पर प्रकाश चाहिए/प्रकाश का प्रवाह चाहिए। हरेक भुरभुरे कगार पर सशक्त बाँध चाहिए/अटल खड़ा रहे मनुष्य/आँधियों के सामने अड़ा रहे मनुष्य/शक्तिवान, वीर्यवान, धैर्यवान/जिन्दगी तबाह हो नहीं/कराह और आह हो नहीं/हँसी, सफेद, दूधिया हँसी/हरेक आदमी के पास हो/सुखी भविष्य की नवीन आस हो।" (वही, पृ. 50)। प्रकाश पर्व के आयोजन हेतु गिड़गिड़ाना अथवा दीन-हीन बनकर याचना करना कवि का स्वभाव नहीं है।

वह ललकारना जानता है, सोये हुए को जगाना जानता है और भाग्य-बल का निर्माण करना जानता है। इसीलिए खण्डित पराजित मनोवृत्ति के लिए दीप्तिमान सूर्य बन जाना उसके व्यक्तित्व का वैशिष्ट्य है—"खण्डित पराजित/जिन्दगी ओ! सिर उठाओ/आ गया हूँ मैं/तुम्हारी जय सदृश/सार्थक सहज विश्वास का हिमवान/अनास्था से भरी/नैराश्य तम खोयी/थकी हत-भाग सूनी/जिन्दगी ओ! सिर उठाओ/और देखो/द्वार दस्तक दे रहा हूँ मैं/तुम्हारे भाग्य-बल का/जगमगाता सूर्य तेजोवान।" (वही, पृ. 43)

मानवीय सम्बन्धों में उदात्तता की प्रतिष्ठा का प्रयास हर रचनाकार करता है। यह महेन्द्र भटनागर की कविता का भी एक वैचारिक पक्ष है। किन्तु मानवीय सम्बन्धों की डोर का निरन्तर कमजोर होना उनके लिए चिन्ताजनक है। परस्पर सम्बन्धों का आधार विश्वास है। वह मनुष्यता की वृद्धि का अन्तरवर्ती सूत्र है। जब विश्वास खण्डित होता है तब मनुष्यता कलंकित होता है। महेन्द्र भटनागर का मानना है कि विश्वास का किला ढहना जीवन की निरर्थकता का आमन्त्रण है—"विश्वास का जब दुर्ग/ढहता है/आदमी लाचार हो/गहनतम वेदना मूक सहता है। तैयार होता है। निरर्थक जिन्दगी/जीने के लिए/प्रतिदिन/कड़वा घूँट पीने के लिए/जीवन शेष दहता है/विश्वास का जब दुर्ग/ढहता है।" (वही, पृ. 86) विश्वास चाहे जिस कारण से भी खण्डित होता हो, वह मनुष्यता को श्रीहत करता है। इसीलिए कवि आलोकवाह बनना चाहता है। प्रज्वलित प्रकाशित दीप बनकर वह प्रत्येक आशंका को विनष्ट और निरस्त करना चाहता है। वह मानव-मन के सभी नकारात्मक सोचों का संहार चाहता है। वह अपनी प्रतिबद्धता इन शब्दों में प्रकट करता है—"प्रतिबद्ध हैं हम/व्यक्ति के मन में उगी-उपजी/निराशा का, हताशा का/कठिन संहार करने के लिए/हर हत हृदय में/प्राणपद उत्साह का संचार करने के लिए।" (वही, पृ.15)।

यों तो हर रचनाकार अपनी रचना में वर्तमान को ओढ़ता-बिछाता है किन्तु महेन्द्र भटनागर की रचनाओं में उनका वर्तमान कुछ अधिक ही मुखरित है। जीवन में प्रविष्ट कृत्रिमता और बनावट को लेकर उन्होंने कई कविताएँ लिखी हैं। उन्हें लगता है कि जीवन में सहजता और सरलता का अभाव हो गया है। मुखौटों में जिन्दगी कालुष्यपूर्ण हो गयी है। मुस्कान भी कृत्रिम है। इसीलिए कहकहों और ठहाकों के लिए आज का आदमी तरस रहा है। महेन्द्र भटनागर की कामना है—"कभी तो ऐसा हो/कि जी सकें हम/जिन्दगी सहज/कृत्रिम मुस्कान का/मुखौटा उतारकर।" (वही, पृ. 99)। झूठ, दम्भ और

प्रवंचना के इस भीषण युग में भी महेन्द्र भटनागर जिन्दगी को गीत बनाने की इच्छा रखते हैं–

> *"गाओ कि जीवन गीत बन जाये!*
> *हर कदम पर आदमी मजबूर है*
> *हर रुपहला प्यार–सपना चूर है*
> *आँसुओं के सिन्धु में डूबा हुआ*
> *आस-सूरज दूर, बेहद दूर है*
> *गाओ कि कण-कण मीत बन जाये।"*

(वही, पृ. 127)

भीड़ तन्त्र का हिस्सा होकर भी आज मनुष्य नितान्त अकेला है। उसके दुखों पर नमक छिड़कने वाले तो हैं, लेकिन मरहम लगाने वाले बिल्कुल नहीं हैं। सहानुभूति और सदाशयता की वर्षा से तन-मन को आप्लावित करने वालों की कमी देखकर ही कवि को यह लिखना पड़ता है–"निपट सूनी अकेली जिन्दगी में/गहरे कूप में बरबस ढकेली जिन्दगी में/निष्ठुर घात–वार–प्रहार झेली जिन्दगी में/कोई तो हमें चाहे, सराहे/किसी की तो मिले। शुभकामना/सद्भावना।" (वही, पृ. 73)। महेन्द्र भटनागर के यहाँ अकेलापन बहुत है। उससे उपजे दुख और संघर्ष की कविताएँ भी काफी संख्या में हैं। घोर उपेक्षा, अपमान और तिरस्कार के क्षणों में सहानुभूति की आकांक्षाओं की भी कमी नहीं है–"जीवन भर रहा अकेला/अनदेखा/सतत उपेक्षित, घोर तिरस्कृत/जीवनभर/अपने बलबूते/झंझावतों का रेला झेला/जीवनभर/जस का तस/ठहरा रहा झमेला/जीवन-भर/असह्य दुख-दर्द सहा।" लेकिन कवि को दुख इस बात का है–"रिसते घावों को/सहलाने वाला/कोई नहीं मिला।" (वही, पृ. 74)। अज्ञेय की एक कविता में कहा गया है कि दुनिया विवशता नहीं कौतूहल खरीदती है। इसमें बहुत सच्चाई है। अगर जीवन में कौतूहल उत्पन्न करने की क्षमता नहीं है तो वह किस तरह अभिशप्त हो जाता है। इसे महेन्द्र भटनागर की कविताओं से समझा जा सकता है। वैसे तो इन्होंने सपाटबयानी में जीवन की विसंगतियों और विडम्बनाओं की परतों को बखूबी उद्घाटित किया है किन्तु आलंकारिक शैली में भी जीवन की रिक्तताओं को प्रकट करने में इनकी सक्षमता देखी जा सकती है–"निरन्तर/जीवन की अभिधा में पलता रहा/लाक्षणिकता के/गूढ़ व्यंजना के/आडम्बर नहीं फैलाये। शायद इसीलिए समाज का मन-रंजन नहीं हुआ। वांछित आवर्जन नहीं हुआ.../अलंकार सज्जित पात्र में/रीतिबद्ध ढंग से/जीवन का रस पीना नहीं आया/मैंने जीवन का व्याकरण

नहीं पढ़ा। शायद इसीलिए/निपुण विदग्धों के समकक्ष/जीना नहीं आया।" (प्रक्रिया, खण्ड-3, पृ. 158-159)। यहाँ अभिव्यक्ति की नकारात्मक शैली में रचना और जीवन दोनों सन्दर्भों में बहुत ही सकारात्मक बातें कही गयी हैं।

जीवन राजनीति, अर्थनीति, समाज और धर्म आदि से अप्रभावित नहीं रह सकता और इसीलिए जीवन का यथार्थ प्रकारान्तर से इनका ही यथार्थ है। महेन्द्र भटनागर की कविताओं में स्वतन्त्रतापूर्व और पश्चात् की राजनीति, समाज, अर्थतन्त्र आदि का यथार्थ चित्रण उनके युगबोध का परिचायक है। स्वतन्त्रता-संघर्ष में गाँधी-नेहरू की भूमिका, आजादी के बाद मोह-भंग की स्थिति, प्रजातन्त्र की विसंगतियाँ, नेताओं का छद्मवेश, अन्याय, अत्याचार और शोषण आदि के प्रति कवि की सजगता उसकी रचनात्मक दृष्टि का खुलासा करती है। पूँजीवाद का शोषणतन्त्र बन्द हो, इस पर कविताएँ लिखने वालों की कमी नहीं है लेकिन महेन्द्र भटनागर की कविताओं में जो तल्खी और ललकार है वह अन्यत्र दुर्लभ है। सफेदपोश नेताओं ने गाँधीजी के नाम का दुरुपयोग कर जनता को कितना ठगा है उसकी एक बानगी यहाँ प्रस्तुत है—"मोटे-मोटे खादीपोश/बदकिरदार व्यापारियों-पूँजीपतियों/मकान मालिकों, कॉलोनीधारियों, वकील नेताओं के मुँह में/यथापूर्व/विराजमान हैं गाँधी/बँगलों और कोठियों में/दीवारों पर टँगे हैं गाँधी/(या सलीब पर लटके हैं गाँधी)/तिकड़मी मस्तिष्क के बद-मिजाज/नये भारत के भाग्य विधाता/'एम्बेसडर' में/धूल उड़ाते/मजलूमों पर थूकते/मानवता को रौंदते/अलमस्त घूमते हैं। किंचित् सुविधाओं के इच्छुक/उनके चरण चूमते हैं। मेरी पूरी पीढ़ी हैरान है/नेतृत्व कितना बेईमान है।" (हमारे इर्द-गिर्द, खण्ड-3, पृ. 143-144)। महेन्द्र भटनागर का एक काव्य-संग्रह ही है 'आहत युग'। इसमें युगीन विसंगतियों को आसानी से देखा जा सकता है। बाहुबलियों ने प्रजातन्त्र का गला घोंट दिया है।

उनके हस्तक्षेप से प्रजातन्त्र प्रजातन्त्र नहीं लगता। महेन्द्र भटनागर कविता लिखते हैं—

"जिसका उपद्रव-मूल्य है
वह पूज्य है!....
जो जितना मुखर और लट्ठ है
जो जितना कडुआ मुखर
और जितना निपट लट्ठ है
उसके पीछे-आगे/दाएँ-बाएँ ठट्ठ हैं!
उतने ही भारी भड़कीले ठट्ठ हैं!

उसका गौरव/अनिर्वचनीय है
उसके बारे में और क्या कथनीय है!"

(प्रजातन्त्र, खण्ड-3, पृ. 223-24)

मात्र विसंगति, विडम्बना, कुरूपता, भयावहता, व्यंग्य-विरोध ने महेन्द्र भटनागर की रचना प्रेरित की है, ऐसी बात नहीं है। उनकी कविताओं में इनकी उपस्थिति इसलिए अधिक है ताकि उन्हें माँज-धोकर, झाड़-पोंछकर (जरूरत पड़े तो हटाकर) स्वस्थ समाज का निर्माण किया जा सके। मानवीय मूल्यों को पुनःप्रतिष्ठित किया जा सके। जहाँ कवि इन विद्रूपताओं से तटस्थ हुआ है वहाँ उसकी सौन्दर्यग्राही दृष्टि प्राकृतिक सौन्दर्य को निरखने-परखने में व्यस्त रही है। जाड़े की धूप, फागुन की मस्ती, सावन की रिमझिम, खेतों-खलिहानों की सुषमा का वर्णन इसीलिए सजीव हो उठा है कि कवि उसमें सराबोर है, आप्लावित है। 'बरखा की रात' शीर्षक कविता उसकी कल्पनाविधायिनी शक्ति का मनोहर प्रदेय है—

"दिशाएँ खो गयीं तम में
धरा का व्योम से चुपचाप आलिंगन
धरा ऐसी कि जिसने नव
सितारों से जड़ित साड़ी उतारी है,
सिहरकर गौर-वर्णी स्वस्थ
बाँहें गोद में अपने पसारी है,
समायी जा रही बनकर
सुहागिन, मुग्ध मन है और बेसुध तन!
कि लहरों के उठे शीतल
उरोजों पर अजाना मन मचलता है,
चतुर्दिक् घुल रहा उन्माद
छवि पर छा रही निश्छल सरलता है,
खिंचे जाते हृदय के तार
अगणित स्वर्ग-सम अविराम आकर्षण।"

(सृजन-यात्रा, पृ. 199)

महेन्द्र भटनागर की सौन्दर्यग्राही दृष्टि नारी और प्रकृति दोनों पर केन्द्रित रही है। सौन्दर्य प्रेम का आधार है। कवि का प्रेम नारी और प्रकृति दोनों पर उमड़ा है। वह मानव-मन की सहज वासना को प्रकृति पर आरोपित कर सुन्दर प्रेम कविता रचने में अत्यन्त निपुण है। 'चाँद' के व्याज से प्रेम

की विविध मनःस्थितियों को उजागर करने में उसकी कलात्मक प्रौढ़ता दर्शनीय है। ऋतु सन्दर्भित कविताओं में रोमांस और आकर्षण की प्रबलता अत्यन्त मनोहारी है। 'शिशिर की रात' कविता में आकाश-धरती का आलिंगनबद्ध हो प्रणय-तार को झंकृत करना मांसल-प्रेम का अनूठा वर्णन है–धरा-आकाश एकाकार आलिंगन/प्रणय के तार पर यौवन भरा गायन/फिसलता नीलवर्णी शून्य में आंचल/शिशिर-ऋतु-राज, राका-रश्मियाँ चंचल।" (खण्ड-2, पृ. 214)। हेमन्ती धूप को कवि प्रिया मान उसकी गोद में सोने की आकांक्षा प्रकट करता है–"प्रिया-सम/गोद में इसकी/चलो, सो जायें/दिन भर के लिए खो जायें/कितनी काम्य/कितनी मोहिनी है। धूप हेमन्ती/कितनी सुखद है। धूप हेमन्ती।" (सृजन-यात्रा, पृ. 205)। केदारनाथ अग्रवाल की 'बासन्ती हवा' की तर्ज पर महेन्द्र भटनागर ने भी बसन्ती हवा को केन्द्र में रखकर 'अनुभूत-अस्पर्शित' शीर्षक कविता का प्रणयन किया है किन्तु अग्रवाल की कविता में बसन्त का उल्लास है, उमंग है और धरती से आकाश तक सभी को आह्लादित करने की कामना है, जबकि महेन्द्र भटनागर की कविता में बसन्ती हवाओं के प्रदेयों का उल्लेख करते हुए यह आग्रह है कि वे कवि के सुनसान वीरान मन को मत छुयें। यहाँ कवि बसन्त के मादक-उन्मादक तथा उल्लास-उमंग भरे वातावरण में फिर अपने अकेलेपन की व्यथा-कथा कहने से मुक्त नहीं हो सका है–"भटकती बहकती बसन्ती हवाओं/मुझे ना डुबाओ/उफनते-उमड़ते/भरे पूरे रस के कुओं में, सरों में/मधुर रास–रज के कुओं में, सरों में/छुओ मत मुझे/इस तरह मत छुओ/ओ बसन्ती हवाओं/दहकती चहकती बसन्ती हवाओं/अभिशप्त यह क्षेत्र वर्जित सदा से/न आओ इधर/यह विवश/एक सुनसान वीरान मन को/समर्पित सदा से।" (वही, पृ. 207) प्रकृति के सुन्दर, रमणीय और मोहक प्रसंगों में कवि का निजत्व अखरता नहीं बल्कि वृहर्त सन्दर्भों में मानव-मन को प्रतिबिम्बित करता है। व्यष्टि, समष्टि से जुड़कर ही कविता को विशिष्ट अर्थ देता है, व्यापकता प्रदान करता है।

जीवन-राग के बिना मानव का अस्तित्व अधूरा है, अपूर्ण है। इसीलिए वह आदिम युग से ही कविता का प्रिय विषय रहा है। महेन्द्र भटनागर की काव्य-चेतना में जीवन-राग के लिए विशेष स्थान है। वह पुनरावृत्ति के रूप में नहीं बल्कि नवीनता के साथ उपस्थित है। जीवन-यात्रा में प्रतिक्षण कुछ न कुछ घटित होता रहता है, लेकिन कवि का मानना है–"सब भूल जाते हैं.../केवल/याद रहते हैं/आत्मीयता से सिक्त/कुछ क्षण राग के/संवेदना अनुभूति/

रिश्तों की दहकती आग के।'' (वही, पृ. 134)। इसीलिए कवि की अभिलाषा है—''उम्र यों ढलती रहे/उर में/धड़कती साँस यह चलती रहे/दोनों हृदय में/स्नेह की बाती लहर बलती रहे/जीवन्त प्राणों में परस्पर/भावना-संवेदना पलती रहे।'' आज 'प्रेम' शब्द का बहुत अपकर्ष हुआ है। कवि केदारनाथ सिंह को यहाँ तक लिखना पड़ा है—''जहाँ लिखा है प्यार/वहाँ लिख दो सड़क/कोई फर्क नहीं पड़ता।'' इसके विपरीत महेन्द्र भटनागर की दृष्टि में—''प्यार है तो जिन्दगी महका/हुआ एक फूल है/अन्यथा हर क्षण हृदय में/तीव्र चुभता शूल है।'' (वही, पृ. 137)। प्रेम के बारे में कहा जाता है कि वह आग का दरिया है जिसमें डूबकर जाना पड़ता है, तलवार की धार पर दौड़ना पड़ता है, वह खाला का घर भी नहीं है। अभिप्राय यह है कि प्रेम का मार्ग सरल नहीं है। लगभग इसी जमीन पर खड़े होकर महेन्द्र भटनागर कहते हैं—

''कह रही है हूक भर यह चातकी
प्रेम का यह पन्थ है कितना कठिन
विश्व बाधक देख पाता है नहीं
शेष रहती भूल जाने की जलन।''

(तुम्हारी याद, खण्ड-1, पृ. 147-148)

तत्त्वचिन्तकों, दार्शनिकों तथा मध्यकालीन भक्त कवियों की भाँति महेन्द्र भटनागर भी मृत्यु के यथार्थ को सबके सामने लाना चाहते हैं। इसीलिए उनके यहाँ मृत्यु बोध की कविताओं की संख्या काफी है। कवि का मानना है—''मृत्यु नहीं होती/तो ईश्वर का भी अस्तित्व नहीं होता/कभी नहीं करता/मानव/प्रारब्धवाद से समझौता।'' (सृजन यात्रा, पृ. 224)। महेन्द्र भटनागर मृत्यु-भय से भयभीत नहीं करते बल्कि निडरता का भाव पैदा करना चाहते हैं। वे मृत्यु को ललकारते नहीं बल्कि प्यार से आमन्त्रित करते दिखाई देते हैं। उसे अपना मित्र बनाने के इच्छुक दीखते हैं। निराला की तरह वे भी मृत्यु को मधुर मानते हैं। यह जानते हुए कि मृत्यु-कर से कोई छूटेगा नहीं। वे मृत्यु पर जीवन-जगत की जीत का गीत गाते हैं—''गाता हूँ/विजय के गीत गाता हूँ/मृत्यु पर/जीवन-जगत की जीत गाता हूँ।''

जीवन-जगत के यथार्थ को साहस और निष्पक्षता के साथ लिखने वाले विरल हैं। महेन्द्र भटनागर प्रत्यक्ष-बोध के कवि हैं। जीवन-जगत की यथार्थ संवेदना के कवि हैं, जिसे वे स्पष्ट रूप से स्वीकारते भी हैं—

''जीवन और जगत जैसा हमको प्रत्यक्ष दिखा
वैसा, हाँ केवल वैसा, हमने निष्पक्ष लिखा।''

रघुवीर सहाय : कविता में समाज और समाज में कविता

जीवन की समग्रता का बोध, मूल्यों के लिए प्रतिबद्धता और संघर्ष, आस्था और करुणा, परम्परा और प्रयोग, सहजता और संश्लिष्टता को कविता में सम्भव करने वाले रघुवीर सहाय अन्तर्विरोधों के सामंजस्य के कवि हैं। उनकी एक निश्चित विचारधारा है लेकिन उसके घेरे में सीमित रहना उनके कवि-स्वभाव के विपरीत है। वस्तुओं के बीच अन्तःसम्बन्ध और द्वन्द्वात्मक चेतना के साथ जीवन की सम्पूर्णता की तलाश उनकी प्रवृत्ति है। इसीलिए जीवन के प्रति अटूट आस्था का स्वर उनकी कविताओं में सर्वाधिक मुखरित है। वे जीवन के प्रति जितना सचेत हैं, उतना ही कविता के प्रति। उनके यहाँ यह सवाल भी है कि 'रचना क्यों की जाये?' और समाधान भी कि ये "मैं मौन रहूँ तो पता नहीं किस अनीति की स्वीकृति दे बैठूँ।" यही कारण है कि वे कविता की चिन्ता लेकर समाज के निकट जाते हैं और समाज की चिन्ता के साथ कविता के निकट आते हैं। इसी सन्दर्भ में डॉ. परमानन्द श्रीवास्तव का कहना है कि रघुवीर सहाय के यहाँ कविता की चिन्ता तथा समाज की चिन्ता परस्पर पर्याय है—"कविता की चिन्ता तथा समाज की चिन्ता वहाँ इस हद तक एक-दूसरे के लिए पर्याय हो चली है कि उन्हें रूपवादी या कलावादी कहकर अलग करना मुश्किल है। यह जरूर है कि रघुवीर सहाय की समाज-चिन्ता के अपने रूप हैं, उसे अनुभव करने या जाँचने की अपनी कसौटी है, उसे व्यक्त करने के अपने ढंग हैं, कभी बहुत सीधे और कभी बेहद जटिल। समाज से सम्पृक्ति और स्थूल सामाजिकता से अलगाव दोनों रघुवीर सहाय को एक साथ कवि-कर्म के हित में जरूरी लगते हैं।" (शब्द और मनुष्य, पृ. 105)। समाज का अपना आत्मबल और अपनी स्वतःस्फूर्त पहल का सभी क्षेत्रों में लगातार छीजना रघुवीर सहाय की चिन्ता का कारण है। इससे भी चिन्तनीय यह है कि सर्जनात्मक शब्द की जगह विज्ञापन देने की प्रवृत्ति ही नहीं, आग्रह भी जोर पकड़ रहा है—

"हम लिखते हैं कि
उसकी स्मृतियों में फिलहाल
एक चीख और गिड़गिड़ाहट की
हिंसा है
उसकी आँखों में कल की छीना-झपटी और भागमभाग
का पैबन्द इतिहास
उसके भीतर शब्द रहित भय और जख्मी आग है
यह तो हम लिखते हैं पर उस व्यक्ति में है जो शब्द वे हम जानते नहीं
जो शब्द हम जानते हैं उसकी अभिव्यक्ति नहीं, विज्ञापन हमारा है।"

(लोग भूल गये हैं)

रघुवीर सहाय की सामाजिक चिन्ता का अधिक स्पष्ट रूप उनके काव्य संग्रह 'आत्महत्या के विरुद्ध' में द्रष्टव्य है, लेकिन उनके अन्य संग्रहों में भी समाज के शोषित, पीड़ित, उपेक्षित, वंचित के प्रति सहानुभूति और उनके उन्नयन के लिए चिन्ता, व्याकुलता तथा आक्रोश दर्शनीय है। सामाजिक प्रश्नाकुलताओं, विसंगतियों, विद्रूपताओं, विडम्बनाओं तथा पीड़ाओं ने रघुवीर सहाय के रचनाकार को मनुष्यता के पक्ष में खड़े होने के लिए विवश किया है। ग़ैर-रोमांटिक भाव-बोध की सार्थक कविता रचने की संकल्पात्मक अनुभूति यहीं से पैदा हुई है और इस प्रक्रिया में यदि कवि अपने को अकेला पाता है तो कोई आश्चर्य भी नहीं है—उसका एक कवि-वक्तव्य यहाँ द्रष्टव्य है—

"कितना अच्छा था छायावादी
एक दुख लेकर एक गान देता था
कितना कुशल था प्रगतिवादी
हर दुख का कारण वह पहचान लेता था
कितना महान था गीतकार
जो दुख के मारे अपनी जान देता था
कितना अकेला हूँ मैं इस समाज में
जहाँ सदा मरता है एक और मतदाता।"

समाजवादी विचार-आन्दोलन के आजीवन कवि-योद्धा रहे रघुवीर सहाय को राममनोहर लोहिया, नरेन्द्र देव, जयप्रकाश नारायण से दिशा-दृष्टि मिली। मार्क्सवाद ने भी प्रभावित किया, लेकिन इस सम्बन्ध में उनका स्पष्ट

कथन है कि "मार्क्सवाद को कविता पर गिलाफ की तरह चढ़ाया नहीं जा सकता। उसके लिए मध्यवर्गीय, धोखा खाते रहने वाले ढुलमुल यकीन को अपनी बौद्धिक चेतना को जागरूक रखना पड़ेगा और बराबर जागरूक रहकर एक दृष्टिकोण बनाना होगा। यह दृष्टिकोण सामाजिक, वास्तविक, साम्यवादी और इसीलिए सही तथा स्वस्थ होगा।" रघुवीर सहाय की दृष्टि में कोई धुँधलका नहीं था। उनका दृष्टिकोण बिल्कुल स्पष्ट था। उनमें सच कहने की ताकत थी। न्याय, स्वतन्त्रता और मानवीय गरिमा से संपृक्त व्यक्तियों और सम्बन्धों की सामाजिक दुनिया बनाने की उनकी आकांक्षा थी। इसीलिए सामाजिक-राजनीतिक वास्तविकता से उपजे प्रश्न उनके लिए महत्त्वपूर्ण रहे हैं। काल्पनिक अद्वितीयता में बहकना उनका स्वभाव नहीं रहा है। यह कवि-वक्तव्य उनके इसी दृष्टिकोण को स्पष्ट करता है—"कोशिश तो यही रही है कि सामाजिक यथार्थ के प्रति अधिक जागरूक रहा जाये और वैज्ञानिक तरीके से समाज को समझा जाये। ...भाषा को भी अधिक साधारण बोलचाल की भाषा के निकट लाने की कोशिश रही है। ...बहरहाल इस तरह की कोशिशें विचार-वस्तु के दिल और दिमाग में उतरने के तरीके पर निर्भर करेंगी। ...विचार वस्तु का कविता में खून की तरह दौड़ते रहना कविता को जीवन और शक्ति देना है और यह तभी सम्भव है जब हमारी कविता की जड़ें यथार्थ में हों।" जाहिर है रघुवीर सहाय एक जागरूक और बेहद संवेदनशील कवि हैं, जो अपने समय और समाज की वास्तविकताओं को पूरी तल्लीनता के साथ प्रकट करते हैं। 'यथार्थ' से अभिप्राय है जीवन की सच्चाइयों का गहरा साक्षात्कार। व्यक्ति एवं परिवेश के सम्बन्धों की गरमाहट तथा ठण्डेपन की यथातथ्य प्रस्तुति। 'तार सप्तक' की रचनाओं को आधार बनाकर रघुवीर सहाय की विशिष्टताओं पर प्रकाश डालते हुए नन्दकिशोर नवल ने लिखा है—"रघुवीर सहाय की कविताएँ उनके अकुण्ठ और उन्मुक्त व्यक्तित्व की सूचना देती हैं, जिसमें ग्रामीण जीवन, शहरी जीवन, प्यार-मुहब्बत, प्रकृति-सौन्दर्य, आत्म-चिन्तन आदि तमाम चीजों के प्रति आकर्षण है। उनका आत्म-चिन्तन अस्तित्ववादियों का आत्मान्वेषण नहीं है, यह याद रखने योग्य बात है, क्योंकि यह वह महत्त्वपूर्ण बिन्दु है जिस पर वे कुँवर नारायण और सर्वेश्वर जैसे कवियों से अलग होते हैं और आगे चलकर नयी कविता का विकास यथार्थवाद की दिशा में करते हैं।" (समकालीन काव्य-यात्रा, पृ. 84)। कहना न होगा कि रघुवीर सहाय ने उन विषयों पर अपनी लेखनी चलाई है, जो उनके देखे-सुने और भोगे हुए अनुभवों पर आधृत रहे हैं।

सामाजिक चिन्ता के साथ-साथ कविता की चिन्ता करने वाले रघुवीर सहाय यह मानते हैं कि "समाज मेरे रचने का साधन भी है, क्षेत्र भी, उसका उपभोक्ता भी है। उसका मालिक भी—सब कुछ है, लेकिन उसका रचयिता नहीं है, रचता मैं ही हूँ।" इस रचे हुए में ही समाज का असली चेहरा उजागर होता है। लोकतन्त्रीय ढाँचे की विफलता और विसंगतियों के चित्र उभरते हैं। मरता हुआ समाज और सिकुड़ता हुआ देश चिन्ता के विषय बनते हैं—

"यह समाज मर रहा है इसका मरना पहचानो मन्त्री
देश ही सब कुछ है धरती का क्षेत्रफल सब कुछ है
सिकुड़कर सिंहासन, भर रह जाये तो भी वह सब कुछ है
राजा ने अपने मन में कहा जो राजा प्रजा की दुर्बलता नहीं पहचानता
वह अपने देश को नहीं बचा सकता प्रजा के हाथों से।"

मानवीय-संवेदना के धरातल पर जीवन-सन्दर्भों से जुड़कर आम आदमी तक पहुँचना रघुवीर सहाय की कविता का काम्य है, इसलिए वहाँ कविता के माध्यम भाषा, शब्द और शिल्प आदि उपकरणों के बारे में लगातार चिन्ता का होना स्वाभाविक है। कवि को यह मालूम है कि सामान्यजन तक पहुँचकर ही कविता विश्वसनीयता प्राप्त करती है तथा उन्हीं की भाषा कवियों को विचार देती है—"तब उसे बिना बतलाए कविता कैसे हो/जब भाषा कवि को लोगों से ही लेनी है/वे लोग तो नहीं लिखते कविता भाषा में/उनकी भाषा जो है, विचार दे जाती है।" (लोग भूल गये हैं, मुआवजा, पृ. 64)। ये विचार कवि को विसंगतियों तथा विडम्बनाओं से लड़ने की ताकत देते हैं। 'जन' को पीड़ा से उबारने के लिए चौतरफा लड़ाई की प्रेरणा देते हैं। लोकतान्त्रिक मूल्यों के पक्ष में संघर्ष के निमित्त जो भी विकल्प हैं, उनका उल्लेख करते हुए रघुवीर सहाय लिखते हैं—"सबसे मुश्किल और एक ही सही रास्ता है कि मैं सब सेनाओं से लड़ूँ—किसी में ढाल सहित, किसी में निष्कवच होकर—मगर अपने को अन्त में मरने सिर्फ अपने मोर्चे पर दूँ—अपने, भाषा के, शिल्प के और उस दोतरफा जिम्मेदारी के मोर्चे पर—जिसे साहित्य कहते हैं।" जाहिर है भाषा और संवेदना एकाकार होकर रचना को अधिक सार्थक बनाती है। साहित्य के मोर्चे पर तभी सफलता मिल सकती है, जब भाषा की पहुँच आम आदमी तक हो। इसके लिए रघुवीर सहाय को रूढ़िग्रस्त बदहाली के कारण नये संवेदन को पकड़ने में अक्षम काव्य-भाषा छोड़ नयी काव्य-भाषा का आविष्कार करना पड़ा। उनका कहना था कि "भाषा को मन्दिर में बन्द

मत करो। उसे बोलो।'' ताकि जिन्दगी का नया अर्थ–सन्दर्भ प्रकट हो सके। डॉ. परमानन्द श्रीवास्तव का मानना है कि–''भाषा में जितनी अधिक या भाषा के जरिये जितनी अधिक तोड़फोड़ की जा सके, वह कविता के हित में भी है और कविता और समाज के रिश्तों की जाँच-परख के हित में भी।'' (शब्द और मनुष्य, पृ. 107) रघुवीर सहाय उस शब्द की तलाश करते हैं, जो वहाँ पहुँच सके, जहाँ उसकी पहुँच जरूरी है–

''शब्द अब भी चाहता हूँ
पर वह कि जो जाये वहाँ-वहाँ होता हुआ
तुम तक पहुँचे
स्वच्छन्द अर्थ दे
मुझे दे। देता रहा है जैसे छन्द, केवल छन्द
घुमड़-घुमड़कर भाषा का भास देता हुआ
मुझको उठाकर निःशब्द दे देता हुआ।''

व्यक्ति और परिवेश पर केन्द्रित रघुवीर सहाय की दृष्टि से होकर जो कुछ गुजरा, वही उनकी सर्जनात्मकता में रोजमर्रा की दुनिया के साथ कविता के रूप में प्रकट हुआ है। इस अर्थ में उनका कविता जीवन–वास्तव की कविता है। मुक्तिबोध ने यह अनुभव किया था–''हमारे बहुत से कवि और कथाकार मारे डर के उस वास्तव को नहीं लिखते हैं, जिसे वे भोग रहे हैं, क्योंकि वे उस वास्तव में उड़ जाना और उड़ते रहना चाहते हैं। अनुभव–वास्तव का आज जितना निरादर है, उतना पहले कभी नहीं था।'' (एक साहित्यिक की डायरी)। सम्भव है–इस कथन ने रघुवीर सहाय को 'जीवन–वास्तव' के अंकन के लिए उकसाया हो और उन्होंने आजीवन इस पथ पर चलने के लिए संकल्प कर लिया हो। उन्होंने मानव-मानव के बीच की दूरियाँ देखी थीं। दुख, संताप और कष्ट देखा था। गरीबों की गरीबी और अमीरों की अमीरी देखी थी। हिंसा, लूट, बलात्कार और अक्षम्य अपराधों की घटनाएँ देखी थीं। इनसे कवि का हृदय दुखी और विचलित हुआ होगा। 'आह से गान उपजने' की बात प्रसिद्ध है। रघुवीर सहाय ने स्वयं स्वीकार किया है–''हम दुनिया में जितना कष्ट देखते हैं, लोगों की व्यथा का जितना अनुभव करते हैं, सब हमारी चेतना में निमज्जित होता जाता है, अपनी अनुभव की शक्ति को हम पुष्ट होता हुआ पाते हैं।'' (लिखने का कारण, पृ. 46)। जाहिर है शोषित, दलित, वंचित, उपेक्षित, अपमानित मानवता के प्रति सच्ची सहानुभूति मात्र शाब्दिक नहीं हुआ करती। पीड़ित मनुष्यता के दुख, दर्द, कष्ट और अपमान

को अपनी रगों में अनुभव करने के बाद ही रचना सम्भव होती है। 'लोग भूल गये हैं' संग्रह में 'दुर्भिक्ष' कविता के माध्यम से कवि पूछता है—"देश के आदमी कब मनुष्य बन पायेंगे।" मनुष्य को मनुष्य के रूप में देखने की रघुवीर सहाय की अभिलाषा उन्हें मानवतावादी बनाती है।

विमर्श में हिस्सेदारी के बिना भी रघुवीर सहाय ने स्त्री को अपनी कविता में पर्याप्त स्थान दिया है। उन्होंने प्रेम की जो कसौटी गढ़ी है, वह किसी भी स्त्री के लिए सम्मानजनक है और पुरुष के लिए प्रतिस्पर्धा योग्य। रघुवीर सहाय स्त्री को स्त्री की भाँति पुरुष की सम्पूर्ण वासना के साथ प्यार भी करते हैं—"ओठों पर ओंठ दहकते हों/आँखों पर आँखें मुँद जायें/भुजबन्धन कसता जाये/यह आतुर तन उस तन में धँसता जाये/थक जायें/थक जायें तेरे कुच मेरे सीने पर धक-धक करके/फड़कें/फिर रह जायें गुंफित जँघाएँ/हो जाये वह क्षण जीवन-मरण विशाल सखी।" (आत्महत्या के विरुद्ध, पृ. 13)। संभोग का यह गत्वर चित्र रघुवीर सहाय की प्रेम भावना को समग्रता में समझने के लिए एक महत्त्वपूर्ण स्रोत है। यहाँ यह ध्यातव्य है कि प्रेम उनके यहाँ निजी आकांक्षाओं की तृप्ति का साधन भर नहीं है बल्कि एक उदात्त भावना का नाम है—"पुष्प की पहचान लेने, तोड़ बन्धन वासना के/जब तुम्हारी शरण आ, सार्थक हुआ था जन्म मेरा।" वे स्त्रियों के लिए महज करुणा, सहानुभूति और संवेदना तक ही अपने को सीमित नहीं रखते बल्कि उन्हें सशक्त बनाने के लिए चिन्तित और परेशान भी दिखाई देते हैं। उनकी 'फक' कविता समाज में स्त्री की दशा को बड़ा ही मार्मिक बनाती है—"अठारह वर्ष की लड़की से यह कहना कि/तुम बेवकूफ हो/उसे रिझाना है/पर अड़तीस साल की औरत से यही कहना/उसे दुत्कारना है। पर तुम यही कहते रहे हो/स्त्री की उम्र इस तरह/इज्जत से शुरू करके अपमान की ओर बढ़ने/को बाध्य है।" (रचनावली, खण्ड—एक, पृ. 363)। समकालीन कवि जहाँ 'जीभ और जाँघ के चालू भूगोल से' गुजरते हुए जवान स्त्रियों को देखकर आँखों में कुत्ते भौंकने की बात करते थे, वहीं रघुवीर सहाय के मन में युवा-स्त्री के प्रति अपार श्रद्धा और आदर का भाव है—"तब मैंने देखा कि उसको इतने करीब से/पाकर यह क्या हुआ इतना अजब दर्द/वह नफरत नहीं थी, वासना नहीं थी/वह जो था अन्त में आदर था/वह था उसका सीना आँखों के सामने/उसकी अकेली असहाय/और ग़ैर बराबर औरत/का वह सर्वस्व था और मेरे बहुत पास।" (लोग भूल गये हैं, औरत का सीना, पृ. 46)। 'किले में औरत', 'बड़ी हो रही है लड़की', 'उसका निर्जन', 'बैंक में लड़कियाँ' आदि स्त्री के शोषण, अत्याचार और दुख को संवेदनात्मक

गहराई के साथ प्रकट करने वाली कविताएँ हैं। अभावग्रस्त किसान-मजदूर की व्यथा से भरा स्त्री का यह सघन दुख मर्माहत करने वाला है–

"औरत बाँधे हुए उरोज
पोटली के अन्दर है भूख
आसमानी चट्टानी बोझ
ढो रही है पत्थर की पीठ
लाल मिट्टी लकड़ी ललछौर
दाँत मटमैले इकटक दीठ
कटोरे के पेंदे में भात
गोद में लेकर बैठा बाप
फर्श पर रखकर अपना पुत्र
खा रहा है उसको चुपचाप।"

रघुवीर सहाय की कविता में स्त्री और बच्चे बार-बार आते हैं। इसका कारण बताते हुए उन्होंने अपने एक साक्षात्कार में कहा था–"जिस तरह के मानसिक, आध्यात्मिक जुल्म का दर्द मैं देखता हूँ, वह सबसे ज्यादा औरतों और बच्चों पर ही होता है, कम से कम उनके जीवन में प्रकट दिखाई देता है।" इसीलिए वे अत्याचार और अन्याय के समक्ष स्त्री की विवशता के कारणों की तलाश के साथ ही उसकी स्वाभाविक क्षमता का उसे एहसास भी कराते हैं, ताकि वह संघर्ष-पथ पर अग्रसर हो सके। उनकी कविता में संघर्ष का अर्थ हर समय संघर्ष का सिलसिलेवार बयान नहीं है। कई बार वह संघर्ष लगता भी नहीं है, लेकिन उसकी सफलता इस बात में है कि शब्दों की मितव्ययिता में बड़ी से बड़ी व्यथा सम्प्रेषित हो जाती है। यह व्यथा-कथा प्रतिरोध की ऊर्जा भरने का कार्य करती है। साहस जगाने का दायित्व निभाती है। यदि ऐसा न हो तो स्थिति बड़ी भयावह होगी–

"वह बड़ी होगी
डरी और दुबकी रहेगी
और मैं न होऊँगा
वे किताबें वे उम्मीदें न होंगी
जो उसके बचपन में थीं
कविता न होगी साहस न होगा
एक और ही युग होगा जिसमें ताकत ही ताकत होगी
और चीख न होगी।"

ज़िन्दगी को भीतर से जाने और समझे बिना कविता का फ़लक व्यापक और विराट नहीं हो सकता। रघुवीर सहाय की प्रतिभा जिन स्रोतों से परिचालित होती है उसमें आन्तरिक यथार्थ का केन्द्रीय धरातल है तो ऐतिहासिक सन्दर्भों का लेखा-जोखा भी है। युग की जटिलता को सर्जनात्मक रूप में प्रकट करने के लिए ये मददगार की भूमिका निभाते हैं। सच कहने की ताकत भी यहीं से आती है। "नाम कहाँ तक याद रखूँ, लोगों को उनकी तोंद से जानता हूँ", कहने वाला कवि ही समाज में व्याप्त संवेदनहीनता को कविता का विषय बना सकता है। 'चिपचिपाई' तथा 'पपड़ियाई' दुनिया की कलई और लुजलुजों की पोल खोल सकता है—

"खौंखियाते हैं, किकियाते हैं, घुन्नाते हैं
चुल्लू में उल्लू हो जाते हैं
भिनभिनाते हैं कुड़कुड़ाते हैं
झाँय-झाँय करते हैं रिरियाते हैं
गरजते हैं घिघियाते हैं
ठीक वक्त पर चीं बोल जाते हैं

*   *   *   *   *

सभी लुजलुजे हैं, थुल-थुल हैं, लिब-लिब हैं
पिल-पिल हैं
सबमें पोल है, सबमें झोल है।"

रघुवीर सहाय की राजनीतिक चेतना कलात्मक अन्तर्दृष्टि से एकात्म होकर समकालीन कविता में अपना विशिष्ट स्थान बनाती है। उनकी सर्जनात्मकता को राजनीतिक और सामाजिक टकराव से जो पोषण प्राप्त हुआ, उससे कविता में एक नयी तरह की आस्वादनशीलता पैदा हुई। उसमें किसी राजनीतिक घोषणा-पत्र का प्रचार नहीं था बल्कि राजनीति के अंधड़ से मनुष्यता को बचाने की छटपटाहट थी। इसके लिए कवि के सामने यह प्रश्न था कि उसे 'राजनीति मात्र' का विरोध करना चाहिए अथवा 'राजनीतिक विशेष' का। सन्तों को भले सीकरी से कुछ लेना-देना नहीं रहा हो, लेकिन वर्तमान का भयावह सच यह है कि राजनीति से बचकर कवि कर्म सम्भव ही नहीं है। राजनीति चाहे साहित्यिक दलबन्दी की हो अथवा सत्ता और जनता के बीच के घमासानों की, रचनाकार तटस्थ नहीं रह सकता। रघुवीर सहाय की 'नेता क्षमा करें', 'आत्महत्या के विरुद्ध', 'लोकतन्त्रीय मृत्यु', 'एक अधेड़ भारतीय आत्मा', 'कोई एक और मतदाता' शीर्षक कविताएँ राजनीतिक यथार्थ और

व्यंग्य प्रधान हैं। समाजवाद के नाम पर छल, धोखा, झूठ और मक्कारी राजनीति का सबसे घिनौना खेल है। मतदाता हर बार राजनीतिक गिद्धों का शिकार बना है–"पाँच दल आपस में समझौता किए हुए/बड़े-बड़े लटके हुए स्तन हिलाते हुए/जाँच ठोंक एक बहुत दूर देश की विदेश नीति पर/हौंकते डौंकते मुँह नोच लेते हैं।" जनता अपने ही सपनों को खोकर पड़ी रहती है और मन्त्री का नाटक चलता रहता है–"पूछेगा संसद में भोलाभाला मन्त्री/मामला बताओ हम कार्रवाई करेंगे/हाय-हाय करता हुआ हाँ-हाँ करता हुआ हें-हें करता हुआ/दल का दल/पाप छिपा रखने के लिए एकजुट होगा/जितना बड़ा दल होगा उतना ही खाएगा देश को।" नेता जिनसे देश के नेतृत्व की अपेक्षा थी, वे अपनी तिजोरी भरने में लगे हैं। जनतन्त्र पर मँडराता संकट देख रघुवीर सहाय की ये काव्य-पंक्तियाँ याद आती हैं–"निर्धन जनता का शोषण है/कहकर आप हँसे/लोकतन्त्र का अन्तिम क्षण है/कहकर आप हँसे।" यहाँ हँसी नहीं है। भयानक चिन्ता की बेचैनी है। आज़ादी के सपनों का टूटना है।

आल्हा छन्द में लिखी गयी रघुवीर सहाय की निम्नलिखित काव्य-पंक्तियाँ जनता और जनार्दन, शोषक और शोषित, मन्त्री और आम आदमी के बीच की दूरी का गत्वर चित्र प्रस्तुत करती हैं–

> *"इतने बड़े-बड़े कमरे थे जिनमें सौ सौ लोग समाए*
> *बार-बार जूते खड़काते वर्दीधारी आवें जाँय*
> *घर के भीतर बैठे गृहमन्त्री जी दूध मिठाई खाँय*
> *बाहर बैठे हुए सबेरे से मिलने वाले, जमुहाँय*
> *मुंशी आया आगे-आगे पीछे मन्त्री दर्शन दीन्ह*
> *किया किसी को अनदेखा तो लिया किसी को तुरतै चीन्ह।"*

रघुवीर सहाय की कविता मनुष्यता के पक्ष में एक सार्थक बयान बनने में विश्वास रखती है। इसकी सिद्धि के लिए वह समाज, राजनीति और धर्म में व्याप्त विसंगतियों तथा विडम्बनाओं को उभारती है। वह आदर्श का ढिंढोरा नहीं पीटती बल्कि जीवन-जगत के यथार्थ का साक्षात्कार कराते हुए आदर्श स्थिति के निर्माण का प्रयत्न करती है। वह समाज के उन्नयन की चिन्ता के साथ यह अपेक्षा रखती है कि समाज में भी कविता की चिन्ता बनी रहे।

कुँवर नारायण : जीवन के यथार्थ से साक्षात्कार

कुँवर नारायण की सर्वाधिक चर्चित कृतियों 'आत्मजयी' और 'वाजश्रवा के बहाने' में मृत्यु की ओर से जीवन और जीवन की ओर से मृत्यु को देखने की जो कोशिश है वह वस्तुतः जीवन के यथार्थ से मुठभेड़ अथवा साक्षात्कार का एक प्रयास है। मात्र इन कृतियों में ही नहीं बल्कि जीवन-यथार्थ को जानने के जो भी रास्ते या माध्यम सुलभ हैं, उनका लाभ उठाकर वे उसे जानना चाहते हैं। उनकी यह जिज्ञासा कहीं प्रश्नाकुलता के रूप में तो कहीं व्यंजना के रूप में संवेदना का हिस्सा बनकर उभरी है। जीवन उनके लिए एक प्रश्न है जिसका उत्तर पांने के लिए वे औपनिषदिक कालखण्ड से लेकर आधुनिक विचारधारा तक निरन्तर दौड़ लगाते हैं। 'आत्मजयी' और 'वाजश्रवा के बहाने' का उपजीव्य भले ही 'कठोपनिषद' हो, लेकिन इनमें आज के मनुष्य के जटिल-जीवन और उनसे उपजे प्रश्नों के उत्तर तलाशने के प्रयत्नों से किसी को असहमति नहीं हो सकती। कवि की यह स्वीकारोक्ति भी है ''कठोपनिषद से लिए गये नचिकेता के कथानक में मैंने थोड़ा परिवर्तन किया है, लेकिन इतना नहीं कि आधार कथा की वस्तुस्थिति ही भिन्न हो गयी हो। मूल कथा को बिना अधिक बिगाड़े उसे एक आधुनिक ढंग से देखा गया है। पौराणिक दिव्य कथा के रूप में नहीं।'' (आत्मजयी, भूमिका, पृ. 7) इसी आधुनिकतावादी दृष्टि ने औपनिषदिक पात्र नचिकेता को आधुनिक चिन्तनशील मानव बना दिया है। वह कवि-मानस का एक ऐसा प्रतीकी उपज है, जिसमें आज के वर्तमान की चिन्ताएँ हैं। नचिकेता के प्रश्नों से कवि ने वर्तमान जटिल जीवन के प्रश्नों को इस तरह जोड़ा है कि उनमें उपनिषदत्व काल भी लक्षित होता है और वर्तमान भी। कभी-कभी ऐसा लगता है कि नचिकेता के प्रश्न स्वयं कवि के प्रश्न हैं और उत्तर भी उसी के हैं। वह उन्हें इतना विस्तार देता है कि उनमें समष्टि की समाहिति भी देखी जा सकती है। वस्तुतः निजता सामाजिकता से जुड़कर ही रचना को महत्त्वपूर्ण बनाती है।

कवि का मानना है—''नचिकेता की चिन्ता अमर जीवन की चिन्ता है। 'अमर जीवन' से तात्पर्य उन अमर जीवन मूल्यों से है जो व्यक्ति का अतिक्रमण करके सार्वकालिक और सार्वजनीन बन जाते हैं।'' (वही, पृ. 3)। इसी सन्दर्भ में नचिकेता और वाजश्रवा जितने औपनिषदिक हैं, उतने ही वर्तमान के भी।

कविता को 'जीवन की आलोचना' मानने वाले कुँवर नारायण ने बहुत धैर्य के साथ जीवन को उसकी समग्रता में समझने का प्रयत्न किया है। इसके लिए उन्होंने दर्शन, अध्यात्म, सौन्दर्यशास्त्र, समाजशास्त्र, संगीत और कला के साथ-साथ पौर्वात्य और पाश्चात्य चिन्तनधारा में अवगाहन करना जरूरी समझा। अनुभव की विश्वसनीयता और प्रामाणिक अभिव्यक्ति के लिए अंग्रेजी-काव्य-सृजन का मोह त्याग हिन्दी का दामन पकड़ा। जीवन के प्रति निडर और अन्वेषी प्रश्न उठाने के लिए बौद्धिक स्वतन्त्रता को अनिवार्य माना। यही कारण है कि कुँवर नारायण की गणना एक विचारशील कवि के रूप में होती है। उनकी विचारशीलता के केन्द्र में जीवन की सार्थकता का सवाल सबसे अधिक महत्त्वपूर्ण है, जिसे उन्होंने 'आत्मजयी' में नचिकेता के माध्यम से उठाया है—''आत्मजयी में उठायी गयी समस्या मुख्यतः एक विचारशील व्यक्ति की समस्या है। कथानक का नायक, नचिकेता मात्र सुखों को अस्वीकार करता है, तात्कालिक आवश्यकताओं की पूर्ति भर ही उसके लिए पर्याप्त नहीं। उसके अन्दर वह वृहत्तर जिज्ञासा है, जिसके लिए केवल सुखी जीवन काफी नहीं है, सार्थक जीना जरूरी है।'' (वही, पृ. 1)। 'आत्मजयी' के अतिरिक्त अन्य काव्य-संग्रहों में भी कुँवर नारायण इसी भूमिका में नजर आते हैं, तभी तो उनके कविता-संग्रह 'परिवेश-हम' की समीक्षा करते हुए मुक्तिबोध को लिखना पड़ा है—''महत्त्व की बात यह है कि आज, जबकि साधारणतः लेखक और कवि इसी व्यवहार क्षेत्र में कार्यकुशल होकर अपने को अधिकाधिक सफल और प्रभावशाली बनाने के प्रयत्न में लीन रहते हैं और इसके लिए बिक तक जाते हैं। कुँवर नारायण ऐसा कवि है, जो उसी व्यवहार-क्षेत्र के विरुद्ध तीव्र संवेदनात्मक प्रतिक्रियाएँ करता हुआ, जीवन के क्षण-क्षण को तड़िन्मय और संवेदनामय बनाने के लिए अकुलाता हुआ, पीड़ित अन्तरात्मा के स्वर को उभारता है। उसे मानवीय सार्थकता की तलाश है।'' (मुक्तिबोध रचनावली, खण्ड-5, पृ. 472)। कुँवर नारायण की कविता में अनेक स्थल ऐसे हैं, जो जीवन को सार्थक बनाने के प्रसंग से सम्बद्ध हैं।

कुँवर नारायण की दृष्टि में कविता की सार्थकता इस बात में निहित है कि वह कितने उदार और कितने सच्चे अर्थों में हमें आदमी बनाने की

ताकत रखती है—"कविता वक्तव्य नहीं गवाह है/कभी हमारे सामने/कभी हमसे पहले/कभी हमारे बाद/कोई चाहे भी तो रोक नहीं सकता/भाषा में उसका बयान/जिसका पूरा मतलब है सच्चाई/जिसकी पूरी कोशिश है बेहतर इन्सान।" (कुँवर नारायण—चुनी हुई कविताएँ, पृ. 225)। 'कोई दूसरा नहीं' संग्रह में कविता और जीवन के सम्बन्धों पर कई कविताओं का होना इस बात का प्रमाण है कि कुँवर नारायण को कविता की शक्ति पर पूरा भरोसा है। उनका यह मानना है कि जैसे पेड़ फूलों को जगह देते हैं वैसे ही अगर हम जीवन में कविता को स्थान दें तो कविता हमें बहुत कुछ दे सकती है—

"बहुत कुछ दे सकती है कविता
क्योंकि बहुत कुछ हो सकती है कविता
जिन्दगी में
अगर हम जगह दें उसे
जैसे फूलों को जगह देते हैं पेड़
जैसे तारों को जगह देती है रात।"

(चुनी हुई कविताएँ, पृ. 226)

भागमभाग और आपाधापी के इस भयावह समय में कविता के प्रति बढ़ती उदासीनता से परिचित कवि को यह लगता है कि जीवन में कविता के लिए शायद उतनी जगह नहीं है, इसलिए वह जीवन के एक कोने में भी कविता को बचा लेने की बात कहता है—"हम बचाए रख सकते हैं उसके लिए/अपने अन्दर कहीं/ऐसा एक कोना/जहाँ जमीन और आसमान/जहाँ आदमी और भगवान् के बीच दूरी/कम से कम हो।" (वही)। जीवन के एक कोने में भी अगर कोई कविता को स्थान देने के लिए तैयार न हो तब कवि को बहुत उदास और भारी मन से यह कहना पड़ता है—"वैसे कोई चाहे तो जी सकता है/एक नितान्त कविता रहित जिन्दगी/कर सकता है/कविता रहित प्रेम।" (वही)। जीवन में कविता के महत्त्व और जरूरत को अच्छी तरह समझने वाला कोई कवि जब इस तरह की वाणी प्रकट करता है तब उसके हृदय की पीड़ा का अन्दाजा लगाया जा सकता है। जाहिर है, ऐसी उक्तियाँ अनायास नहीं जन्मतीं। वे युगीन परिस्थितियों की उपज होती हैं। कविता रहित जीवन की कल्पना एक कवि के लिए बड़ी भयावह कल्पना है, लेकिन जब यह कहा जा रहा हो कि कविता से कोई उम्मीद नहीं बची है, कविता अब हाशिए पर चली गयी है, कविता से पठनीयता गायब है, कविता का कोई भविष्य नहीं है, कविता की मृत्यु हो गयी है तब ऐसी ही भयावह

कल्पना करनी पड़ती है। वैसे कुँवर नारायण को कविता की ताकत पर विश्वास है। उन्हें यह भी मालूम है कि कविता की जान को कोई खतरा नहीं है—

"एक बार खबर उड़ी
कि कविता अब कविता नहीं रही
और यूँ फैली
कि कविता अब नहीं रही
यकीन करने वालों ने यकीन कर लिया
कि कविता मर गयी
लेकिन शक करने वालों ने शक किया
कि ऐसा हो ही नहीं सकता
और इस तरह बच गयी कविता की जान।"

(चुनी हुई कविताएँ, पृ. 225)

भूमण्डलीकरण और बाजारवाद से उपजी संवेदनहीनता के इस भयावह युग में भी कवि को संवेदना के बचे रहने की पूरी उम्मीद है। जिस तरह मुक्तिबोध को 'परम अभिव्यक्ति की' तलाश थी, उसी तरह कुँवर नारायण को 'विशेष संवेदना' की तलाश है। उन्हें आशा है कि वह मिलेगी जरूर—"आज नहीं/अपने वर्षों बाद शायद पा सकूँ/वह विशेष संवेदना जिसमें उचित हूँ।" (वही, पृ. 208)। यह युग मशीन युग है—तकनीक और यान्त्रिकता पर निर्भर जिसमें मनुष्य के भीतर की संवेदना के गायब होते जाने की पूरी सम्भावना है। कृत्रिमता और बनावट, नकल तथा मिश्रण के बढ़ते जाने से उत्पन्न समस्याओं वाले युग में भी कवि की जिजीविषा श्लाघ्य है। उसे जीना पसन्द है—"केवल पहियों और पंखों वाली इस बे-सिर-पैर की सभ्यता में/दफ्तरों, दुकानों और कारखानों से अस्वीकृत होकर भी/मैंने जीना पसन्द किया।" (वही)। जीवन के प्रति उत्कट अनुराग-भाव 'आत्मजयी' और 'वाजश्रवा के बहाने' में भी है। इन दोनों कृतियों को पढ़ना एक सुन्दर लोक की यात्रा है। इन्हें आधुनिक हिन्दी कविता की एक बड़ी उपलब्धि के रूप में देखा गया है। इसका कारण वर्तमान की मुखरता है। धूल, धुआँ, कोलाहल और शोर 'आत्मजयी' में भी हैं—"दूर कोहरे से/उठती हुई पृथ्वी को पूजता-सा एक दिन/प्रतिदिन निकट-निकटतर/आते हुए अस्पष्ट चेहरों का विराट स्वागत समूह/जिसमें मैं डूब जाता हूँ/कहीं जाते हुए चरणों का कोलाहल/एक दूसरे को टटोलते हाथों का दीन-स्पर्श/शोर में तैरती बातें/बच्चों की चिल्लाहटें हैं। (आत्मजयी, पृ. 54)। वस्तुवादिता और भौतिकता के पीछे भागते मनुष्य के

हितों की दृष्टि से यह कृति इसलिए महत्त्वपूर्ण है कि इसमें अतीत और वर्तमान, भौतिक और आत्मिक तथा परम्परा और आधुनिकता के अतिवादी चिन्तन में निहित समस्याओं का समाधान ढूँढ़ने का प्रयत्न है। कुँवर नारायण का मानना है कि 'जीवन का अपना सम्मोहन' है, जो मृत्यु के सन्त्रास के बावजूद हमें जीने की शक्ति देता है। यही अवधारणा उनकी कविताओं की असली ताकत है और इसी आधार पर वे यह कह सके हैं—"कोई दुख/ मनुष्य के साहस से बड़ा नहीं/वही हारा/जो लड़ा नहीं।" (चुनी हुई कविताएँ, पृ. 203)। इसी सन्दर्भ में उनकी कविता जीवन से मुठभेड़ अथवा साक्षात्कार की कविता है, जहाँ पलायन नहीं जुड़ाव है। सुषुप्ति नहीं जागरण है—

"मैं ज़िन्दगी से भागना नहीं
उससे जुड़ना चाहता हूँ
उसे झकझोरना चाहता हूँ
उसके काल्पनिक अक्ष पर
ठीक उस जगह जहाँ वह
सबसे अधिक बेध्य हो कविता द्वारा।"

(वही, पृ. 161)

जीवन-राग जिजीविषा का प्रबल आकर्षण पैदा करता है। वह स्वयं में एक सम्मोहन है जिसकी ओर सहजतया आकर्षित हुआ जा सकता है। उसमें जीवन को पूर्णता में देखने की जो दृष्टि समायी रहती है, वही उसे जीवन्त और शाश्वत बनाये रखती है। इसीलिए वहाँ जीवन से पलायन के लिए कोई अवकाश नहीं होता। नचिकेता के मन में भी जीवन के प्रति कोई असम्मान नहीं है। "बाद में उसके जीवन को फिर से स्वीकार करना, इस बात का द्योतक है कि उसका विरोध जीवन से नहीं, उस दृष्टिकोण से है जो जीवन को सीमित कर दे।" (आत्मजयी, भूमिका, पृ. 8)। वाजश्रवा वस्तुवादिता और भौतिकता का प्रतीक है। उसके मन में लौकिकता का आकर्षण है। यही भाव नचिकेता के जीवन को सीमित करना चाहता है, जो उसे स्वीकार नहीं है। वह उपनिषदकालीन आत्मपक्ष का प्रतीक है। सतत चिन्तनशील तथा जिज्ञासु। वह जानना चाहता है कि जीवन क्या है? मृत्यु क्यों? ईश्वर कहाँ है? मुक्ति का क्या अर्थ है? ये प्रश्न वाजश्रवा के क्रोध का कारण बनते हैं। विचारों का टकराव उत्पन्न होता है। कुँवर नारायण इसे पुरानी और नयी पीढ़ी के संघर्ष के रूप में देखते हैं, जिसकी व्याप्ति आज के युग में भी है—"नचिकेता और वाजश्रवा की असहमति तथा वाजश्रवा का क्रोध में

नचिकेता को मृत्यु को दे देना, न केवल नयी और पुरानी पीढ़ी के संघर्ष का प्रतीक है बल्कि उन वस्तुपरक वैदिक तथा आत्मपरक उपनिषदकालीन दृष्टिकोणों का भी प्रतीक है, जिनका एक रूप हम अपने आज के जीवन में भी पाते हैं।'' (वही, पृ. 7)। नचिकेता का मृत्यु से साक्षात्कार तथा पुनः पिता 'वाजश्रवा के पास वापस लौटने की घटना को आधार बनाकर कुँवर नारायण ने 'आत्मजयी' तथा 'वाजश्रवा के बहाने' काव्यों का सृजन कर जीवन से मृत्यु और मृत्यु से जीवन के बीच जीवन को जो नया अर्थ सन्दर्भ और विस्तार दिया है वह अद्‌भुत और मार्मिक है—''पिता से गले मिलते/आश्वस्त होता नचिकेता कि/उनका संसार अभी जीवित है/उसे अच्छे लगते हैं वे घर/जिनमें एक आँगन हो/वे दीवारें अच्छी लगतीं/जिन पर गुदे हों/किसी बच्चे के तुतलाते हस्ताक्षर/यह अनुभूति अच्छी लगती/कि 'माँ' केवल एक शब्द नहीं/एक सम्पूर्ण भाषा है/अच्छा लगता/बार-बार कहीं दूर से लौटना/अपनों के पास।'' नचिकेता की इस अनुभूति से कुछ अलग ही विचार है पिता वाजश्रवा का—''अच्छा हुआ तुम लौट आये/मेरे जीवन में/लेकिन जानता हूँ/नहीं आ सकोगे/चाहकर भी नहीं/वापस मेरे युग में।'' यही है दो पीढ़ियों के बीच का अन्तराल। नचिकेता की वापसी का अर्थ है—अतीत के तलघर में नयी हलचल। अतीत और वर्तमान के बीच का द्वन्द्व। पूरी परम्परा का नया जटिल पाठ। ऐसा पाठ जिसमें अच्छाई समाहित हो और नयी पीढ़ी, जिसे चाहकर भी अस्वीकार न कर सके। इसीलिए वाजश्रवा को कहना पड़ता है—''कभी मत भूलना कि मैं तुम्हारा पिता हूँ। तुम्हारा भविष्य नहीं। लेकिन तुम्हारा अतीत हूँ। जिसे तुम कभी भी/पूरी तरह अस्वीकार नहीं कर सकोगे।'' परम्परा को अस्वीकार कर सिर्फ और सिर्फ आधुनिकता का वरण न तो सम्भव है और न ही स्वीकार्य। परम्परा नदी में सभ्यता-संस्कृति, भाषा-मिथक, पुरखों की वाणी और मन्त्रकीलित ऋचाओं की अनुगूँजें हैं, जिनसे मनुष्यता के विकास का पथ-प्रशस्त होता है।

वैचारिक वात्याचक्र और मूल्यों के विघटन के इस भयानक समय में मनुष्य का हित-चिन्तन करने वाली कुँवर नारायण की कविताओं में भारतीय प्राणधारा का जो आवेग है वह अन्यत्र दुर्लभ है। वैदिक काल से लेकर वर्तमान और फिर भविष्य की ओर देखती इस प्राणधारा को जिस तार्किक ढंग से उपस्थित किया गया है उससे उसमें और जीवन्तता आ गयी है। आत्मा, बुद्धि और जीवन की सार्थकता की स्मृति तो वहाँ है ही एक गहरी प्रश्नाकुलता के साथ जीवन और मृत्यु के सवाल भी हैं। दर्शनेतर पृष्ठभूमि में रचित कविताओं में

सामाजिक, राजनीतिक, आध्यात्मिक स्थिति के साथ-साथ ऐतिहासिक और पौराणिक सन्दर्भ भी समाहित हैं, किन्तु उनमें भी वर्तमान ही अधिक सक्रिय है। 'गोलकुण्डा की एक शाम' कविता का एक अंश यहाँ द्रष्टव्य है–

''टैक्सी ड्राइवर रहमत अली शाह
या गाइड मत्सराज के पूर्वजों के युद्धों से
कहीं ज्यादा कठिन है
वर्तमान से उन दोनों की लड़ाई
उससे पराजित न होने के उनके मनसूबे
बारूद में आग लगाने के इतिहासों से अलग
एक तीसरा इतिहास भी है
रहमतशाह की बीड़ियों और
मत्सराज की माचिस के बीच सुलहों का।''

(चुनी हुई कविताएँ, पृ. 142)

कुँवर नारायण की कविता में सुलह-समझौतों के कई प्रसंग हैं और वे अनायास नहीं हैं बल्कि उस चिन्तन के परिणाम हैं जो संघर्ष और हिंसा को समाप्त करना चाहते हैं। समत्व-बिन्दु से जीवन-परिदृश्य को विस्तार देना चाहते हैं–''पोंछो सब–फिर लिखो शुरू से/उन्हीं उपादानों से--मनुष्य/सही समत्व-बिन्दु से अभी और/विस्तृत करो जीवन-परिदृश्य।'' सार्थक जीवन-सिद्धि का यह आरंभिक चरण है जिसके आगे का रास्ता संघर्षमय है। संघर्ष एक प्रेरक काव्य-बोध है। कुँवर नारायण की कविता संघर्षशीलता को प्रोत्साहित करती है, लेकिन उसके अतिवाद को नकारती है–''जीवन में संघर्ष भी है, पर संघर्ष ही संघर्ष नहीं है। इस तरह चित्रित करने से कि जीवन सतत संघर्षमय ही है, उसकी जरूरत से ज्यादा क्रूर छवि उभरती है। उसमें मार्मिक समझौते और सुन्दर सुलहें भी हैं, इस विवेक को प्रमुख रखकर भी जीवन को सोचा और चित्रित किया जा सकता है। संघर्ष और हिंसा अतिवाद में है, न कि विभिन्नताओं में। भौतिक और आत्मिक के बीच समझौता आसान है, लेकिन 'अतिभौतिक' और 'अति आत्मिक' के बीच समझौता लगभग असम्भव। हिंसा की जड़ें इसी 'अति' में हैं।'' (सन्दर्भ-आलोचना का नया पाठ, पृ. 2007)। जो सुन्दर है, वह कठिन है। सार्थक जीवन सुन्दर कल्पना है, लेकिन उसके लिए कठोरतम प्रयत्न जरूरी है। उसे पाने और जीने के लिए अपने को भयंकर कठिनाइयों में भी डालना पड़ता है–

"मैंने अक्सर इस ऊलजलूल दुनिया को
दस सिरों से सोचने और बीस हाथों से पाने की कोशिश में
अपने लिए बेहद मुश्किल बना लिया है।"

मानव जीवन की सार्थकता में विश्वास और प्रेम की महत्त्वपूर्ण भूमिका है। कवि डूबते सूरज के आधार से जगमगाती दुनिया देखने की जो इच्छा रखता है, उसके पीछे प्यार का ही संबल है। उसे यह मालूम है कि प्यार का एक भी पल बहुत होता है। इसलिए वह प्रेम की तरफ लौटना चाहता है।

"लौटना है मुझे
प्रेम की तरफ
विश्वास बनाये रखना है
मनुष्य में
सिद्ध करते रहना है
कि मैं टूटा नहीं।"

(चुनी हुई कविताएँ, पृ. 103)

जीना भी एक कला है। कृत्रिमता और बनावट के प्रवेश से जीवन में विकृति आती है। इसीलिए सही ढंग से जीने का प्रयत्न होना चाहिए, क्योंकि–"गलत जीने से/सही बातें गलत हो जाती हैं/सच्चाइयाँ झूठ लगतीं/ अच्छाइयाँ गुनाह/धर्म पाप हो जाता/ईश्वर आततायी/प्यार रोग बन जाता/ लोभ भयावह।" (आत्मजयी, पृ. 6)।

जीवन के ज्यादा से ज्यादा बड़े अनुभव क्षेत्र के स्पर्श की कोशिश में कुँवर नारायण ने अपने बाह्याभ्यन्तर को खुले मन से देखा है और जो मूल्यवान लगा उसे कविता में बचाना चाहा है। यह इसलिए कि "मनुष्य के स्वभाव में मौजूद उस सुन्दरता और भाव-जगत की सम्पदा का अवमूल्यन और विनाश न हो, जो हमारे जीने को मात्र स्थूल आवश्यकताओं की पूर्ति से परे भी एक अर्थ और आयाम देते हैं। इस कोशिश में कविता एक ऐसे कोण से जीवन को देखने, समझने और शब्द देने की कला है जो भाषा के माध्यम से हमें यथार्थ और उदात्त से एक साथ जोड़ती है।" (व्यास सम्मान ग्रहण के अवसर पर कवि का वक्तव्य)। यह दृष्टि ही कुँवर नारायण की कविता को महान् और कालजयी बनाती है।

केदारनाथ सिंह : ग्राम्य-संवेदना और नगरीय-बोध

कविता को सामाजिक कर्म माननें वाले केदारनाथ सिंह ने समाज के प्रगतिशील तत्त्वों और उच्चतर मानवीय मूल्यों को हर प्रतिकूल झोकों से बचाने का जो प्रयत्न किया है, उसका साक्ष्य लगभग छह दशक के कालखण्ड में सृजित उनकी कविताएँ हैं। बेहतर दुनिया की उम्मीद का भास्वर विधान उनके काव्य-लोक को जो भव्यता प्रदान करता है, उसकी पृष्ठभूमि में उनकी आस्थाप्रवण मानवीय दृष्टि है। उसी से उनके भीतर जीवन की हल्की से हल्की आवाज का प्रतिनिधित्व करने का संकल्प पैदा हुआ है और वह साहस भी, जिससे कला का संघर्ष आत्म-संघर्ष का रूप ग्रहण करता है। उनका यह विश्वास कि 'यह पृथ्वी रहेगी' जड़-चेतना से तादात्म्यीकरण की प्रक्रिया से गुजरते हुए उनके व्यापक सृष्टि-बोध को उजागर करता है तो 'नक्शा' के माध्यम से उनकी विश्व-चेतना प्रकट होती है। ग्रामीण ठेठ वातावरण से शहर के धुमैले आकाश तक मानवीय अस्मिता की विभिन्न परतों को खोजने-खोलने के साथ ही उसके विकास की सम्भावनाओं को तलाशने का उनमें सूक्ष्म काव्य-विवेक है तो चीजों को उसकी वस्तुनिष्ठता में देखने, परखने की एक नवीन दृष्टि भी है। इनके सहज विकास से केदारनाथ सिंह की कविता का परिसर इतना विस्तृत है कि उसमें समग्र जीवन की छोटी-बड़ी छवियों को बिम्बित हुआ देखा जा सकता है। उसमें 'लोक' की विभिन्न मुद्राएँ और भाव-ध्वनियाँ हैं तो नगरीय बोध की उपस्थिति भी है। परम्परा से बचकर निकलने की कसमसाहट है तो आधुनिकता की एकायामी मूल्य-व्यवस्था के प्रति असहमति भी है। जीवन की समग्रता में भारतीय आधुनिकता की तलाश का प्रयत्न है तो पाश्चात्य साहित्य के उपकरणों के प्रति एक लगाव भी है। उनकी कविता को 'सीधे बयान के रूप में अर्थपूर्ण कविता' होने का गौरव प्राप्त है तो उस पर अस्पष्टता और दुरूहता का आरोपण भी है। बिम्ब-विधान की अनिवार्यता पर जोर है तो सहजता का देसी ठाठ भी है। रास्ते की धूल से

उठाये हुए शब्दों में गुलाबी महक भरने की कला-क्षमता है तो जीवन की निरन्तरता का अर्थपूर्ण संकेत देने वाले शब्दों का कौतुक भी है। ये विशेषताएँ केदारनाथ सिंह के कवि को उनके समकालीनों में विशिष्ट बनाती हैं और नयी पीढ़ी में उनके अनुकरण का आकर्षण पैदा करती हैं।

गीतों से काव्यारम्भ करने वाले केदारनाथ सिंह की काव्य-चेतना का आधार 'लोकभूमि' है। लोक जीवन के प्रसंगों तथा लोक धुनों में रची-बसी कविताओं ने उनकी जो छवि निर्मित की उसने तत्काल पाठकों का ध्यान आकृष्ट किया। 'झरने लगे नीम के पत्ते', 'बढ़ने लगी उदासी मन की' तथा 'रात पिया, पिछवारे पहरू ठनका किया' जैसे गीतों में लोगों ने छायावादोत्तर कविता के बासीपन भरे वातावरण में हवा की ताजगी महसूस की थी। ग्राम जीवन और प्रकृति की तीक्ष्ण संवेदनशीलता से ओत-प्रोत उनका यह गीत ''धान उगेंगे कि प्रान उगेंगे/उगेंगे हमारे खेत में/आना जी बादल जरूर''। अपनी मोहकता में कण्ठहार बनने की क्षमता से पूर्ण था तो इसलिए कि उसमें लोकतत्त्वों का माधुर्य सन्निविष्ट था। अपने समकालीनों से अलग केदारनाथ सिंह की जो आभा निर्मित हुई थी, उसका कारण उनकी कविताओं में लोक-संस्कृति की रची-बसी गन्ध थी। आम के बौर, हल्दी-चन्दन, गन्धवर्णीबादल, चिड़चिड़ी धूप, बेहया हवा, सर्द छुअन, हल-कुदाल, नन्हा बीज, बरगद, चौखट, आँगन, चौराहा, पगडंडी, नदी, गगरी, चावल, झबरा, गेंदा आदि की मौजूदगी थी। संघर्षरत आम आदमी के बेहतर भविष्य का स्वप्न था। समस्याओं से टकराने और प्रश्न करने का साहस था। नये काव्य-मुहावरों को गढ़ने का उत्साह था। इसी जमीन की केदारनाथ सिंह की कविताएँ—'दुपहिया', 'बसन्त गीत', 'धानों का गीत', 'शरद प्रात', 'कुहरा उठा', 'बादल ओ', 'पात नये आ गये', 'पतझड़ की एक शाम', 'सूर्यास्त', 'मार्च की सुबह', 'चाँदनी', 'पपीहा' आदि जब 'तीसरे सप्तक' में प्रकाशित हुई थीं तब उनका भरपूर नोटिस लिया गया था। इस सप्तक की कुछ कविताएँ बाद में 'अभी बिल्कुल अभी' संग्रह में शामिल कर ली गयी थीं, जिससे उनका महत्त्व स्वतः सूचित होता है। यह संग्रह कवि की रागात्मक अनुभूतियों और गीतात्मक संवेदना के धरातल पर उसके काव्य-बोध का प्रथम चरण है। इसकी भाव-भूमि में गाँव को केन्द्रीयता तो प्राप्त है लेकिन नगरोन्मुखता भी दृष्टिगत होने लगती है। यह कवि-मानस पर नगर-निवास का प्रभाव हो सकता है। वैसे महानगर में प्रवास के बावजूद केदारनाथ सिंह की काव्य-संवेदना की जमीन 'लोक' ही है। यह बात अलग है कि वे गाँव, परिवेश प्रकृति से जुड़े रहकर भी

नगरीय बोध से सम्पन्न हो आधुनिकता में जाते हैं और फिर अचानक उत्तर आधुनिक हो उठते हैं जिसका प्रमाण 'उत्तर कबीर और अन्य कविताएँ' हैं।

केदारनाथ सिंह की कविताएँ उस परिवेश और जमीन की उपज हैं जिनमें एक ओर ग्राम्य जीवन और उसकी संस्कृति, यानी धूल-मिट्टी, खेत-खलिहान, नदी-कछार, होली-फाग, चैता, कजरी, बिरहा-सोरठा, गेहूँ-धान, तीसी-सरसों, आलू आदि का सन्निवेश है तो दूसरी ओर कस्बा, शहर, नगर और महानगर का बोध शामिल है। यह बोध उनके चिन्तन-मनन तथा अध्ययन को और अधिक विस्तार देता है। साथ ही वह काव्य-विवेक भी देता है जिसके आधार पर कविता के बारे में सोचते हुए उन्हें 'आचार्य रामचन्द्र शुक्ल की मूँछों में दबी बारीक सी हँसी और हँसी के पीछे कविता का राज की स्मृति हो आती है।' केदारनाथ सिंह गाँव और शहर दोनों के कवि हैं, लेकिन उनका कवि मन महानगर में उतना नहीं बसता जितना गाँव में। दिल्ली में रहकर भी उनकी कविता का संसार दिल्ली से बाहर का है। उनका स्वयं का कहना है—"मुझे लगता है कि गाँव के साथ यह जो मेरा लगातार आने-जाने का अटूट रिश्ता है, वही मेरे भीतर के कवि को जिलाये हुए है। सिर्फ मेरे ही भीतर के कवि को नहीं—हम सबके भीतर के रचनाकार को जो कहीं न कहीं आज भी उस करइठ मिट्टी से जुड़े हुए हैं। दिल्ली में इस जुड़ाव की अहमियत कुछ ज्यादा ही तल्खी के साथ महसूस होती है।" (परमानन्द श्रीवास्तव के नाम पत्र)। यह बात अलग है कि घर में घुस आये बाजार के कारण सम्बन्धों की दुनिया का जो भौतिकीकरण हुआ है उससे कवि का गाँव के लोग-बाग से लगाव विगलित हुआ है। उसे 'गाँव आने पर' वह खुशी नहीं मिलती जिसके लिए वह बार-बार गाँव आता है। वह स्वयं से पूछता है—"अब आ तो गया हूँ/पर क्या करूँ/एक बूढ़े पक्षी की तरह लौट-लौट/मैं यहाँ क्यों चला आता हूँ बार-बार/पृथ्वी पर ऊब क्या उतनी ही पुरानी है जितनी दूब/...जो मेरे नहीं हैं/आखिर वे भी तो मेरे ही हैं। चाहे जहाँ भी रहते हों/फिर क्यों यह जिद/कि यही-यही/सिर्फ यही मेरा घर है? ...अपनी सारी गर्द/और थकान के साथ/अब आ तो गया हूँ/पर यह कैसे साबित हो कि उनकी आँखों में/मैं कोई तौलिया या सूटकेस नहीं/मैं ही हूँ/...छूँ लूँ किसी को? कि लिपट जाऊँ किसी से? मिलूँ/पर किस तरह मिलूँ/कि बस मैं ही मिलूँ/और दिल्ली न आये बीच में।" जाहिर है गाँव से विस्थापित होकर नगर में रहने वाला पूरी तरह अपने को नगर में समायोजित नहीं कर पाता। वहाँ की अमानवीयता और कृत्रिमता उसके समायोजन में बाधक

बनती है। वह सहजता और सामान्यीकृत धरातल की तलाश में बार-बार एक बूढ़े पक्षी की तरह गाँव लौटता है, किन्तु उसे वहाँ जब तौलिया अथवा सूटकेस समझा जाने लगता है तब उसकी व्यथा-कथा दारुण हो जाती है। वह स्वयं से यह प्रश्न करने लगता है कि मैं यहाँ क्यों आता हूँ? सबसे मिलने की उसकी आकांक्षा में नगर व्यवधान बनकर उपस्थित हो जाता है। हालाँकि वह चाहता है कि गाँव और उसके बीच नगर न आये किन्तु यह कहाँ सम्भव हो पाता है? गाँव और नगर को एक साथ पाने और खोने का द्वन्द्व उसके जीवन का एक भयावह सच बन जाता है। केदारनाथ सिंह इस पृष्ठभूमि में जो अनुभव बटोरते हैं, उससे उनकी काव्य संवेदना को विस्तार मिलता है। उनका मानना है कि ''नगर केन्द्रित आधुनिक सृजनशीलता और ग्रामोन्मुख जातीय चेतना के बीच जब तब मैंने एक खास किस्म के तनाव का भी अनुभव किया है। तनाव हमारे दैनिक सामाजिक जीवन की एक ऐसी जानी-पहचानी वास्तविकता है, जिसकी ओर अलग से हमारा ध्यान कम ही जाता है। मेरे लिए वह अनुभव एक 'एस्थेटिक' बोध भी है और एक गहरे अर्थ में मेरी नैतिक चेतना का एक अविच्छिन्न हिस्सा भी। अपने रचना कर्म में मेरी एक कोशिश यह भी होती है कि उसमें अनुभव के इन दोनों स्तरों की अन्तःक्रिया किसी हद तक समाहित हो सके। वह किस हद तक सम्भव हो पाती है, यह बताना मेरे लिए कठिन है पर वह मेरी रचना प्रक्रिया का एक जरूरी हिस्सा है, इसे मैं भूलना नहीं चाहता।'' (मैं बोलता हूँ इसलिए लिखता हूँ, कवि-वक्तव्य, साहित्य अकादेमी पुरस्कार अर्पण समारोह)।

गाँव और नगर का अन्तर्द्वन्द्व केदारनाथ सिंह के समकालीन सर्वेश्वर दयाल सक्सेना के यहाँ भी है। उनकी प्रसिद्ध कविता 'कुआनो नदी' में विस्थापन बोध है। श्रीकान्त वर्मा की कविता 'घरधाम' की जमीन भी लगभग वही है। त्रिलोचन केदारनाथ सिंह के काव्य-गुरु हैं। उनकी कविता में ठेठ जीवन का विशुद्ध ठाठ है। इसीलिए उसमें स्थानीयता है। केदारनाथ सिंह त्रिलोचन की परम्परा का अनुगमन करते हुए भी उसका अतिक्रमण करते हैं तो इसलिए कि उनमें नगरीय बोध है। वे भूमण्डलीकरण तथा विश्व बाजार की रीति-नीति, आवश्यकता और खतरों से परिचित हैं। महानगरों की जीवन-शैली, संवेदनहीनता तथा मिथ्या दम्भ आदि के बारे में अच्छी तरह जानते हैं। अतः उनकी कविता नगरीय बोध से सम्पन्न हुए बिना रह ही नहीं सकती लेकिन उसकी अभिव्यक्ति की राह गाँव से होकर ही जाती है। घबराहट, बेचैनी और आकुलता के क्षणों में जब उन्हें रास्ता नहीं सूझता है तब वे मुट्ठी में

प्रश्न ले इधर-उधर दौड़ते भी हैं—"मुट्ठी में प्रश्न लिए/दौड़ रहा हूँ वन-वन/पर्वत-पर्वत/लाचार।" फिर अचानक उन्हें महसूस होता है कि—"रास्ता था/सिर्फ हमीं भूल गये थे/जाना किधर है।" कवि को रास्ता दिखने भी लगता है—"उधर घास में/धँसे हुए खुर की तरह चमक रहा था रास्ता/...गाय थी। किसान था।" यही केदारनाथ सिंह की काव्य-यात्रा का वास्तविक रास्ता है। इस पर चलते हुए उन्हें 'कस्बे की धूल' भी मिलती है—"मैं जानता हूँ क्योंकि यह धूल/इस कस्बे की/और मेरे पूरे देश की/सबसे जिन्दा और खूबसूरत चीज है।" कहना न होगा कि उनकी ग्रामीण संवेदना और नगरीय बोध दोनों की घुलावट उन्हें एक भारतीय कवि के रूप में प्रतिष्ठित करती है—वह भारतीय कवि जिसका उल्लेख उन्होंने कविता के ठोस सन्दर्भ के बारे में ध्यान केन्द्रित करते हुए साहित्य अकादेमी के पुरस्कार अर्पण समारोह के अवसर पर दिये गये वक्तव्य 'मैं बोलता हूँ, इसलिए लिखता हूँ' में किया है—"कविता की भूमिका या उसके पूरे स्वरूप पर विचार करते हुए मुझे यह आवश्यक लगता है कि उस ठोस सन्दर्भ को दृष्टि से ओझल न होने दिया जाये, जिसमें एक भारतीय कवि आज रचनारत है। इस तथ्य की ओर बहुत कम ध्यान दिया गया है कि जिस सीमारेखा पर खड़े होकर आज ज्यादातर भारतीय कविता लिखी जा रही है, वहाँ हमारी जातीय चेतना के दो छोर यानी शहर और गाँव अजब ढंग से घुले-मिले होते हैं। कई बार इस घुलावट को कवि जानता है और कई बार वह बिना जाने ही उसे अपने सम्पूर्ण बोध का हिस्सा बन जाने देता है। भारतीय कवि के वास्तव-बोध की एक यह ऐसी विशेषता है जो उसे पश्चिमी काव्य की संवेदना से अलग करती है।" संवेदना केदार की कविता की ताकत है। अपनी पीढ़ी के कवियों में वे अकेले ऐसे कवि हैं, जिन्होंने गाँव और शहर के अनुभव तथा संवेदना का सघन संश्लिष्ट उपयोग किया है। इसी अर्थ में उनकी कविता भारतीय कविता का प्रतिनिधित्व करती है।

केदारनाथ सिंह के लिए 'गाँव' एक मूल्यवान संवेदना है। वह पुराने प्रगतिशील कवियों की उस संवेदना से थोड़ी भिन्न है जो गाँव की गरीबी, अशिक्षा, भुखमरी, दुर्दशा और संघर्ष पर केन्द्रित थी। केदार की ग्रामीण संवेदना में कुछ-कुछ अमूर्तता है। गाँव की हर चीज उनके लिए एक भाव है—ऐसा भाव जिससे मनुष्यता को संपोषण मिलता है। इनके यहाँ परिवेश और प्रकृति के साथ मानवीय निरन्तरता का जीवन्त अनुभव कविता को एक नया संगठन देता है। दिल्ली में कवि को जो 'चिट्ठी' मिलती है उसे भेजने का काम नदी ने किया है। इसमें अमूर्तीकरण विधान से कविता की अर्थवत्ता और

उसका सौन्दर्य निखर उठा है—''कल गाँव से/एक चिट्ठी आयी/बहुत दिनों बाद/शायद नदी ने भेजी थी। न दिन/न तारीख/न सिरनामा/बस ऊपर कोने में/एक बूँद की तरह/टँका था/छोटा सा प्यारा सा/गाँव का नाम/चकिया।'' (अकाल में सारस, पृ. 47)। शहर के सबसे व्यस्त चौराहे पर कवि बिना किसी की फिक्र किये देर तक उस चिट्ठी को पढ़ता रहता है, जिसमें सिर्फ एक ही शब्द लिखा है—'चकिया'। यह चकिया न गाँव की चौहद्दी है, न प्रकृति, न वहाँ के लोग बल्कि गाँव में जो कुछ भी मूल्यवान है, उसी का वह वाचक है। यहाँ यह ध्यातव्य है कि कवि की बौद्धिकता चकित चमत्कृत करने वाली न होने पर भी पर्याप्त प्रखर है। वह 'चकिया' के माध्यम से बहुत कुछ अभिव्यक्त करता है। गाँव से उसकी रागात्मकता तो प्रकट होती ही है, गाँव का पूरा परिवेश भी उभरकर सामने आ जाता है। ऐसा लगता है कि किसी भीड़ में माँ से बिछुड़कर 'माँ' 'माँ'/चीखते हुए बच्चे के समान केदारनाथ सिंह भी पुकार रहे हों—'चकिया'। 'चकिया'/'चकिया'। स्मृति लोप के इस भयावह समय में भी अपनी जड़ों से अविच्छिन्नता कमाल की चीज है।

गाँव और गँवई संवेदना पर लिखी रचना के आंचलिक हो जाने की सम्भावना रहती है। आंचलिक को अखिलदेशीय बनाने के लिए बड़ी रचनात्मक प्रतिभा की जरूरत होती है। फणीश्वरनाथ रेणु के बाद बड़े आंचलिक रचनाकार के अभाव का यह एक कारण हो सकता है। केदारनाथ सिंह ने 'गाँव' को अपनी कविता के केन्द्र में रखते हुए भी उसे आंचलिक नहीं होने दिया है। उनकी कविता में गाँव का जीवन अपने विस्तार में सम्पूर्णता का जीवन बनकर आता है, जिसमें देश और कभी-कभी विश्व की समाहिति रहती है। इसी अर्थ में उनकी कविता मानव के सुख-दुख की कविता है। आशा-आकांक्षा, प्रेम और उमंग, क्रोध और घृणा की कविता है। उन्होंने गाँव को पारम्परिक ढंग से कम, आधुनिक ढंग से अधिक देखा है। 'अकाल में सारस' की एक कविता है—'सूर्यास्त के बाद एक अँधेरी बस्ती से गुजरते हुए'। यह गाँव की रात का जितना सूक्ष्म विवरण है, उससे कहीं अधिक मानव जीवन की रात का। इसमें अन्धकार के साथ-साथ प्रकाश की भी अवतारणा है। अन्धकार के अनेक स्तर हैं, वैसे ही प्रकाश के भी। कविता में बहुत दूर तक अन्धकार और प्रकाश के बिम्ब साथ-साथ गोचर होते हैं, लेकिन आगे चलकर अन्धकार बलवान हो जाता है और वह मृत्यु का संकेतक भी प्रतीत होने लगता है। झुकी हुई बूढ़ी निगाह, ताकती आँखों का सन्नाटा, सिवानों पर स्यारों के फेकरने की आवाजें, बिच्छुओं के उठे हुए डंक, भूख का हाँका आदि भय और मृत्यु के ही संकेतक हैं।

फिर आता है—'छोटी-सी साँस की डिबिया में पूरा ब्रह्माण्ड' भरने का प्रसंग। यह प्रकाश का प्रतीक है। अमरता का द्योतक है। इस तरह पूरी कविता में अन्धकार और प्रकाश के बिम्ब हैं, जो कविता को एकार्थी और सरल होने से बचाते हैं। केदारनाथ सिंह की कविताएँ भले ही गाँव की माटी-पानी से उपजी हैं, लेकिन वे गाँव की आबोहवा के समान सहज और सरल नहीं हैं। इसी सन्दर्भ में उन पर क्लिष्टता और दुरूहता का आरोप लगाया जाता है। हालाँकि कविता के नये दौर में यह कविता के नये होने की पहचान के रूप में रेखांकित है।

बेहतर दुनिया और बेहतर मनुष्य साहित्य की संकल्पना का एक महत्त्वपूर्ण आयाम है। केदारनाथ सिंह की कविता में भी यह संकल्पना मौजूद है। उनकी कविता आधुनिकतावाद और उग्र क्रान्तिकारिता के बीच कोमलता का रास्ता अपनाते हुए बेहतर दुनिया की कल्पना के पथ पर अग्रसर होती है। इसी यात्रा में जब कवि को भूख, गरीबी, बेबसी और लाचारी का साक्षात्कार होता है तब उसके भीतर का दर्द प्रकट हुए बिना नहीं रहता—

"यों हम हो गये शुद्ध
यों हम लौट आये
जीवितों की लम्बी उदास बिरादरी में
कुछ नहीं था
सिर्फ कच्ची दीवारों
और भीगी खपरैलों से
किसी एक के न होने की
गन्ध आ रही थी।"

इसे पढ़ते हुए भवानी प्रसाद मिश्र का स्मरण हो आता है जिन्होंने लिखा था—"तंग गलियों में कहीं बच्चे खड़े हैं/लाल हैं पर भाग पत्थर से लड़े हैं/ धूल के हीरे नहीं अब धूल हैं ये/फूल जंगल के नहीं अब शूल हैं ये।" इसमें जो दारुण दृश्य उभरा है, लगभग वही चित्र केदारनाथ सिंह की कविता में भी है। समाज-चिन्तन समाजशास्त्रियों के यहाँ ब्योरा बनकर आता है, जबकि वही कविता में संवेदना की संपृक्ति के साथ हृदय की आवाज बनकर। इसीलिए वह मार्मिक, संवेदनशील, हृदयद्रावक तथा सह-अनुभूति कराने वाला होता है। समर्थ कवि ब्योरे को भी कविता के उच्च धरातल पर प्रतिष्ठित करना जानता है। केदारनाथ सिंह की कई कविताएँ ब्योरे के रूप में आती हैं, लेकिन उनका जादू इसलिए सिर पर चढ़कर बोलता है कि उनमें गजब का कवि-सामर्थ्य सन्निहित रहता है। 'पानी में घिरे हुए लोग' का सामाजिक सरोकार

अपनी अर्थवत्ता में जो उत्कर्ष प्राप्त करता है, वह सामान्य कवि से सम्भव नहीं हो सकता था। केदारनाथ सिंह ने प्रतिवर्ष बाढ़ की त्रासदी झेलने वाली जनता के संकट, संघर्ष और जिजीविषा को इस तरह प्रस्तुत किया है कि उसमें स्थानीयता से ऊपर भारतीयता का परिप्रेक्ष्य शामिल हो गया है। सामान्यतः संकटग्रस्त मनुष्य ईश्वर, धार्मिक विश्वास अथवा कर्मकाण्ड की शरण में जाता है, लेकिन पानी में घिरे हुए लोग ऐसा नहीं करते—''पानी में घिरे हुए लोग/प्रार्थना नहीं करते/पूरे विश्वास से देखते हैं पानी को/और एक दिन/बिना किसी सूचना के/खच्चर बैल या भैंस की पीठ पर/घर असबाब लादकर/चल देते हैं कहीं और।'' यह लोगों की जिजीविषा ही है, जिससे वे जीने का रास्ता निकाल लेते हैं—

''पानी में घिरे हुए लोग
अपने साथ ले आते हैं पुआल की गन्ध
वे ले आते हैं आम की गुठलियाँ
खाली टिन
भुने हुए चने
वे ले आते हैं चिलम और आग।''

(यहाँ से देखो, पृ. 18)

मानव-जीवन के विकास में 'आग की खोज' का जो महत्त्व है लगभग वही महत्त्व संकटग्रस्त मनुष्य के जीवन में आग को बचाये रखने का भी है। अण्डमानी लोक कथा में एक कथा आग के बचाये रखने के उपायों से ही सम्बन्धित है। आग जीने की उम्मीद है, आशा है। इसीलिए यह प्रयत्न होता है कि आग बुझने न पाये। 'पानी में घिरे हुए लोग' ''हर कीमत पर अपनी चिलम के छेद में/कहीं न कहीं बचा रखते हैं/थोड़ी सी आग'' (वही)। केदारनाथ सिंह के यहाँ 'आग' की अनेक भूमिकाएँ हैं। वह अन्धकार के विरुद्ध एक सार्थक हथियार है। पशुता के विरुद्ध मानव रक्षा कवच है। भूख के बारे में वह एक बयान है। 'जमीन पक रही है' में आँच और ताप की महिमा की ओर बार-बार इशारा अनायास ही नहीं है, बल्कि वह जीवन में आलोक पर्व का संकेतक है। जहाँ आलोक है वहाँ उल्लास है। मंगल है। जीवन रस का स्रोत है। फिर भला कौन चाहेगा कि हमारे जीवन से आग का खात्मा हो जाये। केदारनाथ सिंह की कविताओं में आग को बचाये रखने के प्रयत्न उसी रूप में दिखाई देते हैं, जैसे हमारी माताएँ/दादियाँ बोरसी में उपले डालकर आग को सुलगाये और बचाये रखती थीं। उनकी एक कविता है—

'पिता'। इसमें आदिम व्यथा को बुझने न देने का जो संकल्प है वह क्या 'बोरसी' की याद नहीं दिलाता है–''मुझे दिये जाओ/मैं रखूँगा/गिरने न दूँगा/कभी बुझने न दूँगा/पिता वह आदिम व्यथा/जो कि तुमको मिली थी/एक सोने की जलती पिटारी में बन्द/कहीं बरसों से/इस घर की अनजानी/मिट्टी में गड़ी हुई।'' यहाँ कविता का संकेतार्थ भले ही भिन्न है, लेकिन कविता सम्भव हुई है कवि की देखी हुई बोरसी में आग बचाये रखने की प्रक्रिया की स्मृति से ही। 'शीत लहरी में एक बूढ़े आदमी की प्रार्थना' कविता के अन्त में कवि ने 'बोरसी' का बहुत साभिप्राय प्रयोग किया है–

''मेरे ईश्वर
क्या मेरे लिए इतना भी नहीं कर सकते
कि इस ठण्ड से अकड़े हुए शहर को बदल दो
एक जलती हुई बोरसी में।''

(यहाँ से देखो, पृ. 67)

कविता जब रोटी की चिन्ता करती है तब उसके कई पहलू उभरकर सामने आते हैं। रोटी और आग का सम्बन्ध बड़ा नैसर्गिक है। केदारनाथ सिंह रोटी को ''समूची आग की गन्ध में बदलती हुई/दुनिया की सबसे आश्चर्यजनक चीज'' मानते हैं। यह उन्हीं का दौर था जब रोटी आकाश में टँगी चाँद के रूप में कल्पित हुई थी। केदारनाथ सिंह की 'रोटी' कविता में न तो प्रगतिवादियों जैसी भावुकता है और न ही साठोत्तरी कविता जैसी वक्तृता बल्कि जीवन के विभिन्न स्तरों को बिम्बात्मक धरातल पर उभारने की कोशिश है। यह स्तर राजनीति, अर्थनीति, नीतिशास्त्र और सौन्दर्यशास्त्र का भी हो सकता है। उनके यहाँ आदिम सन्दर्भ भी है लेकिन इस रूप में–''रोटी का पकना लौटना नहीं है जड़ों की ओर''। गोल, खूबसूरत, सुर्ख और पकी हुई रोटी आदमी की नींद और विचारों को उत्तेजित करती है। रोटी के लिए आग की जरूरत होती है। भीतरी और बाहरी आग दिखाने के लिए कवि लोगों को आमन्त्रित भी करता है–''मैं सिर्फ आपको आमन्त्रित करूँगा/कि आप आयें और मेरे साथ सीधे/उस आग तक चलें/उस चूल्हे तक जहाँ वह पक रही है/एक अद्‌भुत ताप और गरिमा के साथ।'' यद्यपि केदारनाथ सिंह को यह मुगालता नहीं है कि कविता से क्रान्ति होगी, फिर भी उनकी 'रोटी' कविता में क्रान्ति चेतना की मौजूदगी देखी जा सकती है। आग, भूख, बयान, दीवार जैसे शब्द इसी पृष्ठभूमि के संकेतक हैं। 'भूख के बारे में आग का बयान जो दीवारों पर लिखा जा रहा है।'' वह राजनीतिक सन्दर्भ तो देता ही है क्रान्तिकारिता की आँच भी देता है–

''आप विश्वास करें
मैं कविता नहीं कर रहा
सिर्फ आग की ओर इशारा कर रहा हूँ
वह पक रही है
और आप देखेंगे-यह भूख के बारे में
आग का बयान है
जो दीवारों पर लिखा जा रहा है।''

(जमीन पक रही है, पृ. 23)

केदारनाथ सिंह ने 'जमीन पक रही है' की एक कविता में लिखा है–'यह जानते हुए कि लिखने से कुछ नहीं होगा/मैं लिखना चाहता हूँ।'' लेकिन उसी की अन्तिम कविता में यह भी लिखा है–''कविता यही करती है/यही सीधा मगर जोखिम भरा काम/कि सारे शब्दों के बाद भी/आदमी के पास हमेशा बचा रहे/एक सादा पन्ना।'' यह सादा पन्ना क्या है? तो उसके उत्तर में कहा जा सकता है कि वह सौन्दर्यात्मक मूल्य का प्रतीक है जो आदमी को बेहतर आदमी और दुनिया को बेहतर दुनिया बनाने के लिए जरूरी है। कहना न होगा कि केदारनाथ सिंह के यहाँ बेहतर दुनिया की उम्मीद के लिए काफी जगह है। 'उम्मीद', 'यकीन', 'विश्वास' जैसे शब्द बार-बार आकर इसे और विस्तार देते हैं। ये 'बीज शब्द' कविता के कलात्मक गुण और अन्तर्वस्तु दोनों को आलोकित करते हैं। इन्हीं के भरोसे कवि का कहना है–''मुझे आदमी का सड़क पार करना/हमेशा अच्छा लगता है/क्योंकि इस तरह/एक उम्मीद सी होती है/कि दुनिया जो इस तरफ है। शायद उससे बेहतर हो/सड़क के उस तरफ।'' (यहाँ से देखो, पृ. 57)। उस पार जाने/उस पार की दुनिया देखने की ललक हिन्दी के कई कवियों में रही है। वहाँ कामना है, लेकिन संघर्ष का ताप नहीं है, जबकि केदारनाथ सिंह की कविता 'उस आदमी को देखो' में सड़क के उस पार जाने वाले का ''एक पाँव हवा में उठा है/और दूसरा उठने का इन्तजार कर रहा है।'' (वही)। बेहतर दुनिया के लिए उम्मीद की ताकत कवि को सामान्य जन के जीवन से मिलती है। उसी से वह संघर्ष की भूमिका भी तैयार करता है– ''पूछो/चाहे जितनी बार पूछना पड़े/चाहे पूछने में जितनी तकलीफ हो/मगर पूछो/पूछो कि गाड़ी अभी कितनी लेट है।'' (यहाँ से देखो, पृ. 46)। कवि यह जानता है कि व्यवस्था का दोषपूर्ण होना अथवा गलत निर्माण 'बेहतर दुनिया' के मार्ग में सबसे बड़ा अवरोधक है। इसीलिए वह व्यवस्था में

दोषमुक्ति और निर्माण में कुछ गलत हो जाने की स्थिति में पुनःनिर्माण हेतु कलाकारों/रचनाकारों का आह्वान करता है। उन्हें तन्द्रा से उठाने का प्रयास करता है–"उठो कि कहीं कुछ गलत हो गया है/उठो कि इस दुनिया का सारा कपड़ा! फिर से बुनना होगा।" (वही, पृ. 50)। लेकिन अगर पुनर्निर्माण सम्भव न हो तो वह उसे बदल डालने में भी विश्वास रखता है। प्रारम्भ कहाँ से हो, इसका संकेत इन पंक्तियों में है–"दुनिया बदलने से पहले/मुझे बदल डालनी चाहिए अपनी चादर/जो कि मैली हो गयी है।" (वही, पृ. 49) यह रास्ता आसान नहीं है। संघर्ष का रास्ता कभी सरल होता भी नहीं। बोझ उठाने पर कन्धों को तकलीफ होती ही है फिर भी वह कलाकारों से आग्रह करता है–"अगर कन्धे दुख रहे हों/कोई बात नहीं/यकीन करो कन्धों पर/कन्धों के दुखने पर यकीन करो/यकीन करो, यकीन करने पर/यकीन न करने पर यकीन करो/यकीन करो/और खोज लाओ/कोई नयी चट्टान।" (वही, पृ. 44)। दुनिया को हाथ की तरह गर्म और सुन्दर देखने की आकांक्षा का कवि श्रम-सौन्दर्य का महत्त्व जानता है।

भारत की कृषि संस्कृति का अविभाज्य अंग है–बैल। केदारनाथ सिंह ने उस पर कविता लिखकर किसान-जीवन का मार्मिक आख्यान प्रस्तुत किया है। जुए के नीचे झुककर अपनी गरदन रख देने पर भी बैल की शानदार सींगों का सीधा, खड़ा चमकना उसके सहज दर्प और जुझारूपन का प्रतीक है तो वह किसान के श्रम और स्वाभिमान का भी प्रतीक है। यह कविता ग्राम्य अनुभव के नृशंसीकरण के साथ-साथ आत्मान्वेषण की भी कविता है। 'मांझी का पुल' मानवीय भावनाओं का प्रतीक है। 'बढ़ई और चिड़िया' आरी और लकड़ी के संयोग से कोमल तथा मार्मिक भावनाओं की निष्पत्ति की कविता है। मेड़ पर पड़े टूटे हुए हल को अपनी चोंच से उठाने वाली चिड़िया का कार्य कवि के लिए 'जनहित का काम' है। 'कुदाल' तथा 'कुएँ' कविताओं में किसान और मजदूर के जीवन में घुसते चले आ रहे भूमण्डलीकरण और बाजारवाद के प्रभाव को लेकर अनेक गम्भीर सवाल हैं, जो लोक जीवन में फैली अपसंस्कृति के प्रसरण के विरुद्ध तीव्र हस्तक्षेप कहे जा सकते हैं।

बैलगाड़ी और बाजार का धूल भरा रास्ता हो अथवा पेट और पीठ का सम्बन्ध, केदारनाथ सिंह हर चीज को उसकी गहराई तथा समग्रता में देखते हैं। प्रश्नों के माध्यम से मानवीय दृष्टि को उभारकर संवेदना की ऐसी बुनावट करते हैं कि वह सबसे अलग झलकती है। उनका यही कौशल कविता और पाठक के बीच अनुपम संवाद स्थापित करता है।

धूमिल : संवेदन और चिन्तन की भूमि पर समय

धूमिल की कविता न केवल हृदय की उपज है और न ही केवल मस्तिष्क की, बल्कि इन दोनों की एकीकृत भूमि पर वह अपने समय के साथ आविर्भूत हुई है। इसीलिए वह जितनी अनुभूतिमयी है उतनी ही चिन्तनमयी और जितनी संवेदनशील है, उतनी ही वैचारिक है। जाहिर है संवेदन और चिन्तन की सम्मिलित भूमि से उपजी कविता ही सार्थक वक्तव्य हो सकती है तथा उसी में अपने समय और समाज की परख, पहचान, विश्लेषण और पर्दाफाश की क्षमता हो सकती है। कहना न होगा कि धूमिल की कविता जिन्दगी की सार्थकता की तलाश है और बेहतर मनुष्य तथा बेहतर समाज की आकांक्षा का रचनात्मक विधान। इसीलिए कवि का समय वहाँ अपने सम्पूर्ण यथार्थ के साथ उपस्थित है। धूमिल की प्रायः सभी कविताओं में 'वक्त' शब्द का आना यह दर्शाता है कि कवि ने किस तरह अपने समय की भयावहता को परखा और पहचाना है तथा उसे कविता में प्रक्षेपित किया है। अशोक वाजपेयी का मानना है कि "धूमिल की कविता न विगत की कविता है न भविष्य की। वह केवल आज की और इस क्षण की कविता है। प्रासंगिकता और समसामयिकता ही उसकी सार्थकता है। आप उसकी कोई भी कविता कहीं से पढ़ लीजिए, आप समकालीन जीवन के ऐन्द्रजालिक फरेबों के बीच जा पहुँचेंगे। आप ऐसी मुस्तैदी से प्रजा के साथ होंगे जो आपको खतरे के हर मौके और मुकाम से आगाह करती है। वे जो जीवन के हर क्षण में कहीं न कहीं छुपकर बैठे हैं। जो संसद से सड़क पर सिम्त फैले हुए हैं।" (पूर्वग्रह, मार्च-अप्रैल, 1975)

वैसे कोई भी रचना समय और समाज के सरोकारों से परहेज कर महत्त्वपूर्ण नहीं हो सकती लेकिन रचनाकार जब समकालीन सन्दर्भों से ऊब चूभ होकर रचना में प्रवृत्त होता है तब उसके साथ जीवनगत अनुभवों की अटूट संगति होने के कारण उसका यथार्थ उसे अवश्य ही कुछ अलग

प्रतिबिम्बित करता है। धूमिल का यह कथन कि "कविता, भाषा में आदमी होने की तमीज है।" समकालीन सन्दर्भ में उपजे उनके संवेदनात्मक चिन्तन का परिणाम है। यही उनकी काव्य-यात्रा का पाथेय भी है। आदमी और आदमियत की सुरक्षा को वे कविता की मुनासिब कार्रवाई मानते हैं। डॉ. विद्यानिवास मिश्र का यह कहना है कि "कविता का मनुष्य कविता करने वाले मनुष्य से अधिक बड़ा होता है। धूमिल की कविताओं में कविता के मनुष्य की पहचान जहाँ कहीं मिलती है, वहीं मैं उनकी कविता का श्रेष्ठ अंश पाता हूँ और उसको सामने रखकर उनकी असह्य तिलमिलाहट को देखता हूँ तो मुझे यह तिलमिलाहट अतिरंजित नहीं लगती।" (सुदामा पांडे का प्रजातन्त्र, भूमिका, पृ. 11) जाहिर है, धूमिल की कविता के केन्द्र में मनुष्य है। वह आदमी को आदमी के रूप में देखने की पक्षधर है, इसीलिए उसमें उन सभी अनर्गलताओं के उद्घाटन का प्रयास है जो आदमियत के मार्ग में अवरोधक हैं। वह अपनी समस्त ऊर्जा, आवेश तथा ऊष्मा के साथ उन पर प्रहार करती है। इसी अर्थ में वह पर्दाफाश और प्रहार की कविता है। अनावरण और आक्रमण की कविता है। व्यवस्था का विरोध और विरोध की व्यवस्था वाली कविता है। उसमें असहमति और अंस्वीकार का प्रबल स्वर उसकी साहसिकता और निर्भयता का प्रमाण है तो संवेदन और चिन्तन का उचित तालमेल लिजलिजी भावुकता और कपोल कल्पना से मुक्ति का विधान। उसकी दुनिया भदेस होने के बावजूद ठोस और बेबाक है। न वह एक पक्षीय है और न एकरेखीय बल्कि उसके कई कोण हैं, जो यथार्थ की धरती को विस्तार देते हैं।

अपने समकालीन कवियों से कहीं अधिक धूमिल को कविता की ताकत पर भरोसा है लेकिन जब वे कविता की भूमिका पर विचार करते हैं तब उसका अन्तर्विरोध भी साफ दृष्टिगत होता है। इस ओर वे यह पूछते हैं कि "जब इससे न चोली बन सकती है/न चोंगा/तब आपै कहौ-/इस ससुरी कविता को/जंगल से जनता तक/ढोने से क्या होगा?" (संसद से सड़क तक, पृ. 63)। तो दूसरी ओर वे यह मानते हैं कि जब शोषित, पीड़ित मानवता का दर्द अग्नि-गीतों में फूट निकलता है तब कविता शब्दों पर शान चढ़ाने का काम करती है—"और ठीक उसी वक्त कविता/शब्दों पर शान चढ़ाने का काम/शुरू करती है जब आदमी के/दर्दीले गले से कोई अगिन-गीत/फूटता है।" (कल सुनना मुझे, पृ. 39)। कहना न होगा कि धूमिल की संवेदना का केन्द्रक तत्त्व आदमी है। उनकी सम्पूर्ण सहानुभूति उसके साथ है जो टूटा-बिखरा, हारा-थका,

उदास और निरूपाय है। उन्हें कविता घेराव में किसी बौखलाये हुए आदमी का संक्षिप्त एकालाप लगती है तो उसका ठोस कारण है और वह समकालीन सन्दर्भ में कविता को परिभाषित करने के प्रयत्न मात्र से नहीं जुड़ा है बल्कि आदमी की वास्तविकता के उद्‌घाटन की तार्किक परिणति से सम्बद्ध है। सच को उभारने के उद्देश्य से ही धूमिल कविता को शब्दों की अदालत में मुजरिम के कठघरे में खड़े बेकसूर आदमी का हलफनामा मानते हैं। उनकी दृष्टि में कवि समाजरूपी 'कुनबे का अगुआ' है, जो अभावों/संघर्षों/यातनाओं में जीकर भी मानवीयता की सुरक्षा और संरक्षा की कामना लिए 'अन्धकार' के आर-पार देखता है—इस विश्वास के साथ कि 'कविता मारती नहीं/जानें बचाने की कोशिश में/पहल करती है।'' वह 'हिंसा की हिंसा करती है।' इसीलिए वे यह चाहते हैं कि कविता पर बहस हो। उसमें निहित मानव-मुक्ति के चिन्तन-कणों का संश्लेषण-विश्लेषण हो। कविता की प्रयोजनीयता का आधार स्पष्ट हो। यह इसलिए जरूरी है कि समाज के खाये-अघाये लोग नहीं चाहते कि विरोध का स्वर उभरे। अगर कहीं कोई स्वर उभरता भी है तो वे छल-बल कल से उसे दबा देते हैं। उनकी ताकत के समक्ष एक आदमी की आवाज बौखलाहट के अलावा और कुछ नहीं है, लेकिन कविता असली अपराधी का नाम लेने से डरती नहीं—यह जानते हुए भी कि ऐसा करने से उसकी मौत निश्चित है। वह अपनी भीतरी ऊर्जा से संचालित होकर बार-बार अपराधियों और षडयन्त्रकारियों के विरुद्ध खड़ी होती है, इसीलिए धूमिल की आकांक्षा है कि कविता पर शीघ्रातिशीघ्र बहस शुरू हो, क्योंकि उसकी उम्र मात्र उतनी ही है, जितनी कि कसाई के ठीहे और तनी हुई गड़ाँस के बीच बोटी की—

''वक्त बहुत कम है
इसलिए कविता पर बहस
शुरू करो
और शहर को अपनी ओर झुका लो
क्योंकि असली अपराधी का
नाम लेने के लिए
कविता, सिर्फ उतनी ही देर तक सुरक्षित है
जितनी देर, कीमा होने से पहले
कसाई के ठीहे और तनी हुई गँड़ास के बीच
बोटी सुरक्षित है।''

(संसद से सड़क तक, पृ. 87)

धूमिल की यह संकल्पना कि कविता 'भाषा में आदमी होने की तमीज है' आदमियत की प्रतिष्ठा की जोरदार वकालत है। इसके माध्यम से आदमी के स्वत्व की पहचान तथा स्वातन्त्र्य की तलाश के साथ-साथ मानवीय मूल्यों में अटूट आस्था और विश्वास की भावना जगाने का प्रयास है। नागर-बोध की अपेक्षा ग्राम्यत्व की महिमा के बखान के द्वारा उस संस्कार को पुनर्जीवित करना है जो स्नेह, सौहार्द और आत्मीयता की भित्ति पर आधृत है। इससे सही आदमी बनने का मार्ग प्रशस्त होता है। धूमिल की कविता का प्रस्थान और पड़ाव उसी सही आदमी की प्रतिष्ठा है। आदमी को उसकी पहचान दिलाना है। उसके संघर्ष में हिस्सेदार बनना है। जाहिर है, कविता का स्रोत मानवीय संवेदना है और कविता की संवेदनीयता को बचाकर ही मनुष्यता को बचाया जा सकता है। इधर उत्तर आधुनिक समय में कविता का अन्त अथवा मौत की उद्घोषणा ने मानवीय संवेदना को क्षीण करने का जो कार्य किया है, वह किसी से छिपा नहीं है। धूमिल की कविता में अमानवीयता की आलोचना के अनेक अवसर इसीलिए उपस्थित हैं कि आदमी होने की तमीज से उनका कोई साहचर्य दिखता नहीं है। संघर्षों और चुनौतियों से जूझने वाले मनुष्य के साथ धूमिल की सहानुभूति है लेकिन कायरों और प्रवंचकों के प्रति उनके मन में अपार घृणा है। वे कविता के शब्दों में व्याप्त लहू को महत्त्व देते हैं क्योंकि उससे चुनौती के लिए तैयार होने में मदद मिलती है—"उसकी कविताओं में/बवासीर की गाँठ की तरह शब्द/लहू उगलते हैं/और बार-बार मेरे भीतर टूटता है/टूटता है और मुझे तैयार करता है/चुनौतियों के सामने/" (संसद से सड़क तक, पृ. 37)।

समय के सच के उद्घाटन में प्रवृत्त धूमिल की कविता की नजर हर उन तत्त्वों पर है जो सामाजिक, राजनीतिक तथा आर्थिक धरातल पर समाज को खोखला करने तथा मनुष्यता को खण्डित करने में सक्रिय है। वह अपनी नजर से उनका अवलोकन तथा यथार्थ कथन कर रास्ता नहीं बदल लेती बल्कि उन अवांछनीय तत्त्वों से जूझती और टकराती चलती है। वह यह कहने का साहस रखती है—"कि वित्त मन्त्री की ऐनक का/कौन-सा शीशा कितना मोटा है/और विपक्ष की बेंच पर बैठे हुए/नेता के भाइयों के नाम/सस्ते गल्ले की कितनी दुकानों का/कोटा है।" (वही, पृ. 85)। पंडित नेहरू के प्रबल प्रताप की आँच से निडर बनी वह यह कहने की हिम्मत रखती है कि कोट के बटन होल में महकता हुआ एक गुलाब का फूल भारतीय जनता की हर शंका और सवाल का जवाब है। इतना ही नहीं, आज़ादी को सिर्फ तीन

थके हुए रंगों का नाम कहने, जनतन्त्र को धोखा और चुनाव को चमकते हुए रंगों की चालबाजी तथा जनतन्त्र को भेड़ियों की जुबान पर जिन्दा रहने की बात कहने, भारतीय समाजवाद को मालगोदाम की वह बाल्टी बताने, जिस पर 'आग' लिखा हो तथा जिसमें बालू और पानी भरा हो, संसद को तेली की वह घानी कहने जिसमें आधा तेल आधा पानी हो, रोटी के सवाल पर संसद के मौन पर सवाल करने, कोतवाल की नियति और हथकड़ी का नम्बर एक बताने तथा भारत में क्रान्ति को अबोध बच्चे के हाथों की जूजी कहने का साहस धूमिल की ही कविता में है। एक सच्चाई यह है कि गोदाम अनाज से भरे पड़े हैं लेकिन लोग भूख से मर रहे हैं। इस भयानक स्थिति को धूमिल शर्मनाक दौर मानते हैं–

"मैंने महसूस किया कि मैं वक्त के
एक शर्मनाक दौर से गुजर रहा हूँ
अब ऐसा वक्त आ गया है जब कोई
किसी का झुलसा हुआ चेहरा नहीं देखता है
अब न तो कोई किसी का खाली पेट
देखता है, न थरथराती हुई टाँगें
और न ढला हुआ 'सूर्यहीन कन्धा' देखता है
हर आदमी, सिर्फ, अपना धन्धा देखता है।"

(संसद से सड़क तक, पृ. 109)

धूमिल की कविता 'सिर्फ शब्दों की बिसात नहीं, वाणी की आँख है।' वह अन्धकार के आर-पार देखने में सक्षम है। उसने आजादी के बाद के हिन्दुस्तान की दुर्दशा देखी है। अन्धा अतीत और लँगड़ा भविष्य उसकी आँखों में उभरा है। जनतन्त्र के सूर्योदय में फाइलों और अलमारियों से सिसकती वेदना की निरर्थक गूँगेपन की सहनशीलता देखी है। आजादी और गाँधी के नाम पर चल रहे मुहावरे को पहचाना है। आजादी के बाद चालाक सुराजियों द्वारा किसानों-मजदूरों की ठगी देखी है। घावों की खामोशी और पाखण्डपूर्ण विसंगतियों का नंगा साक्षात्कार किया है–

"सबसे अधिक हत्याएँ/समन्वयवादियों ने की
दार्शनिकों ने/सबसे अधिक जेवर खरीदा
भीड़ ने कल बहुत पीटा/उस आदमी को
जिसका मुख/ईसा से मिलता था।"

(कल सुनना मुझे, पृ. 27)

दूसरे प्रजातन्त्र की तलाश करने वाले धूमिल जनतान्त्रिक प्रणाली की खामियों का न केवल इजहार करते हैं बल्कि जनता की भीरुता, कायरता, सादगी और सीधेपन की उपज, लाचारी और विवशता को भी उद्‌घाटित करते हैं। वे जनता को उस भेड़ की संज्ञा देते हैं जो दूसरों को ठण्ड से बचाने हेतु अपनी पीठ पर ऊन की फसल ढोती है। वे उसे वह पेड़ कहते हैं, जो हर आती-जाती हवा की जुबान में हाँ-हाँ करता है। गाँवों के गन्दे पनालों से लेकर शहर के शिवालों तक फैली हुई कथकली की अमूर्त मुद्रा वाली इस जनता की जनतन्त्र में अटूट श्रद्धा है। वह इस जनतन्त्र पर लट्टू है क्योंकि—"उसको समझा दिया गया है कि यहाँ/ऐसा जनतन्त्र है जिसमें/जिन्दा रहने के लिए/घोड़े और घास को/एक जैसी छूट है/" इस पर कवि की टिप्पणी है—"कैसी विडम्बना है/कैसा झूठ है।" (संसद से सड़क तक, पृ. 106)। लेकिन जनता इस प्रवंचना को समझने में असमर्थ है। यही कारण है कि "मूढ़ता की हरी-हरी घास लहरा रही है/जिसे कुछ जंगली पशु/खूँद रहे हैं/लीद रहे हैं/चर रहे हैं।" (वही, पृ. 120) कवि इस मूर्ख जनता को समझाना चाहता है, उठाना चाहता है। उसमें जोश और उत्साह भरना चाहता है। उसे वापस वक्त में खींच लाने की कोशिश करता है किन्तु जनता अपने आप में डूबी हुई किताब में छपे पेड़ की तरह मौसम से बेखबर है। कवि यह विश्वास दिलाता है कि मैं आप के ही बीच का आदमी हूँ—मुझ पर भरोसा करो—"नहीं मुझे इस तरह/डबडबायी हुई आँखों से/मत घूरो/मैं तुम्हारे ही कुनबे का आदमी हूँ/शरीफ हूँ/सगा हूँ/फिलहाल/तुम्हें गलत जगह डालने का/मेरा कोई इरादा नहीं है।" (वही, पृ. 93)। कवि झुंझलाता भी है क्योंकि उसे इस तरह की स्थिति सह्य नहीं है जिसमें भूखा रहकर भी आदमी/अपने हिस्से का आकाश/मुस्कराते हुए ढोता है।" वह इस बेचारगी के विरुद्ध खड़ा होने के लिए जनता का आह्वान करता है लेकिन अफसोस—"मैंने एक एक को परख लिया है/मैंने हरेक को आवाज दी है/हरेक का दरवाजा खटखटाया है/मगर बेकार... मैंने जिसकी पूँछ/उठाई है उसको मादा/पाया है।" (वही, पृ. 126)

भूख और रोटी का सवाल धूमिल की कविता में बार-बार उभरा है। उन्होंने यह जाहिर भी किया है कि इस दुनिया में भूखे आदमी का सबसे बड़ा तर्क रोटी है किन्तु इस देश की विडम्बना यह है कि कुछ लोग रोटी खा रहे हैं और कुछ रोटी से खेल रहे हैं। एक ओर "लोग बिलबिला रहे हैं (पेड़ों को नंगा करते हुए)/पत्ते और छाल/खा रहे हैं। मर रहे हैं, दान/कर रहे हैं।" (वही, पृ. 18) तो दूसरी ओर "चालाक 'सुराजिए'/आजादी के बाद के

अँधेरे में/अपने पुरखों का रंगीन बलगम/और गलत इरादों का मौसम जी रहे थे/अपने-अपने दराजों की भाषा में बैठकर/'गर्म कुत्ता' खा रहे थे/'सफेद घोड़ा' पी रहे थे। (वही, पृ. 48)। यह वह वर्ग है जो किसानों/मजदूरों को 'सच्चा पृथ्वी पुत्र' और 'संसार का अन्नदाता' कहता है। शब्दों के इस मरहम में भरी ज्वलनशीलता का आभास जनता को भले न हो, कवि उसके दुष्प्रभाव को अच्छी तरह समझता है। वह इन शब्दों में छिपी प्रवंचना का उद्घाटन करता है—"तुम्हारे लिए कहा गया हर वाक्य/एक धोखा है जो तुम्हें दलदल की ओर/ले जाता है/लहलहाती हुई फसलें... बहती हुई नदी.../उड़ती हुई चिड़ियाँ.../यह सब सिर्फ तुम्हें गूँगा करने की चाल है/क्या तुमने कभी सोचा कि तुम्हारा/यह जो बुरा हाल है/इसकी वजह क्या है? इसकी वजह वह खेत है/जो तुम्हारी भूख का दलाल है।" (वही)। इसका अभिप्राय यह कदापि नहीं है कि धूमिल किसानों को खेती से विरत करने की इच्छा रखते हैं। वे यह जानते हैं कि इस सच्चाई पर किसी को विश्वास नहीं होगा कि खेत भूख का दलाल है तभी तो अपनी बात तार्किक ढंग से जनता के समक्ष रखते हैं—"आह! मैं समझता हूँ कि यह एक सत्य है/जिसे सकारते हुए हर आदमी झिझकता है/मगर तुम खुद सोचो कि डबरे में/डूबता हुआ सूरज/खेत की मेड़ पर खड़े आदमी को/एक लम्बी परछाईं के सिवा और क्या दे सकता है।" (वही, पृ. 49)। जाहिर है किसान परिश्रम की पराकाष्ठा में कोई कमी नहीं रखता। वह भीषण वर्षा, तमतमाती धूप और हड्डी कँपाने वाली ठण्ड सहता है लेकिन इसके बदले उसे मिलता क्या है—अभाव, रिक्तता, सूनापन, गरीबी, भूख, अपमान और उपेक्षा। कहना न होगा कि कठोर परिश्रम सुख का आकांक्षी होता है किन्तु धूमिल का मानना है कि—"इस देश की मिट्टी में/अपने जाँगर का सुख तलाशना/अन्धी लड़की की आँखों में/उससे सहवास का सुख तलाशना है।" (वही, पृ. 61) यहाँ यह ध्यातव्य है कि मात्र समस्या-दर्शन धूमिल का उद्देश्य नहीं है बल्कि कार्य-कारण सम्बन्धों पर विचार करते हुए समाधान सुझाना भी उनकी प्रयोजनीयता में शामिल है। वे जानते हैं कि 'जिससे न भूख मिट रही है, न मौसम बदल रहा है' उस व्यवस्था को बनाये रखने की जरूरत क्या है? वे यथास्थितिवाद के विरोधी हैं। उन्हें मालूम है कि विनत सिर, करबद्ध हाथ और पराश्रित जीवन बदलाव का सूत्रधार नहीं हो सकता। परिवर्तन विद्रोह की अपेक्षा रखता है। संघर्ष की पराकाष्ठा चाहता है। तनने और तानने की आकांक्षा रखता है। स्वाभिमान और जागरण चाहता है, इसीलिए धूमिल झुके हुए तथा हाँ में हाँ मिलाने वाले परावलम्बियों से यह अपील करते हैं...

"मैं फिर कहता हूँ कि हर हाथ में
गीली मिट्टी की तरह–हाँ-हाँ मत करो
तनो/अकड़ो
अमरबेलि की तरह मत जियो
जड़ पकड़ो
बदलो-अपने-आपको बदलो
यह दुनिया बदल रही है।"

(संसद से सड़क तक, पृ. 49)

केवल भावना परोसना धूमिल की कविता का काम्य नहीं है बल्कि चिन्तन की खुराक देना भी उसका उद्देश्य है। सवाल-जवाब करके वास्तविकता से अवगत कराना भी उसका प्रयोजन है–

"हत्यारों ने फेंक दिए हैं
सारे शब्द और विचार
उन्होंने हथियार उठा लिया है इस वक्त
इस वक्त तुम्हें तय करना है कि तुम क्या करोगे।"

(सुदामा पाण्डे का प्रजातन्त्र, पृ. 72)

कवि की संवेदना में भय के लिए कोई स्थान नहीं होता, लेकिन जब हवा में आतंक की सरसराहट हो, वातावरण अशान्त और दहशत भरा हो, सत्ता बर्बर पशुता की पर्याय बनी हो, दीवारों से चिपके गोली के छर्रों और सड़कों पर बिखरे जूतों की भाषा में दुर्घटना लिखी गयी हो तब विरोध और विद्रोह की मशाल लेकर चलने वाले धूमिल जैसे कवि के लिए भी भयभीत होना कोई अचरज की बात नहीं है–

"हाँ, मैं भी भयभीत हूँ
व्यवस्था की खोह में
हर तरफ
बूढ़े और रक्तलोलुप मशालची
घूम रहे हैं
इतिहास की ताजगी
बनाये रखने के लिए
नौजवान और सफल
मौतों की टोह में।"

(संसद से सड़क तक, पृ. 93)

यह युग सत्य की अभिव्यक्ति है। इस भयावहता के लिए व्यवस्था जिम्मेदार है लेकिन व्यवस्था तो कुर्सी से चिपकी है—"मैं रोज देखता हूँ कि व्यवस्था की मशीन का/एक पुर्जा गरम होकर/अलग छिटक गया है और/ठण्डा होते ही/फिर कुर्सी से चिपक गया है/उसमें न हया है/न दया है।" (वही, पृ. 126)। यह जानते हुए कि 'सच को भी सबूत के बिना बचा पाना मुश्किल है, धूमिल सच की लड़ांई लड़ने के लिए सदैव प्रयत्नशील रहे।

देश में दो स्थितियाँ पनप रही हैं जिनका खुलासा धूमिल अपनी कविता में करते हैं—एक है दया, धर्म और करुणा के नाम पर फैली हुई हथेलियाँ तथा दूसरी है भूख के नाम पर तनी हुई मुट्ठियाँ—"एक ही संविधान के नीचे/भूख से रिरियाती हुई फैली हथेली का नाम/'दया' है। और भूख में/तनी हुई मुट्ठी का नाम/नक्सलबाड़ी है।" लेकिन ये दोनों ही स्थितियाँ स्वस्थ समाज के मानकों के विपरीत हैं। मानवीय मूल्यों की पहचान के विरुद्ध हैं। इनसे जीवन की सार्थकता सिद्ध नहीं होती। जीने के पीछे एक सार्थक उद्देश्य और सही भूमिका होनी चाहिए जिसका उद्घाटन 'मोचीराम' कविता में हुआ है—"असल बात तो यह है कि जिन्दा रहने के पीछे/अगर सही तर्क नहीं है/तो रामनामी बेचकर या रण्डियों की/दलाली करके रोजी कमाने में/कोई फर्क नहीं है।" 'वही, पृ. 42) संघर्ष का साक्षी बनते हुए विचारों में उन्नत मानवता की कामना लेकर मोचीराम यहाँ जिस सत्य का खुलासा करता है वह कबीर की विचारधारा के बहुत निकट है। अनुभव का ताप लेकर वह मानवता का पथ आलोकित करता है। धूमिल इस व्यक्तित्व के माध्यम से एक आम आदमी की संघर्ष चेतना और स्वाभिमान को तलाशने की चेष्टा करते हैं, किन्तु वह कहीं मिलता नहीं। वे जिस सामान्य मनुष्य के पक्षधर कवि के रूप में जाने जाते हैं उसकी दशा तो और भी खराब है। उसमें न साहस है, न संघर्ष की चेतना। न वह कर्मशील है और न ही स्वप्नद्रष्टा। धूमिल चाहकर भी ऐसे मनुष्य को बदल नहीं सकते। ऐसे में उनका खीझना और दुखी होना स्वाभाविक है—

"मेरे गाँव में
वही आलस्य, वही ऊब
वही कलह, वही तटस्थता
हर जगह और हर रोज
और मैं कुछ नहीं कर सकता
मैं कुछ नहीं कर सकता।"

(कल सुनना मुझे, पृ. 76)

आज़ादी को लेकर तरह-तरह के सपने देखे गये थे। अँधेरे के विरुद्ध उसे आलोकवाह के रूप में कल्पित किया गया था। वह सभी की इच्छाओं/आकांक्षाओं की पूर्णता का वरदान बनकर आने वाली थी, लेकिन उसके आने के कुछ ही वर्षों बाद लोगों का जो स्वप्न भंग हुआ, उसका बिम्ब सम्पूर्ण भारतीय साहित्य में मौजूद है। धूमिल की कविता में आजादी कहीं तीन थके हुए रंगों का नाम है, कहीं आजादी और वक्त से ऊबने की बात है और कहीं उसका यह रूप है–''आजादी इस दरिद्र परिवार की बीस साला 'बिटिया'/मासिक धर्म में डूबे हुए क्वाँरेपन की आग से/अन्धे अतीत और लँगड़े भविष्य की/चिलम भर रही है।'' (संसद से सड़क तक, पृ. 33)। आजादी के प्रति धूमिल के मन में जो विक्षोभ है उसका कारण उनका वह सपना है जो उन्होंने आजादी के शुरुआती दिनों में देखा था–''अब कोई बच्चा/भूखा रहकर स्कूल नहीं जायेगा/अब कोई छत बारिश में/नहीं टपकेगी/अब कोई आदमी कपड़ों की लाचारी में/अपना नंगा चेहरा नहीं पहनेगा/अब कोई दवा के अभाव में/घुट-घुट कर नहीं मरेगा/अब कोई किसी की रोटी नहीं छीनेगा/कोई किसी को नंगा नहीं करेगा/अब यह जमीन अपनी है/आसमान अपना है/जैसा पहले हुआ करता था/सूर्य, हमारा सपना है।'' (वही, पृ. 101)। यह सपना सपना ही साबित हुआ। इसका यथार्थ रूप देखने के लिए कवि को इन्तजार पर इन्तजार करना पड़ा लेकिन वह इन्तजार खत्म नहीं हुआ और फिर बाद में यह महसूस हुआ कि–''जनतन्त्र, त्याग, स्वतन्त्रता/संस्कृति, शान्ति, मनुष्यता/ये सारे शब्द थे/सुनहरे वादे थे।'' (पृ. 102)। भारतीय जनतन्त्र में वादे पर वादे होते हैं किन्तु उनकी पूर्णता का कोई वादा नहीं होता। कवि को लगता है कि हर चीज झूठ है/आदमी/देश/आजादी/और प्यार/'' (वही, पृ. 88)। आजादी से अपेक्षाएँ थीं, वे पूरी नहीं हुईं। लोगों की भावनाएँ आहत हुईं। गरीबी-भुखमरी का कहीं कोई अन्त नहीं हुआ। लूट-खसोट तथावत जारी रहा। कुर्सियाँ वही रहीं, सिर्फ टोपियाँ बदलीं। कानून की भाषा बोलने वाले अपराधियों के संयुक्त परिवार में न हया बची रही, न दया। ईमानदार को अपनी ईमानदारी का मलाल रहा तो सत्य बोलने वाले का बुरा हाल। यही सब देखकर धूमिल को कहना पड़ा–''घृणा में डूबा हुआ सारा का सारा देश/पहले की ही तरह आज भी/मेरा कारागार है।'' (वही, पृ. 128)। कहना न होगा कि यातना के खिलाफ मुँह खोलकर धूमिल ने आजादी के ऐन्द्रजालिक फरेबों से लोगों को आगाह करने का प्रयत्न किया है।

धूमिल की कविता में जनतन्त्र, जंगल और अन्धकार शब्द बार-बार आते हैं जो अपनी प्रतीकात्मकता में अव्यवस्था, आतंक, अमानवीयता, नृशंसता, शोषण और दुर्दशा की व्यंजना करते हैं। आजादी के बाद जिस जनतन्त्र की स्थापना भारतवर्ष में हुई, उसे लेकर धूमिल के मन में कई तरह के सवाल हैं। प्रकारान्तर से वे यह पूछते हैं कि क्या इन्हीं दिनों के लिए इतनी बड़ी लड़ाई लड़ी गयी थी कि जनतन्त्र में सुबह सिर्फ चमकते हुए रंगों की चालबाजी लगे। अथवा जलते हुए जनतन्त्र के सूर्योदय में शरीक होने के लिए पिछला दरवाजा खोलकर आना पड़े। क्या यही जनतन्त्र है, जिसकी रोज सैकड़ों बार हत्या होती है और हर बार वह भेड़ियों की जुबान पर ज़िन्दा है। क्या यही जनतन्त्र है जिसमें 'न कोई प्रजा है/न कोई तन्त्र है' बल्कि 'यह आदमी के खिलाफ/आदमी का खुला/षडयन्त्र है।' धूमिल मानते हैं कि "अपने यहाँ जनतन्त्र/एक ऐसा तमाशा है/जिसकी जान/मदारी की भाषा है।" (संसद से सड़क तक, पृ. 106)। आखिर उनके मन में जनतन्त्र के प्रति इतनी वितृष्णा क्यों है तो इसका उत्तर इस राजनीतिक व्यवस्था में छिपा है, जो जंगलराज का पर्याय बना हुआ है। जहाँ आदमी की कोई कीमत नहीं है। जीवन-मूल्यों के प्रति कोई आस्था नहीं रह गयी है। चरित्रहीनता मन्त्रियों की कुर्सी में तब्दील हो चुकी है। जो चरित्रहीन है उसकी रसोई में पकने वाला चावल महीन है किन्तु जो ईमानदार है उसका बुरा हाल है। जंगल की सरहद पर जलते जनतन्त्र में भागती हुई भूख पत्तियाँ चबाने के लिए विवश है। कवि पूछता है—

"वह कौन सा प्रजातान्त्रिक नुस्खा है
कि जिस उम्र में
मेरी माँ का चेहरा
झुर्रियों की झोली बन गया है
उसी उम्र की मेरे पड़ोस की महिला
के चेहरे पर
मेरी प्रेमिका के चेहरे सा
लोच है।"

(संसद से सड़क तक, पृ. 19)

जंगल अराजकतावाद का प्रतीक है। समकालीन कवियों का यह बहुप्रयुक्त शब्द है। धूमिल के यहाँ यह शब्द अव्यवस्था, अमानवीयता, पशुता और नृशंसता का अर्थ द्योतित करता है। आस्था के स्थान पर अनास्था, त्याग के स्थान पर स्वार्थान्धता, स्नेह के स्थान पर घृणा, रक्षण के स्थान पर लूट और हत्या की

भावना का आ जाना जंगलतन्त्र का सूचक है। धूमिल जिस व्यवस्था को अपनी कविता का विषय बनाते हैं उसमें ये प्रवृत्तियाँ किसी न किसी रूप में विद्यमान हैं–"उसे मालूम है कि शब्दों के पीछे/कितने चेहरे नंगे हो चुके हैं/और हत्या अब लोगों की रुचि नहीं/आदत बन चुकी है।" (वही, पृ. 9)। धूमिल यह स्पष्ट करते हैं कि भूख और भाषा में सही दूरी नहीं होने पर आदमी को पशु बनने में देर नहीं लगती–"पशुता सिर्फ पूँछ होने की मजबूरी नहीं है/वह आदमी को भी वहीं ले जाती है/जहाँ भूख/सबसे पहले भाषा को खाती है।" (वही, पृ. 114) धूमिल उस दोमुँहा विषधर की ओर भी संकेत करते हैं, जो भाषा और भाषा के बीच की दरार में अपना अस्तित्व कायम करते हुए जहर फैलाता है–

"भाषा और भाषा के बीच की दरार में
उत्तर और दक्षिण की तरफ
फन पटकता हुअ
एक दोमुँहा विषधर
रेंग रहा है
रोज़ी के नाम पर
रोटी के नाम पर
जगह-जगह ज़हर।"

(संसद से सड़क तक, पृ. 94)

धूल, धुआँ, कुहासा, अँधेरा, अन्ध गुफा आदि शब्द जिस अर्थवत्ता के साथ धूमिल की 'पटकथा' कविता में आये हैं उनसे मुक्तिबोध की कविता 'अँधेरे में' की याद स्वाभाविक है। कवितान्त में ऊब के निर्मम अकेले और बेहद अनमने क्षण को याद करते हुए धूमिल यह कहना नहीं भूलते कि–"मेरे सामने वही चिरपरिचित अन्धकार है। संशय की अनिश्चयग्रस्त ठण्डी मुद्राएँ हैं।" (वही, पृ. 128)। 'मकान' कविता में 'रात रिश्तों की आड़ में पशुओं को पालतू बनाती है' तथा वहाँ व्याप्त अन्धकार, दरिद्रता, गन्दगी, बीमारी और व्यभिचार की कथा कहता है–

"जिनके आँगन में धूप कभी नहीं जाती
जिसके संडासघरों में खाँसी
किवाड़ों का काम करती है
जहाँ बूढ़े/खाना खा चुकने के बाद अन्धे हो जाते हैं
जवान लड़कियाँ अँधेरा पकड़ लेती हैं।"

(संसद से सड़क तक, पृ. 51)

धूमिल को इस बात की हैरानी है कि यहाँ के लोग विचित्र हैं, एक-दूसरे से नफरत करते हुए भी वे इस बात पर सहमत हैं कि इस देश में असंख्य रोग हैं और उन समस्त रोगों का एकमात्र निदान चुनाव है, जबकि चुनाव के बारे में कवि की सोच यह है–

''लेकिन मुझे लगता कि एक विशाल दलदल के किनारे
बहुत बड़ा अधमरा पशु पड़ा हुआ है
उसकी नाभि में एक सड़ा हुआ घाव है
जिससे लगातार-भयानक बदबूदार मवाद/बह रहा है।''

(संसद से सड़क तक, पृ. 19)

कहना न होगा कि दलदल, कीचड़, सड़ाँध, मवाद, जंगल, पेड़, भेड़िया आदि शब्द अपनी प्रतीकात्मकता में समकालीन राजनीति की विसंगतियों का खुलासा करते हैं। संसद के मौन पर धूमिल का सवाल तो जगजाहिर है। 'रोटियों का शहर' कविता में भी उन्होंने भूख की लाचारी में पिसती जनता और संसद में बैठकर कागजी कार्यवाही करते नेताओं पर तीखा व्यंग्य किया है–''मजा करो/तुम अपनी संसद के साथ/हम अपनी सांसत के साथ।'' (सुदामा पांडे का प्रजातन्त्र, पृ. 39)। धूमिल एक दूसरी कविता में सड़क की जगह संसद जाम करने की बात करते हैं तो इसलिए कि वह अपने कर्तव्यों का सम्यक् निर्वहन नहीं कर पा रही है।

धूमिल के काव्य का केन्द्रीय भाव क्रोध है जो उनके समय की सामाजिक, राजनीतिक, आर्थिक एवं धार्मिक विसंगतियों और विडम्बनाओं की उपज है। वे उन सभी बातों पर अपनी असहमति, अस्वीकृति और नाराजगी जाहिर करते हैं, जो आदमियत की प्रतिष्ठा में बाधक है। उनकी सोच और संवेदना का हिस्सा वह आदमी है जो व्यवस्था की मार से दुखी, पीड़ित, हताश और निराश है लेकिन अपनी अकर्मण्यता, आलस्य और बेचारगी से बाहर निकलने के लिए कटिबद्ध नहीं है। उसे झकझोरकर जगाने तथा उसमें आस्था और विश्वास की भावना पैदा करने के उद्देश्य से ही धूमिल ने अपने समय के सच को उजागर किया है। विरोध और विद्रोह का मार्ग चुना है तथा व्यंग्यात्मकता का सहारा लिया है। इसके लिए विपक्ष का कवि कहलाना भी उन्हें मंजूर है।

□□